# 郑在读史

## 趣谈《资治通鉴》

郑洪升◎编著

中国出版集团 | 全国百佳图书

中国民主法制出版社 | 出版单位

**图书在版编目（CIP）数据**

郑在读史：趣谈《资治通鉴》/ 郑洪升编著 . —
北京：中国民主法制出版社，2020.12
ISBN 978-7-5162-2331-4

Ⅰ. ①郑… Ⅱ. ①郑… Ⅲ. ①中国历史—古代史—编
年体②《资治通鉴》—通俗读物 Ⅳ. ① K204.3-49

中国版本图书馆 CIP 数据核字（2020）第 240798 号

图书出品人：刘海涛
出 版 统 筹：石　松
责 任 编 辑：张　婷

书　　　名 / 郑在读史：趣谈《资治通鉴》
作　　　者 / 郑洪升　编著

出版·发行 / 中国民主法制出版社
地址 / 北京市丰台区右安门外玉林里 7 号（100069）
电话 /（010）63055259（总编室）　63058068　63057714（营销中心）
传真 /（010）63055259
http://www.npcpub.com
E-mail: mzfz@npcpub.com
经销 / 新华书店
开本 / 16 开　710 毫米 ×1000 毫米
印张 / 17 字数 / 286 千字
版本 / 2021 年 1 月第 1 版　2021 年 1 月第 1 次印刷
印刷 / 北京天宇万达印刷有限公司

书号 / ISBN 978-7-5162-2331-4
定价 / 48.00 元
出版声明 / 版权所有，侵权必究。

（如有缺页或倒装，本社负责退换）

# 前　言

都说历史是一面镜子，但是有的人照，有的人压根儿不照。在照的人里面也有区别，有人从正面照，有人从反面照。好的经验教训没接受多少，反而装了一肚子坏水。

一个国家有着悠久的历史，无疑是件天大的好事。但在某种程度上，也会变成压得人喘不过气来的沉重包袱。在历史上，我国并未输在起跑线上。但起了个大早，赶了个晚集。我们的发展反而大大落在仅有二三百年历史的国家后边。

我虽是个凡人，却喜欢读点史书。在众多史书中，我对北宋司马光编撰的《资治通鉴》比较钟爱。他是我们晋南老乡，我在《聊天》一书中，专门把他老人家从书架上请下来，与他痛痛快快地"聊"了一次，这是我钟爱他的一个原因。同时，老夫认为司马光是个由"特殊材料"铸成的人物。他以"司马光砸缸"的故事而扬名，以反对改革与好友王安石决裂而著称，以编撰历史巨著《资治通鉴》而不朽。

司马光受宋英宗的钦点，以他为核心，专门成立了个写作班子，除他儿子司马康外，还有"二刘一范"三位得力助手参加。他们远离闹市，找了个清静之处，历时十九载，终于将上起周威烈王二十三年，下到五代的后周，前后共一千多年的历史上杂乱无章的"糊涂账"，小葱拌豆腐似的理了个一清二楚。全书共二百九十四卷，三百余万字。该书完成时，宋英宗已驾崩，宋神宗继位。宋神宗见到此书非常高兴，除奖给司马光一笔丰厚的"稿费"外，还亲自作序，考虑此书"鉴于往事，有资于治道"，宋神宗命名其为"资治通鉴"。在长达十九年的著述中，按司马光的自述：身体疲弱憔悴，老眼昏花，牙齿所剩无几，精神耗尽，记忆衰退，刚刚做过的事转身便遗忘，臣的一生精力，全尽于此书。

都说《资治通鉴》是为皇帝写的教科书，但是《资治通鉴》成书后，我国宋、元、明、清四朝共有六十余位皇帝，在这些皇帝中，从头至尾读过《资治通鉴》者并不多。

我国历史上有三部伟大的历史著作:《春秋》是我国第一部编年体史书，《史记》是一部纪传体通史，而《资治通鉴》则是一部编年体的通史。《资治通鉴》写作的特点是以时间为"纲"，以事件为"目"，或者说以时间为"经"，以事件与人物为"纬"。由于我不是研究通史的，所以我的兴趣在"目""纬"之中。我认为许多历史的经验教训，许多深刻的论述，许多生动的故事，许多精彩的语言，大多藏在"目"与"纬"之中。

有人说《孙子兵法》是阳谋论，而《资治通鉴》是阴谋论，是教人要权术的。我认为，这样说未免有点武断。依我看，阳谋之中有阴谋，阴谋之中也有阳谋。如同书中自有黄金屋，书中也有垃圾堆一样。

我的文言文功底很一般。我读《资治通鉴》的原著，即便使出很大的力气也不能完完全全啃下来，只好借助译成白话文的版本。我手头有好几种白话本，比来比去，我最喜欢天津古籍出版社出版的、由史存真先生主编的六卷本《白话资治通鉴》。这套书很对我的口味。我的《郑在读史:趣谈〈资治通鉴〉》所用的资料大多出自这个版本。为了表示对译者的尊重，我除了要感谢主编史先生外，还特意将该书的译者丁清俊、方诚、卢书捷、古学林、李耕虞、李云丽、汪光明、陈海泉、郑梓、周英、邵熙之、陶筱娉、贾立委、曹路、唐行之、黎春生、谢光义等先生的大名一一列举，以示对诸位的感谢与敬意。

以上是我的开场白。从现在起，我的《郑在读史:趣谈资治通鉴》登场献丑，欢迎诸位多多赐教。

郑洪升

# 目录
C O N T E N T S

第一篇

战国风云

# 选择继承人

　　既然《资治通鉴》主要是写给皇帝看的教科书，那么我们首先要知道我国古代当过帝王，也就是当过"一把手"的人有多少。在秦始皇统一中国之前，"一把手"一般称"王"。而秦始皇虽然只活了四十九岁，但他完成统一大业后，极度膨胀，尾巴翘到天上去了。他的野心特大，"王"已经满足不了他的欲望。我国有"三皇五帝"之说，"帝"指宇宙万物至高无上的主宰。秦始皇想：我的功劳比"三皇五帝"还大，我要将二者合二为一，也就是说，将"皇"与"帝"两个人间最尊贵的称号结合到一起。于是从秦始皇开始，天子头一次被称为"皇帝"。

　　大多数帝王寿命较短，其中一个很重要的原因在于他们太好色。据说晋武帝后宫佳丽有一万人，唐玄宗有宫女四万人，竟超过了唐朝官员的数字。皇后、妃嫔，加上这么多宫女，皇帝轮着宠幸，而妃子们为了提高自己的地位，都想生龙子。相传周文王有百子，南北朝的陈宣帝陈顼有四十二个儿子，宋徽宗有三十二个儿子，汉代中山靖王刘胜有一百多个儿子。

　　这些儿子们为了争夺继承权自相残杀，打得一塌糊涂。虽有立嫡立长这一规矩，但兄弟之间兵戎相见，斗得你死我活者大有人在。

　　所以，无论是王也好，皇帝也罢，他们一生之中有三件事最头疼：其一，夺取江山；其二，守住江山；其三，选好继承人。

　　在《资治通鉴》中，一开卷司马光就撰写了周威烈王时期智宣子选继承人之事。当时晋国智宣子想立儿子智瑶为继承人。有位名叫智果的人说，选智瑶不如选你的另一个儿子智宵好。智宣子问为什么，请讲出你的理由来。智果开始陈述自己的理由说，智瑶有五大优点：第一，他仪表堂堂，留着美髯，身材高大修长，一表人才——若按现在的话说不是"小鲜肉"，那也是个帅哥；第二，他擅长射箭、驾车，武艺高强，十八般武艺几乎样样都会；第三，他技能出众，才艺超群，用现在的话说，乃一专多能，是位全才；第四，他巧言善辩，文笔优美，可以说文武双全；第五，他坚强果决，刚毅勇敢，是位壮士。这五大优点都是非常了不起的。然而，他有一个致命的弱点，就是心太狠，没有一颗仁德之心。如果他运用五大优点去驾驭别人，而没有仁德之心，做出的都是不仁不义的事情，谁能够与他和谐相处，谁敢保证他的五大优点不用到坏地方？结果他的本事越大，干的坏事越多。这样的话，若立智瑶为继承人，智氏家族必然遭灭门之灾呀！

但是智果的这些肺腑之言，智宣子根本听不进去，执意立智瑶为继承人。其后果可想而知。

# 失德的下场

智宣子不听智果的劝告，执意定儿子智瑶为他的继承人。智宣子去世后，这位有才无德的智瑶得意扬扬地当上了"一把手"。果然，灾祸接踵而来。一次，他与韩国和魏国的国君一起饮酒时，盛气凌人，趾高气扬，出言不逊，竟然在酒宴上肆无忌惮地戏弄两位国君，羞辱人家的宰相。智瑶的手下实在看不下去了，事后规劝智瑶说："主君，你要提防灾难的到来呀，如果不以礼待人，灾祸肯定会从天而降！"

利令智昏的智瑶岂能听得进去，他说："他们的生死灾祸都掌握在我的手心里，我不给他们降临灾祸就不错了，谁还敢兴风作浪！"劝告他的人看智瑶半句劝言都听不进去，就引用《夏书》里的话说："一个人屡次三番犯错误，结下的仇怨岂能在明处？应该在它没有表现时就提防。凡君子只有勤劳而又注意礼节，才能避免大祸临头。而今天主君在宴会上羞辱别国的君与相，还认为您怎么羞辱他们，对方也不敢兴风作浪，这是万万不可以的呀！要知道蚂蚁、蚊子、蜜蜂等小虫子都会毒害人，何况人家是国君和国相呢！"

这么好的忠言，智瑶根本听不进去，不仅我行我素，而且恣意妄为，得寸进尺，之后发展到向韩康子索要人家的领土。韩康子不给。韩康子的谋士劝他，既然智瑶要，不如先给了他。韩康子问为什么，答曰："智瑶这个人好利又刚愎自用，如果咱们不给，他就会派兵来讨伐咱们。咱们给了他，就会使他更加骄奢，更加膨胀，他又会向别国索要土地。别国若不给，他必然动武，而我们可以避免战祸，还可以静观其变。"

果然，智瑶得到一片领土后，胃口大开，又向魏桓子要一块土地。魏桓子不给。魏桓子的谋士说："智瑶平白无故索要土地，各位大夫必然畏惧，我们若给了他，他必然更加骄横，骄横者必然轻敌。而我们因为惧怕必然相互亲密无间，联合起来。以亲密之兵对付骄横之兵，到头来他肯定彻底失败。智瑶的命运不会长了。"为了加重他讲话的分量，谋士又引用了《周书》上的一段话："要想打败他，一定要暂且辅助他。要夺取敌人的利益，必须先给他一些好处。"用大家都知道的话说就是：将欲取之，必先予之。

智瑶又向赵襄子索要土地，赵襄子不给。于是他领兵去打赵氏。

长话短说，最后各国联合起来，共同对付智瑶，把智瑶的骄兵打得落花流水，溃不成军。最后不仅赵、韩、魏三家瓜分了智瑶的领土，而且将智瑶的头割下来，放在开水中煮，并在他的头盖骨上涂了漆，做了饮具。

写了这个故事后，司马光语重心长地发表了如下感想，容老夫摘录几句原话：

> 智伯之亡也，才胜德也。夫才与德异，而世俗莫之能辨，通谓之贤，此其所以失人也。夫聪察强毅之谓才，正直中和之谓德。才者，德之资也；德者，才之帅也。云梦之竹，天下之劲也；然而不矫揉，不羽括，则不能以入坚。棠谿之金，天下之利也；然而不镕范，不砥砺，则不能以击强。是故才德全尽谓之"圣人"，才德兼亡谓之"愚人"；德胜才谓之"君子"，才胜德谓之"小人"。凡取人之术，苟不得圣人、君子而与之，与其得小人，不若得愚人。何则？君子挟才以为善，小人挟才以为恶。挟才以为善者，善无不至矣；挟才以为恶者，恶亦无不至矣。愚者虽欲为不善，智不能周，力不能胜，譬如乳狗搏人，人得而制之。小人智足以遂其奸，勇足以决其暴，是虎而翼者也，其为害岂不多哉！夫德者人之所严，而才者人之所爱；爱者易亲，严者易疏，是以察者多蔽于才而遗于德。自古昔以来，国之乱臣，家之败子，才有余而德不足，以至于颠覆者多矣，岂特智伯哉！故为国为家者苟能审于才德之分而知所先后，又何失人之足患哉！

从智瑶的教训中，司马光认为德是才之帅，才是德之资。德才兼备为圣人，有才缺德为小人，德才均无为愚人。用人，最好用德才兼备之人。宁用愚人，也不用有才而缺德之人，因为这种人的颠覆性太强了。

这就是司马光见识的伟大之处！

# 以德治国的魏文侯

司马光在《资治通鉴》中，写了智瑶这个有才无德，从而导致家破人亡的反面典型后，紧接着就写了一个以德治国的正面典型，这就是魏国的国君魏文侯。

司马光首先写了魏文侯诚信守约的高尚品德。一次魏文侯与臣子们一起饮酒，大家正喝到兴头上，天突然下起了大雨。魏文侯马上停止酒宴，命令备车到野外去。大家都感到莫名其妙，下这么大的雨去野外干什么？魏文侯说："我曾和管山的官员约定好，酒宴后去山林中打猎。而现在下了这么大的雨，一时半会儿停不了，我必须乘车前去当面告诉人家因下雨今天取消打猎。人不管官有多大，都要守信，不可失约。"写到这里，老夫突然好奇地想：当时魏文侯要是有部手机多好，不必是华为牌的智能手机，哪怕是一部普通手机，拨一下，告诉对方不就行了，何必停止酒宴，冒雨去告诉对方呢？

司马光还写了魏文侯善听反面意见和知错就改的坦诚精神。一天上朝时，魏文侯突然问群臣："你们评一评我这个君主当得怎么样？"众臣一个赛一个说他爱听的恭维话。一言以蔽之：他是个天下少有的伟大的仁君。正当魏文侯被各种"米汤"灌得从头到脚都舒服极了时，一位名叫任座的大臣唱反调了："国君办事并不完全公道，例如得了中山时，您应该把中山这个地方封给您的弟弟，而您却封给了您的儿子，这怎么能算得上是仁君呢？"魏文侯正在兴头上，任座却来了这么一通逆耳之言，魏文侯的脸色立时由晴转阴，十分难看。任座看大事不妙，立即离座而去。魏文侯又问大臣翟璜对自己的评价。翟璜说："您的确是位仁君。"魏文侯说："你根据什么说我是仁君？"翟璜答曰："君主仁慈，臣下就耿直。刚才任座当着您的面，讲的全是耿直的话，所以您是仁君，否则他不敢当面讲批评您的话。"魏文侯听后非常高兴，让翟璜把任座召回来，亲自迎接，并将任座待为上宾。

司马光又写了魏文侯在用人上善听他人的建议。魏文侯拟在魏成与翟璜二人中挑选一位任丞相。他一时定不了究竟用谁合适，于是他把好友李克叫来说："李先生我记得你说过，'家贫时想念贤良的妻子，国乱时想念贤能的丞相'。我想在魏成和翟璜之间选择一人为丞相，请您帮我参谋一下，选哪位好呢？"李克虽推辞了一番，最后还是说出要从五个方面考察人：

其一，平时要考察他与什么人亲近；

其二，他富有时考察他所相识的人；

其三，他贤达时考察他举荐的是些什么人；

其四，他贫寒时考察他不屑于做什么事；

其五，他贫困时考察他是否不贪取财物。

以上五个方面都合格的人，就是丞相人选。

魏文侯仔细听了李克说的这五个方面，马上说："我的丞相由他们二人中谁来担任，我心中已确定了。"

李克从魏文侯那儿出来，恰好碰见翟璜。翟璜问："主君在我与魏成之间，定谁为丞相？"李克说："主君没说，但我猜不是你而是魏成。"翟璜一听，气不打一处来，愤怒地说："过去我为主君办了许多大事，举荐了不少重要人物，以我的水平和贡献，哪一点比不上魏成？"李克非常坦诚地将自己对主君说的五方面标准，向翟璜说了一遍，然后说："我之所以猜到魏成会当丞相，是因为魏成的千钟俸禄，其中十分之九用于社会，只留十分之一用于家庭；而且与他最亲近的卜子夏、田子方、段干木，主君都极为尊敬，视为老师。你举荐的那些人，主君不过视为臣子。你与魏成不在同一条水平线上，怎能与他相提并论呢？"

李克和翟璜也是好朋友，所以直言相告。听了李克的话，不管心里怎么想，翟璜还是一再行礼说："我翟璜真是个粗鄙之人，刚才失态失礼了，我愿终身做您的弟子！"

从司马光对魏文侯的描述来看，做人，特别是做君主，一定要讲诚信、守规矩、不失言、不出尔反尔、不朝令夕改；一定要能听得进逆耳之言，哪怕是很刺耳的话，只要对，都要硬着头皮听，防止被歌功颂德之言所包围；

一定要在用人上走群众路线，要看他平时接触的都是些什么人，看他在富有与穷困时的真实表现。

# 名将吴起

接下来，在《资治通鉴》这部巨著中，司马光重点写了吴起。

吴起是今山东曹县人，战国初期伟大的军事家，智勇双全，善带兵打仗。依我看，只有后来的韩信可以与其相提并论。

从司马光对吴起的记载来看，可以悟出此人有三大特点：

第一，用现在的话说，吴起爱跳槽。他本来是鲁国大将，曾带兵大败齐国。后又跳槽赴魏，受到魏文侯的重用，被任命为西河郡守，名气很大。吴起后来又去了楚国，被任命为令尹。

第二，吴起很无情。母亲去世时他不去奔丧，为此，他的老师曾参与这个不孝之子断绝关系。齐国来攻打鲁国时，因吴起的妻子是齐国人，鲁王对吴起拥有兵权不放心。为了取得鲁王的信任，他竟杀死了妻子，从而成为大将，率鲁国军队大败齐军。

第三，吴起以身作则。他任大将时，与最下等的士兵穿一样的衣服，吃同样的饭。睡觉时不铺席子，行军时不骑马。有时还亲自帮士兵挑粮食，处处与士兵同甘共苦，不搞特殊化。最令人感动的是，有的士兵长了毒疮，吴起用嘴为其吸吮毒汁，从而赢得士兵的无限爱戴。

司马光用了不少篇幅，记录了吴起的经历。

魏文侯去世后，他的儿子继位，也就是魏武侯。一次吴起陪魏武侯乘船顺黄河而下。船至中流，魏武侯对吴起说："太美了，此处山河险峻，风光壮丽，真是咱们魏国的宝地呀！"而吴起却唱反调，说："国家兴旺，关键在于君主的德行与治国的方略，而不在山河的险峻。您看昔日三苗氏所居之地，左边是洞庭湖，右边是彭蠡湖，山河极为险峻，但他们的首领不讲求德义，终被夏禹所灭。再看夏桀所居之地，左有黄河，右有泰华山，伊阙山在其南，羊肠坂在其北，地势多么好。但因其不修仁政，终被商汤放逐于南巢。

再看商纣王的国都，左有孟门山，右有太行山，常山雄踞其北，黄河流经其南，但纣王昏庸残暴，最后被周武王割下脑袋示众。种种历史事实告诉我们，国家的兴衰安危，主要在于德政，而不在山河之险峻。如果主君不注重推行德政，那么现在与您同在一条船上的人，皆可能成为您的仇敌。"听了吴起这番话后，魏武侯深有感触地说："吴将军你讲得太好了！"

一位武将把政治讲得如此透彻，实属不易。但是，吴起的致命弱点在于骄横。

魏国任命田文为相后，吴起很不高兴。一天他对田文说："咱俩比比功劳可以吗？"田文说："可以。"

吴起说："论统率全国的军队，使士兵作战勇敢，视死如归，敌国不敢来犯，在这方面你跟我吴起相比，怎么样？"

田文说："我不如你。"

吴起又说："整治众多的官员，安定广大百姓，使府库充实，在这方面你和我比怎么样？"

田文说："我不如你。"

吴起越说越得意，接着又说："守护西河，使秦国的军队不敢来侵犯咱们魏国，让韩、赵两国都臣服我国，在这些方面你与我吴起比，怎么样？"

田文说："我也不如你。"

吴起神气地说："在这三大方面，你都在我之下，而你的官职却在我之上，这公道吗，这是为什么？"

田文毕竟为相，为人老练，城府也深，等锋芒毕露的吴起说完后，他不慌不忙地说："老主君去世，新主君年少，国家还不稳定，大臣们都在观望，并未完全诚心诚意地归附，老百姓也在犹豫不安。在这种情况之下，是把丞相的职位交给你吴起好呢，还是交给我田文好呢？"

吴起听田文这么一说，不得不承认："应该把丞相的职位交给你，在这方面我确实不如你。"

后来，吴起在魏国被怀疑是个对国家有危险的人物，因为他手握兵权，又树大招风。吴起也觉察到若不赶快离开魏国，必遭杀身之祸，于是他跳槽去了楚国。

楚王早就知道吴起是个了不起的人才，任命吴起为令尹。吴起在楚国进行了大刀阔斧的改革。他严明各种法纪号令，裁减掉一批不需要的闲官，废除了王族中的一些贵族的特权，并用这些钱安抚、奖励征战的士兵，大大增强了军队的实力。吴起还揭穿、破除了一些合纵连横的言论。这些铁腕措施，使楚国逐渐强盛起来，向北抵挡住了韩、魏、赵三国的扩张，向西讨伐秦国。

但任何事物都有两面性。首先，各诸侯国都怕楚国太强大；其次，由于自己的利益受到侵犯，楚国的贵族们对吴起恨之入骨，想尽一切办法，要把吴起除掉。之后，重用吴起的楚悼王去世，宗室大臣们趁机作乱。吴起被极端孤立，在王宫里被乱箭射死，下场很惨！

# 子思谏卫君

在《资治通鉴》中，司马光写了一段"子思论政"。

子思是孔子的孙子，孔鲤的儿子。在历史上，子思的地位很重要，他还是儒家"五大圣人"之一。你知道这"五大圣人"是谁吗？我告诉你：孔子为"至圣"，颜子为"复圣"，曾子为"宗圣"，子思为"述圣"，孟子为"亚圣"。

子思有一句名言："吾不能为舌，故不能事君。"他凭借三寸不烂之舌，找卫国的国君论了一回政。

子思向卫国的国君举荐了一个人，此人名叫苟变。子思对卫君说："苟变这个人了不起呀，他可以统率五百辆战车。"卫君说："我听说过苟变是个将才，但他道德品质有问题，有次征税时他白吃了老百姓的两个鸡蛋。别看只是吃了人家两个鸡蛋，细节决定成败，所以我不重用他。"子思说："圣人选人任官，就好像木匠使用木材，应取其所长，弃其所短，一根合抱之良木，虽有几尺朽烂处，但是高明的木匠，不会因为有这点朽烂之处，就将整根木料全抛掉。现在正处于战国时代，您应该选拔有用的人才，难道就因为他白吃过百姓的两个鸡蛋而弃之不用？这件事若让邻国知道，会成为笑柄的。"

卫君接受了子思的教诲，再三拜谢。

子思在卫国住了一段时间，他发现卫君出的有些计策并不对，而他的臣子异口同声地附和，还肉麻地赞美。为什么会出现这种情况？子思说："在我看来，卫国的症结在于，君不像君，臣不像臣。君主自以为谋略高明，所以众人就不会进言。假如君主的谋略是错的，大家不敢提出异议，这样就加剧了恶劣作风的产生。君主不考察事理对错，就喜欢别人赞扬自己，没有比这更昏暗的了。作为臣子，不考察事理对错，就阿谀奉承，以此求得好感，更是错上加错。世上没有比谄媚更恶劣的了。主君昏暗，臣子谄媚，而他们的地位都居于老百姓之上，民众是不会接受这样的国家的。这种情况不停止，国家也就离灭亡不远了！"

接着子思对卫君直言："您的国家将每况愈下，一日不如一日了。"

卫君问："是何原因？"

子思说："凡事都有原因。主要原因是，国君对自己说的每句话都自以为是，而卿大夫却没有一个人敢站出来指出您的错误和缺点；大臣们也上行下效，同样自以为是，而一般百姓也不敢指出他们的错误。君臣自以为贤能，而下属亦同声称颂上司贤明，因为歌功颂德可带来福气，直言纠错则会招致灾祸。如此下去，利国利民的善政怎能产生？《诗经》上说，都说自己是圣贤，谁还能辨清乌鸦的公母呢？这不正像国君与大臣吗？"

为了借此机会学点文言文，老夫将司马光在《资治通鉴》中写的这段话的原文抄录如下，以飨读者：

子思言苟变于卫侯曰："其才可将五百乘。"公曰："吾知其可将；然变也尝为吏，赋于民而食人二鸡子，故弗用也。"子思曰："夫圣人之官人，犹匠之用木也，取其所长，弃其所短；故杞梓连抱而有数尺之朽，良工不弃。今君处战国之世，选爪牙之士，而以二卵弃干城之将，此不可使闻于邻国也。"公再拜曰："谨受教矣！"

卫侯言计非是，而群臣和者如出一口。子思曰："以吾观卫，所谓'君不君，臣不臣'者也。"公丘懿子曰："何乃若是？"子思曰："人主自臧，则众谋不进。事是而臧之，犹却众谋，况和非以长恶乎！夫不察事之是非而悦人赞己，闇莫甚焉；不度理之所在而阿谀求容，谄莫甚焉。君暗臣谄，以居百姓之上，民不与也。若此不已，国无类矣！"

子思言于卫侯曰："君之国事将日非矣！"公曰："何故？"对曰："有

由然焉。君出言自以为是，而卿大夫莫敢矫其非；卿大夫出言亦自以为是，而士庶人莫敢矫其非。君臣既自贤矣，而群下同声贤之，贤之则顺而有福，矫之则逆而有祸，如此则善安从生！诗曰：'具曰予圣，谁知乌之雌雄？'抑亦似君之君臣乎？"

至于子思这些逆耳之言，卫国国君是否真的听进去了，并在行动上加以改正，《资治通鉴》里似乎没说。

# 秦国崛起的拐点

人们常把"春秋战国"挂在嘴边。那么，你知道战国时期，我们华夏民族有多少国家吗？总的来说有七国，除此之外，还有像萝卜头那样小的几十个国家。

这七国是：齐国、楚国、燕国、韩国、赵国、魏国、秦国。齐国在今山东北部、河北南部、山西东南部；楚国在今湖北全部，以及河南、安徽、浙江的部分地区；燕国在今河北北部，以及辽宁、吉林的部分地区；韩国在今河南的中西部和山西东南部；赵国在今山西北部与中部、河北中部与西南部、内蒙古的部分地区；魏国在今山西的南部，以及河南的北部、中部及东部；秦国在今陕西的关中和汉中、甘肃的东南部、四川的大部分地区。

在这七国之中，起初实力最强的是楚国，实力最弱的是秦国。这里就出了一个问题，为什么排名老末的秦国，后来竟打败了其他六国，成为战国后期的霸主，用现在的话说，一跃而成为超级大国呢？

这其中原因固然很多，但是有一个非常重要的原因，就是秦孝公继位后，实施了有名的"商鞅变法"。历史上的无数事实证明，每个强国几乎都是经过内部的重大变革之后才成为强国的。

司马光在《资治通鉴》中用大量的篇幅记载了"商鞅变法"对秦国由落后变强大的重大影响。

商鞅这个人，本名卫鞅。他是卫国公族之后代，所以又称公孙鞅。入秦后因军功被封于商，成为商氏，后人就称他为商鞅。这样他的变法也被冠以"商鞅变法"之名。

据司马光在《资治通鉴》中记载，卫鞅喜好法家学说，学问博而深，是位难得的人才。卫鞅常在魏国国相公叔痤府上做客，公叔痤从卫鞅的谈吐中发现他是个贤才，本想向魏惠王举荐，因患了重病，未来得及推荐。临危前魏惠王去探视公孙痤，问："公叔之病倘若真的无法康复，国家大事交给谁主持呢？"公叔痤说："我的门下有个人名叫卫鞅，虽然年纪轻轻，但是个奇才，愿君王把国家政务全部委托给他。"魏惠王听后，没有表态。公叔痤猜到魏惠王不会重用卫鞅，就说："君王若不用卫鞅，就把他杀了，千万不能让他去了别国。"之后，公叔痤又把卫鞅找来，抱歉地说："你赶快离开魏国吧，不然会有杀身之祸。"于是卫鞅去了秦国。

卫鞅去了秦国，正逢秦孝公下令："我想起已故君王收复失地、修明政令的宗旨未能实现，心中就惭愧悲痛。凡是能够出奇计使秦国强大起来的人，我将给其加官晋爵，并给他分封土地。"后经人引荐，卫鞅与秦孝公见了面，并向秦孝公陈述了自己富国强兵的治国方略。秦孝公听后，非常兴奋，从此就与卫鞅共议变法大事。

变法之初，就遇到很大阻力，贵族们清一色反对。卫鞅对秦孝公说："对普通的人，不能和他商议开创的计划，只能与他们共享成功的利益。谈论至高道德的人，与凡夫俗子没有共同语言；建成大业的人，不去与众人商议。所以圣贤只要能够强国，就不必拘泥于旧的传统。"听了卫鞅的这番话，在场的大夫甘龙说："你的说法不对。按照旧的章程来治理，官员们才能熟悉规矩，而百姓才会安定不乱。"卫鞅却说："普通人安于旧习，有学问的人往往陷于其所知的范围不能自拔。这两种人，让他们做官守法还可以，但不能和他们商讨在旧章程之外开创大业之事。聪明的人制定法规，愚笨之人只会受制于人；贤德的人因时而变更礼制，无能的人则死守成法。"秦孝公支持卫鞅，认为卫鞅的见解正确，于是任命卫鞅为左庶长，制定变法条令。

卫鞅制定的条令真够严厉的：百姓按五家一伍、十家一什组织起来，互相监督、互相揭发，若一家犯法，其他九家连坐。如有不告发奸谋之人者，处以斩刑，告发奸谋之人者与斩敌首者同赏，隐藏奸谋之人与投降之人同罚；某一家有两个以上成年男子却不分家的，要加倍征收赋税；立有军功的人，分别按标准授予爵位；进行私斗的人，分别按情节轻重，处以大小不等的惩罚；努力从事正业，在耕田和纺织上获得丰收者，免除本人徭役；从事工商以及因懒惰而贫困者，一经举报，全家收为奴婢；宗室中没有经过军功论定的人，不能列入宗室家谱；申明尊卑地位和爵禄等级，分别按级分配田地、住宅、仆妾、衣饰器物，使有功劳的人，获得显耀光彩与荣誉，没有功劳的人虽然富有却没有显耀光彩。

此法令公布后，许多人不相信真能施行。于是卫鞅干了两件事情：一件是，他在国都的集市上立了一根三丈长的木杆子，下令说谁能把这根杆子搬到北门去，赏赐十金。但是没人动手。卫鞅说：谁搬过去赏五十金。有个人半信半疑地将杆子搬到北门，卫鞅当众赏其五十金。另一件是，太子触犯了法令，卫鞅也对其进行了处罚。这两件事在秦国一传十，十传百，大家都觉得要动真格的了。因此，各项新令得以顺利推行。

写到这里，司马光深有感触地说：信誉是仁君最宝贵的品德。国家依赖人民而存在，人民因为信誉而归附。不讲信誉，就无法役使人民；没有人民就无法维持国家。因此，古代的国君，从来不欺骗天下民众；成就霸业的国家，也不失信于四周的邻国；善于治国的人，不会欺骗百姓；善于治家的人，也不会欺骗亲友。愚蠢的人则恰恰相反，背信于邻国，失信于百姓，甚至食言于自己的家人，使得上下级之间互不信任，彼此离心，以至于最后酿成一败涂地的结果。

卫鞅制定的法令只施行了一年，就产生了明显的效果。连续推行十年后，秦国便出现一派道不拾遗、山无盗贼的新气象。百姓勇于为国作战，不敢私下格斗，城乡秩序井然，国力大大提升。秦国在七国之中，由倒数第一，一跃而居榜首。变法为秦国后来打败六国，统一中华，打下了坚实的基础。

后来秦孝公去世，秦惠文王继位。"商鞅变法"伤的人太多了，伤的不是一个人，而是一群人；不是一般的人，而是高贵的人。特别是这场变法削弱了氏族的特权，损害了他们的利益，最后这些人诬告卫鞅想要造反，秦惠文王将其车裂示众，并灭其全家。

# 横空出世的奇才

秦国通过"商鞅变法"，由小到大，由弱变强，在七国之中居然成为"超级大国"。存在决定意识，它变为超级大国后，也要"秦国优先"，也要向外扩张，也想把其他六国吞掉。

面对强大的秦国，其他六国该怎样维持自己的生存？

时势造英雄。有什么矛就有什么盾，到什么山就唱什么歌。在这万分紧迫之际，出了个奇才式的人物，他的名字叫苏秦。

苏秦是鬼谷子的弟子。对鬼谷子这个人，老夫得交代几句。鬼谷子本名王诩，因他常年住在今河南省鹤壁市附近一座叫鬼谷的山上修道，故名鬼谷子。在战国时期，鬼谷子可是极为神秘而显赫的人物，他是著名的谋略家、道家的代表人物、兵法集大成者。这位鬼谷子通天彻地，智慧卓绝，无人能出其右。兵法家尊他为圣人，纵横家尊他为鼻祖，算命的尊他为祖师爷。据说，鬼谷子一生只下过一次山，收过四个学生。这四个学生的名字都如雷贯耳，他们是：庞涓、孙膑、苏秦、张仪。两武两文，在历史上都是响当当的大人物。

老夫在本文中，说一说苏秦。

司马光在《资治通鉴》中，对苏秦的历史功绩有充分肯定。面对强大秦国的威胁，苏秦用他从鬼谷子老师那里学到的纵横论，游说六国，以合纵的"统一战线"联盟，把六国捆在一起，共同对付强大的秦国。

苏秦先去了燕国。他对燕文公说："秦国很想先吃掉你们燕国。为什么秦国还不敢下手呢？就是因为南边有赵国做你们的挡箭牌。秦国要打你们燕国鞭长莫及，而赵国要打你们却是近在咫尺。现在您不担忧近患，却顾虑千里之外的秦国，考虑问题的方法不对呀！我希望您能与赵国结为兄弟之邻，有赵国在前边挡着秦国，你们燕国就可以高枕无忧了。"

燕文公被苏秦说得心服口服，不仅以高规格招待了他，还给他配备了车马，给了不少金银，并请苏秦去游说赵国的"一把手"赵肃侯。

在会见赵肃侯时，苏秦先给赵王戴高帽说："当今华山以东建立的国家没有哪一个比你们赵国更强大的了。"然后话锋一转说："秦国最恨你们赵国，之所以还不敢进犯赵国，是因为担心韩国和魏国在后边暗算它。而韩国与魏国没有险峻的地形阻挡秦国，秦国一旦占领了韩魏两国，首当其冲的就是赵国了。我对天下的地图进行了认真研究，发现各诸侯国的土地连起来比秦国大五倍，兵力加在一起比秦国多十倍。若六国合纵为一，联合起来攻打秦国，秦国必败无疑。我为赵王私下谋划，不如赵、韩、魏、齐、楚、燕六国合纵在一起，共同对抗秦国。"

赵肃侯听了苏秦的游说，非常高兴，又盛情款待了苏秦，并请他再去游说其余几国。

苏秦又去了韩国。他见到韩宣惠王说："贵国土地九百多里，还有几十万甲兵，天下的强弓、劲弩、利剑，都产于你们韩国，你们是武器大国啊。以韩国士兵的勇猛，披上坚固的盔甲，张起强劲的弓弩，手持锋利的刀剑，以一敌百，不在话下。若大王屈服于秦国，那秦国可是人心不足蛇吞象，会得寸进尺，那时您只能俯首称臣。常言道，宁为鸡口，无为牛后。不如六国合纵抗秦。"

苏秦说服了韩王后，又去齐国对齐王说："齐国四面是要塞，广阔的土地两千余里，披甲的士兵几十万，谷积如山。这么精良的三军，以及郊外的五都之兵，进攻像脱弦的利箭，作战如雷霆万钧，解散似风雨扫过。尤其是齐国的临淄城里有七万户人家，每户男子不下三人，仅临淄就可征二十一万兵。临淄城的百姓生活富裕，路上车多得互相碰撞，人多得摩肩接踵，衣服连起来成帷帐，众人挥汗如下雨。居民斗鸡、赛狗、下棋、踢球。这样的国力难道还怕秦国？不如六国合纵，共同抗秦。"

长话短说，说服了齐王后，苏秦又去楚国说服了楚王。

每去一国，苏秦都以透彻的分析、生动的语言、沉着的神态，令各位诸侯心悦诚服，最后，终于使六国联合起来。六国推举苏秦为六国联盟的从约长，苏秦之后成为六国的国相，握有六国相印。苏秦的待遇可与国君相比，只要他一动身，军马随之众多。

由于苏秦的合纵策略取得成功，使秦国在数十年内不敢出函谷关。

# 既生秦，何生仪

老夫在前边说了，鬼谷子一生只收了四个弟子，两武两文。他不像孔子，有三千弟子，在三千弟子中出了七十二贤人。孔子的弟子虽一大堆，但太出名的不多。鬼谷子神就神在他掌握少而精的原则，一辈子只收了四个弟子，而且在这四个弟子中，两个搞"枪杆子"，两个握"笔杆子"，个个大显身手。在夺取政权与巩固政权上，这"两杆子"都起了极大作用。

在四个弟子之中，庞涓与孙膑各有其长，苏秦与张仪各有所异，有点儿一物降一物的味道。他们之间相互斗争，相互补充，各显其能。

苏秦和张仪，苏秦得势早。当苏秦正在游说六国合纵抗秦的时候，他的老同学张仪找上门来。这时秦国正在出兵攻打魏国，苏秦担心他合纵的大计泡汤，就对找上门来的张仪没好脸色，讽刺挖苦一顿，逼着他去秦国说服秦惠文王收兵。在张仪去秦国的途中，苏秦派随从保护，并暗地里资助盘缠，使张仪顺利到达秦国。这实际上是苏秦的一计。

张仪这个人好生了得，他是今山西万荣县人，套个近乎，还是我们晋南老乡，离我们浮山县也就百十里。张仪进入秦国后，有幸拜见了秦王。经过交谈，秦王对张仪的才华十分感兴趣，拜张仪为客卿，于是张仪成为秦王的高级幕僚。

正所谓"各为其主"，张仪心里很清楚，苏秦正在用合纵之计，让六国联合起来共同抗秦，他决定用连横之计拆这个高招。

写到这里，老夫稍微解释一下，什么是纵，什么是横？实际上，它是纵向与横向。通常说，上下为纵，左右为横。另一种说法是，南北为纵，东西为横。

张仪想，苏秦不是用合纵来阻止强国对弱国各个击破吗？那我张仪就给秦王出主意，用连横的办法，拉拢其中的一国，与秦国结盟，进攻其他五个弱国，最后把拉拢过来的这个国家也收拾了。经过各方面分析，他把连横的突破口选在了楚国。

秦王派张仪去楚国游说楚王。他对楚王说："若大王能跟齐国断绝合纵关系，我秦国将把六百里的商於这块宝地送给您。我们秦王还说了，让秦国的美女成为您的婢妾，今后秦楚之间嫁女娶妇，永结友好邦交。"

楚王听了非常高兴，好像从天上掉下了个大馅饼，满口答应了张仪的建议。群臣听到此消息，都来向楚王祝贺。只有一个名叫陈轸的人表示悲哀。楚王恼怒地说："我一兵未发就得到六百里土地，有何不好？"陈轸说："我看秦国给咱的这块土地不会到手，秦国与齐国却有可能联合起来；齐秦一联合，咱们楚国就大祸临头了。秦国之所以重视咱楚国，就是因为有齐国做盟友，我们如与齐国断交，就被孤立了。秦国怎么会偏爱一个孤立无援的国家，而且还把六百里地送给咱们呢？张仪回到秦国后一定会背弃承诺，那时您已与齐国断交，齐国便与秦国联合起来攻打我们楚国，我们处于夹攻之下，就大祸临头了。"

楚王根本听不进去反对意见，派人送张仪回秦，与齐国断绝合纵关系。齐王怒不可遏，与秦国联合起来。最后，楚秦交战，楚国大败。楚国落了个鸡飞蛋打的下场。

后来，张仪又去韩国、燕国，一一破合纵同盟，都取得了成功。

这样，张仪以连横之计破了苏秦的合纵之策，为后来秦国统一六国立下汗马功劳。后人一致认为张仪是首位连横破纵的著名谋略家、外交家、思想家。

三国时期，周瑜哀叹：既生瑜，何生亮！其实，早在战国时期就有人感慨：既生秦，何生仪！

# 利益的重要性

在《聊天》一书中，老夫除了与孔夫子"聊天"之外，还和孟夫子"聊"了一次。

孟子小时候真够可怜的。他幼年丧父，母亲好不容易把他拉扯大。为了改变他的生活与学习环境，当时在没有搬家公司的困难情况下，他们接连搬了三次家。"孟母三迁"的故事广为流传，成为教子的佳话。孔子比孟子大一百多岁，但因为孟子的天赋与勤奋，后来竟与孔子齐名。

那次"聊天"时，孟子还有点牢骚。他老人家说，每次批孔子，上挂下联，都要把我扯上，大家一起批孔孟之道。而现在孔子红得发紫了，全世界到处建"孔子学院"，却没有我孟子的份儿了。怎么没建个"孔孟学院"呢？

当时，老夫还"安慰"了他老人家几句，给他老人家讲，应具有吃苦在前享受在后的精神，要高风亮节，不必斤斤计较，做到宠辱不惊。而孟子笑着说，我是和你老郑开个玩笑。我陪着孔子挨批早已习惯了，若计较这个，我就与"亚圣"的称号不相称了。

司马光在《资治通鉴》中，专门写了孟子会见魏惠王的故事。

魏惠王会见孟子时，开门见山地问："孟夫子，你不远千里从齐国而来，能给我们魏国带来什么利益呢？"

孟子说："君主呀君主，您怎么张口就要利益，有了仁义就足够了。如果君主光说为国家谋利益，大夫们光说为家谋利益，老百姓也光说为自身谋利益，上上下下都追逐利益，都掉到钱眼里去了，这样的话，国家就危险了。只有仁爱的人，才不会抛弃他的亲人，只有忠义的人，才不会把国君置之脑后。"

魏王听得入了迷，直说："老先生讲得真好！"

但是，司马光却认为，孟子上面说的观点与他从子思那里学的观点不是完全一样的。

当初孟子问子思："管理和教育民众应从何处入手？"

子思说："先给民众以利益。"

孟子说："君子只引导民众行仁义就行了，为什么要涉及利益呢？"

子思说："教其行仁义的最终目的，还是要带给他们利益。国君与各级官员如果不以仁爱之心待民，民众便无法正常生存。上面不讲仁义，下面的普通民众便不能得到他们应得的利益；居上位的人不行仁义，下面的人便会互相欺诈，这样带来的不利最大。所以《易经》一书中说，'利者，义之和也'，又说，'利用安身，以崇德也'。这些都是告诉人们利益的重要性。"

子思的这个从利益着眼的观点，是很了不起的。

老子在《道德经》中说："天下熙熙，皆为利来；天下攘攘，皆为利往。"

我们知道，婴儿从妈妈腹中来到这个世界后，马上就要做两件事：第一件，用哭声宣告他的诞生；第二件，张开他的小嘴吸吮母亲的乳汁，从而为自己的生存获得物质利益。世界上找不到一个不为自己的利益而奋斗的动物。仁义道德与物质的关系，是一个物质变精神、精神变物质的关系。物质是第一性的，精神是第二性的；物质是基础，精神是上层建筑；物质决定精神，精神对物质有反作用。如果把利益抛到九霄云外，满口仁义道德，只能陷入伪君子的行列。

由此可见，利益决定立场，立场决定观点，观点派生方法。任何时候都不能无视、损害、侵占人民群众的利益。这是社会之本，也是能否得人心之本。现在，为什么我们要大力推行脱贫的伟大工程，解决人民生活与利益的根本问题，说到底，道理就在这里。

有句名言甚为流行："没有永远的朋友，只有永远的利益。"据说这句话是十九世纪英国一位名叫迪斯雷利的作家说的。后来，英国首相丘吉尔引申说："一个国家没有永远的敌人，也没有永远的朋友，只有永远的利益。"

因为丘吉尔官大，是著名的政治家、演说家，也是全世界至今唯一获得诺贝尔文学奖的世界级政治家，所以关于这句名言的原创者，人们只记得丘吉尔，而把那位作家给忘记了。

说起英国首相丘吉尔，不由得使我想起他那肥胖的体形。"二战"末期，美国为了促使日本宣布无条件投降，在日本的广岛和长崎投下两颗原子弹。一颗原子弹起名为"小男孩"，另一颗起名为"胖子"。据传这个"胖子"的名字，是美国总统杜鲁门受丘吉尔体形的启发而命名的。这是题外之言。

# 子之之乱

在司马光的《资治通鉴》中，细心的人可以清楚地看出，苏秦以合纵之计，将六国联合到一起抗秦，但这只是个松散的、各怀鬼胎的联盟，实际上每家心里都有自己的"小九九"。张仪的连横，就以楚国为突破口，在六国的"联盟网"上捅了个大窟窿。苏秦死后，他的两个弟弟苏代和苏厉也继承了其兄的衣钵，在燕国当上了座上客，并与燕国名叫子之的人结为姻亲，从而两家勾结在一起，进行篡夺最高权力的活动。

燕王派苏代去齐国打探虚实。

苏代回来后，燕王问他："据你的观察，齐王称霸天下能否成功？"

苏代说："不会成功。"

燕王又问："为什么？"

苏代话中有话地说："因为齐王不信任他朝中的大臣。"

这话是为了让燕王对子之更加信任。

有个名叫鹿毛寿的人，也添油加醋地对燕王说："历史上人们之所以称颂尧王的贤明，就是因为他没搞世袭制，而是把王位禅让给舜。现在您如果把燕国的大位让给子之，您就会和尧王一样誉满天下了。"

这个燕王真是个老糊涂，后来他真的把燕国的最高权力交给了子之，从此他不仅不再理政，反而心甘情愿地向子之俯首称臣了。

篡夺权力的野心家绝对不会有好下场。这个名不正言不顺仅当了三年燕王的子之，就把燕国搞得一团糟。各派势力互相残杀，死了好几万人。齐王借燕国混乱之机，派章子为大将，率兵进攻燕国。燕国士兵打开城门，毫不抵抗。齐兵不费吹灰之力，攻占了燕国，杀了子之，老糊涂的原燕王同时被杀。

这段历史说明了几个问题：其一，对这些靠耍嘴皮子上位的所谓谋士，要提高警惕，这些人能成事，亦能坏事，甚至成事不足，败事有余；其二，最高权力不能轻易撒手，尤其是不能落在野心家手中；其三，祸起萧墙，堡垒最容易从内部被攻破，只要内部不乱，外部就难以插手；其四，外交只是策略，它是为国家的战略服务的，解决不了长期的和实质性的矛盾。苏秦也好，张仪也罢，运用的那些高招都会靠边站，最后还得靠实力说话。

在《资治通鉴》中，司马光还记述了齐宣王就这个问题与孟子的对话。

齐宣王向孟子请教："有人劝我不要吞并燕国，也有人对我说可以吞并它。现在我把燕国攻取了，您认为如何？"

孟子说："如果燕国老百姓很高兴被吞并，那就吞并吧；如果燕国老百姓不想被吞并，那就不要吞并。齐国征服燕国时，百姓捧着食品、茶水来迎接齐军，就是为了跳出水深火热的战乱。如果新的统治者使百姓处于水更深、火更热的境地，百姓又将弃齐国，转而投奔到别的国家去了。"

后来各诸侯国准备联合起来救援燕国。齐宣王又向孟子请教，应该怎么对付？

孟子说："我听说过商王汤由于实行仁政，以七十里的领土而号令天下，却没听说过拥有千里之广的国家而害怕别人的。天下各国原本就害怕齐国强大，如今齐国因战胜燕国又扩大了一倍以上的领土，却不实行仁政，这样必然招致天下讨伐呀。依我之见，大王应赶快下令，释放老弱病残的百姓，停止搜刮宝物，与燕国民众商议，再推举一位新的国君，然后齐国军队尽快撤出燕国。只有这样才能避免一场动乱。"

但是，齐宣王没听从孟子的高见。不久燕国百姓果然反叛，弄得齐国十分被动。齐宣王后悔当初没听孟子的劝告。

孟子深有感悟地说："且古之君子，过则改之；今之君子，过则顺之。古之君子，其过也，如日月之食，民皆见之，及其更也，民皆仰之。今之君子，岂徒顺之，又从为之辞。"史存真先生主编的《白话资治通鉴》将孟子的这段话译为：古时候的君子犯了错误能改正；现在的君子犯了过错则依错而行。古时候的君子，他的错就好像日月之食，人人都看得见，一旦改正，人人都会仰望他；现在的君子，不但不加改正，还会托词掩饰自己的过错。

借此机会，大家也学点文言文。

# 闲谈孟尝君

在《资治通鉴》中，我的晋南老乡司马光记述了孟尝君这个很有意思的人物。

孟尝君何许人也？

他是田婴的儿子，是齐威王的孙子。

田婴号称"靖郭君"。当时，没有计划生育的政策，随便生，加上田婴妻妾成群，竟有几十个儿子。在田婴的这些儿子中，有个儿子名叫田文，是他与一个卑贱的侍妾生下的。别看这个女子没地位，但生下的这个儿子质量特高，非常聪明，足智多谋。田文劝他爸田婴要广散钱财、揽才养士，把各种人才都集中到自己的旗下。于是其父就让田文主持家务，接待宾客。

田婴给他老爸齐威王进言：文武百官报来的奏折，您必须亲自审阅，反复察看，不能马虎，只有这样，才能正确判断，做出重要批示。

齐威王认为儿子田婴的这个建议很对。但他懒得审阅报上来的这么多奏折，就委托儿子代他审批。这样，田婴实际上就掌握了齐国的实权。

后来田婴劳累而死，他最聪明的儿子田文继位，号称孟尝君。

这位孟尝君好生了得，有点我在《开门大吉》节目中说的"向全世界的名人借脑子"的味道。他不是从书本上向名人"借脑子"，而是从他门下经常集中的几千食客那里"借脑子"。在这些食客中，有读书研究学问的，有出主意的，有敢提意见的，有画画写字的，还有一些飞檐走壁鸡鸣狗盗之辈。一时间，孟尝君的名声传遍天下，知名度甚高。孟尝君成为一颗冉冉升起的新星，大家都想一睹他的风采，从他嘴里讨点良策。

一次，孟尝君出访楚国，楚王赠送孟尝君一张极其贵重的象牙床，并派专人护送。但护送床的人不愿去，便对孟尝君的一位食客说："这张象牙床价值千金，如果在路途中损坏，我就是把老婆及儿女卖了，也赔不起，您如果能免我护送的任务，我愿意将我祖先留下来的一把宝剑送给您。"这位食客就对孟尝君说："许多小国之所以把相印交给先生，是因为先生您能帮助穷苦的人，协助危亡的国家使其振兴。他们最佩服您的仁义与清廉。现在您刚到楚国，就接受象牙床，将来再去别的国家，让那些国家拿什么送给您呢？"孟尝君认为言之有理，于是不接受任何馈赠，并在他的门上写道："有能够显扬我田文的名声，匡正我田文过错者，即使是在外私下获得宝物之人，也请迅速进谏。"

后来，秦昭王也听说了孟尝君的大名与贤德品质，便邀请孟尝君来秦国。经过交谈，秦昭王感到此人名不虚传，确有真才实学，于是任命他为国相。

过了一段时间，有人劝告秦昭王不要陷入"通齐门"，因为孟尝君是齐国人，他一定先照顾齐国利益，而后再考虑秦国，这对秦国来说是个大危险！秦昭王听了劝告，于是将孟尝君软禁起来，准备杀掉。

在这危急关头，孟尝君派人拿珍贵的礼物去贿赂秦昭王的宠姬。据说只有宠姬的话秦昭王才听。可是宠姬看不上这些礼物，她非要孟尝君那件白狐皮袍子不可。孟尝君早把这件白狐皮袍子送给了秦昭王，这可如何是好？

正在孟尝君犯难之际，他的一个门客说："这有什么难的，我扮成狗跳墙过去，把那件袍子偷回来就是了。"这一招果然有奇效。常言道，吃人家的嘴软，拿人家的手短。宠姬收了这件袍子后十分高兴，便说服秦昭王放了孟尝君。

孟尝君获赦后，生怕秦昭王反悔，带着他的门客们趁黑夜逃出秦国。当他们走到边境函谷关时，天还未亮，城门紧闭。按照规定，只有听到鸡叫才能开城门。这时，一位门客比周扒皮还厉害，噘起嘴巴来了个半夜鸡叫，附近的鸡都跟着叫了起来。于是守门的士兵便把城门打开，孟尝君溜之大吉。等秦昭王派兵追赶时，孟尝君等人早已出关走远了。

这个故事还派生出一个成语：鸡鸣狗盗。

你没想到吧，"鸡鸣狗盗"竟与孟尝君有关。

# 乐毅伐齐

据载，春秋战国时期，齐国前后共有数十位国君。齐湣王掌权后，脑子发昏，不可一世，不知道自己几斤几两，过高估计自己的力量。他先后攻打楚国、秦国，妄想吞并周室，自立为天子。这时有两位大臣苦苦相劝，都被齐湣王斩首。

而齐国的邻国——燕国，由于燕昭王实行仁政，抚恤民众，发展生产，国力渐渐壮大起来。燕昭王便与亲信乐毅密商攻打齐国，以报一箭之仇。

乐毅是位头脑十分清醒之人。他对燕昭王说："齐国称霸以来，至今有余力。它的国土面积大，人口多，力量雄厚，燕国若单独去攻打它，很难取胜。大王如想攻打齐国，就必须与赵国、楚国、魏国联合起来，组成联军，共同攻打它。"

燕昭王认为乐毅言之有理，就派他出使赵国，另派人去联络楚国和魏国，还派人吸引秦国来加入。

这几个国家平时都怕齐国，特别是对齐湣王的骄横残暴，难以忍受。它们一拍即合，争着与燕国联合攻打齐国。经过周密筹划，最后由乐毅统一指挥燕、秦、赵、魏、韩五国的军队，攻打齐国。

齐湣王骄横成性，岂能示弱？他也调动齐军的主力拼命抵抗五国联军。双方会战于济水西岸，经过激战，齐军大败。乐毅令其他几国军队撤出战场，自己亲率燕军长驱直入去追打失败的齐军。

此时此刻，有位名叫剧辛的人向乐毅进言："齐国强大，我燕国弱小，依靠五国的联合才打败了齐军。现在咱们应该攻取边境的城镇，以扩大燕国的疆土。而您率军经过这些城镇时并不攻取，只是向其腹地挺进，这样做对燕国没多大好处，反而与齐国人结下怨恨，到那时悔之晚矣。"

乐毅则说："齐湣王骄横，自不量力，以为自己功勋卓著，才能盖世。他做出重大决策时，从不征求下属意见，独断专行，随意废黜贤良之士，信任阿谀奉承之人，国政法令横肆暴虐，百姓恨之入骨。今齐湣王军队已溃不成军，如果我们趁机深入其腹地，其民众必叛齐归燕，乱从内起，征服齐国指日可待，不可错过良机。如果我们不乘胜追击，一旦齐湣王悔悟从前的过错，改弦更张，关怀部下，抚慰臣民，到那时我们再想攻打齐国就困难了。"

乐毅率兵深入齐国腹地，齐国民众果然乱成一团。齐湣王一看大事不妙，随即仓皇逃到卫国。

乐毅一不做二不休，趁机攻下齐国的都城临淄，将齐国的金银财宝和其他贵重器物运回燕国。燕昭王封乐毅为"昌国君"，并令他留在齐国继续扩大战果。

再说齐湣王这个亡国之君，跑到卫国后，卫国国君将宫殿让给他住，不仅向他提供用品，而且对他俯首称臣。然而这个齐王却放不下架子，仍傲慢不逊，引起卫国人不满，想要收拾他。他又逃到另外几个小国，几乎成丧家之犬。最后楚国派一位名叫淖齿的人率军来救援齐王。

司马光在《资治通鉴》中记述了淖齿与齐湣王的对话。

淖齿问："齐国有片地方，曾下血雨，把百姓的衣服都浸湿了。作为一国之君，你知道吗？"

齐湣王回答："知道。"

淖齿问："齐国有的地方大地崩塌，泉水上涌，你知道吗？"

齐湣王答："知道。"

淖齿又问："有人堵着宫门哭泣，却找不见人影，离开时声音又能听见了。

这种奇怪情况，你可知道？"

齐湣王答："知道。"

淖齿说："我现在告诉你吧，天降血雨而沾衣，是上天在警告你；地崩泉涌，是大地在警告你；人堵着宫门哭，是人在警告你。天、地、人都向你发出严厉警告了，而你却无动于衷、麻木不仁，仍沾沾自喜。这就是你落到如今下场的根本原因。"

说完，将齐湣王处死。

话分两头。乐毅听说有位名叫王蠋的人非常贤能，遂命令燕军在离王蠋的住地三十里时停军不前。乐毅派人去请王蠋出山，而王蠋说："我知道忠臣不侍奉另一位君主，烈女不嫁第二个丈夫。当初齐湣王不听我的劝告，我一气之下引退到郊野耕田。现在国已破，君已亡，我没本事拯救国家了。如今你们燕军又用刀枪来逼迫我，我与其苟活，还不如死去。"王蠋说到做到，上吊而亡。

回来的人将王蠋的话向乐毅做了汇报。乐毅立即整顿军纪，严禁抢劫，礼遇民间贤达，减轻税负，废除严酷法令，整顿并改善齐国的政务。这些措施，受到不少齐国人的欢迎。

在半年内，乐毅便率燕军攻占了齐国七十余座城邑，并分别以郡县制治理。

# 腹黑的田单

物极必反，事物无不在一定的条件下向反面转化。历史经验一再证明，不管打着什么旗号，一个国家侵犯另一个国家，迟早都要倒霉。进去容易出来难，吞下去的东西迟早还得吐出来。当初齐国吞并燕国，落了个鸡飞蛋打的后果，后来燕国又占领了齐国，最后也以失败而告终。

当燕军在齐国秋风扫落叶似的进攻时，他们在安平与即墨两地遇到麻烦。齐国都城有位名叫田单的人正好在安平。他让自己同族的人都用卷铁做成罩子安在自家的车轴头上。燕军到来时大家争相逃跑，因为车多，大家互相拥挤碰撞而把车轴撞断，很多人被燕军俘获。只有田单家族的车辆因有铁皮保护而逃出重围，从安平逃到即墨。燕军又包围了即墨。在这千钧一发之际，大家认为田单足智多谋、临危不惧，是位懂兵法的人，便拥立田单为将，指挥即墨人顽强抵抗燕军。

在乐毅率领下的燕军，把即墨团团围住一年多，想了各种办法，都没能攻下。这时，乐毅下令燕军解除包围，撤到离城九里以外的地方驻扎，并下了一道命令：从城内走出来的人不要捕捉，贫困的要给予救济，使他们重操旧业。乐毅用的是怀柔之计，以使即墨人降服于燕军。

乐毅用了三年都未攻下即墨，这时燕国内部就出问题了。有个大臣对燕王说："乐毅智勇双全，攻打齐国一口气就拿下七十余城。现在他连个即墨都拿不下，是他想拖延战争，依靠手中的兵权，征服齐国人，以便他在齐国称王。他之所以还没公开称王，是因为他的妻室儿女还在燕国。大王，您不能不防呀！"

燕昭王是个聪明人，不管他心里怎么想，他得做个样子来。在一次有各位大臣参加的酒宴上，他指着那个挑拨离间的大臣说："过去齐国不讲道义，在我们国家内乱之际，侵犯我国，害我先王。我继位以来，对齐国恨之入骨，所以才招揽各路人才，誓死报仇雪恨。乐毅亲率大军为我打败齐国，夷平齐国宗庙，报了先王的大仇，立下汗马功劳，你凭什么冒犯乐毅将军，挑拨我们君臣关系？"说完，将此人拉出去斩首，然后又派国相亲赴齐国，立乐毅为齐王。

乐毅惶恐不安，不敢接受，并上书燕昭王，誓不从命。因为此事，不仅燕国人敬佩乐毅的大义，而且各诸侯国也敬畏乐毅的信用，没人再敢图谋陷害他。

然而好景不长，不久燕昭王去世，他的儿子燕惠王继位。这位燕惠王在当太子时就与乐毅不和。田单得知这个情况，就派人去燕国搞反间计："齐潜王已死，齐国只有两城没有攻克。乐毅为何迟迟不攻克即墨城，就是因为与燕国新王有矛盾，不敢回国，因此故意拖延，并妄图自称齐王。齐国人现在就怕燕惠王派别的大将来代替乐毅，那样，即墨即可攻克。"

燕惠王果然中了田单的反间计，派一个名叫骑劫的人，代替乐毅为大将，令乐毅回国。乐毅不是傻子，他知道回国后不会有好下场，于是投奔了赵国。乐毅将军一走，燕军愤愤不平，内部不和，军心涣散。

田单这个人确实不简单，他用反间计让燕王换掉了乐毅后，接着又施了几个计谋：

第一，下令即墨城的人吃饭时，先在庭院祭祖，各处的鸟儿都飞来吃祭饭。燕军看到后感到非常惊讶。田单让人到处散布谣言说，这是天神下界来帮助即墨人。

第二，田单又派人散布说，齐军最怕燕军把俘虏的鼻子割掉，把他们放在攻城队伍的最前边，那样即墨城便可攻克。燕军果然割掉不少被俘齐军的鼻子。这一手不仅激起齐军对燕军的仇恨，而且使他们都怕被燕军俘获，因而拼死抵抗。

第三，田单又派人散布消息说，齐人最怕燕军挖自己家的祖坟，这样会使齐人胆战心惊。燕军果然又上当，猛挖齐人在城外的坟，使齐人义愤填膺，誓与燕军决一死战，为老祖宗报仇雪恨。

第四，田单又命令强壮的士兵埋伏起来，派老弱残兵和女子登城守卫，并遣使者与燕军谈判投降，还送重礼，贿赂燕军将领。

田单的这一系列措施，都是为了激起齐军的反抗斗志，使燕军内部混乱且斗志涣散。

田单认为大反攻的火候到了。他在即墨城把一千多头牛集中起来，给每头牛身上都穿上缝制的有五彩龙纹的缯衣，在牛角上绑上尖刀，牛尾巴上捆上苇草，浇上油，然后把火点着，这一千多头牛从事先偷偷挖好的数十个洞穴中冲出。田单又派五千士兵跟在牛的后边一起杀出，直奔燕军，城内敲锣打鼓，齐声呐喊，响声惊天动地。燕军不知发生了什么事，于是大乱，纷纷四处逃窜，溃不成军。在田单的指挥下，齐军擒贼先擒王，杀死了代替乐毅的大将骑劫，燕军群龙无首，齐国各地都纷纷起来大反燕军。

田单指挥的齐军人数不断壮大，燕军望风而逃。齐军一直追到黄河边，把被燕军侵占的七十余座城邑，全部收复。

而后，田单迎接齐襄王回到国都临淄。

齐襄王封为国立下大功的田单为安平君。

# 疑心生暗鬼

自古功高盖主，引火烧身，好下场者不多。

上上篇文章还在大谈特谈乐毅对燕国的盖世功劳，后来乐毅就被罢官，窜逃到赵国；上篇文章还在大加赞扬田单对齐国的伟大贡献，接下来田单的处境也十分不妙。

齐襄王是田单赶走燕军后，被田单从山上接回来重掌大权的。齐襄王任命田单为国相，那是"二把手"，权力也不小。但是，过了一段时间，齐襄王对田单的疑心越来越重。

疑心生暗鬼。

一次，田单路过淄水，看见一位老翁渡水后冻得直哆嗦，衣服全湿透了，无力前行。田单立即脱下自己穿的皮袄披在老人身上。这一善行，齐襄王听到后不仅不"点赞"，反而疑心与醋意大发，恶狠狠地说："田单对别人施恩，是为了提高他个人的声望，为篡夺我的权力进行舆论准备。我若不早下手，恐怕会有变故，悔之晚矣！"

齐襄王以为周围没人，是自言自语说的，但他说完后，一看殿下有一个人。他便把此人叫到跟前，问："我刚才说的话，你听到否？"此人答："听到了。"齐襄王又问："你认为我说得对吗？"

这位高人说："大王与其为此生气，不如借坡下驴，将其变成自己的善行。"

齐襄王感到奇怪："田单的善行，怎么能变成我的善行？"

此位高人说："这还不好办？大王可以这么说，我整天忧虑百姓的饥饿，田单就收养他们，供给食品；我整天忧虑百姓的寒冷，田单就脱下皮袄，给他们披上；我整天忧虑百姓的劳作，田单就减轻他们的负担。田单的善行，很合我意，他是根据我的心意去办的，因此，我要重重地嘉奖他。这样一来，田单的善行就顺理成章地变成大王您的善行了。"

齐襄王茅塞顿开，连说："高见！高见！"于是赐给田单牛与好酒。

过了几天，这位高人又给齐襄王出主意："大王，您应该把此事做大。

您将众臣召集在一起，亲自给田单拱手行礼，当众大大地赞扬他，并且发布命令，凡百姓中有饥寒交迫之人，都要收留他们。"

这样做了之后，果然见效。派出去探听消息的人回来向齐襄王报告："百姓都说，田单爱护百姓，这都是大王教导的结果。因为大王，他才会这样做啊！"

一切功劳都归到自己身上了，齐襄王心中自然美滋滋的，简直乐开了花。

但是，齐襄王身边有几个他宠爱的大臣，还是想中伤田单。他们经常往齐襄王耳朵里吹阴风，说："田单与大王之间实际上没有什么君臣差异，似乎是平起平坐的关系。田单怀有不良动机，他对内安抚百姓，对外安抚戎狄，礼遇天下贤士，他在树立个人威望，图谋不轨。大王您可要明察秋毫，心中有数，当机立断呀！"

齐襄王的耳朵里又灌了不少这种挑拨离间的话，他对田单就不客气了。

有一天，齐襄王说："把国相田单给我叫来！"

田单脱了帽子，光着脚丫子，裸露着上身，走进宫来。进宫后，他规规矩矩地向齐襄王跪拜，说自己犯有死罪。

齐襄王说："你没有罪，不过是你尽了为臣之礼，我摆了摆国君的威风罢了！"

齐襄王的做法，让一些有正义感的大臣实在看不下去了。有位名叫貂勃的大臣，就为田单鸣不平。司马光在《资治通鉴》中记载了这段精彩的对话。

貂勃借一个机会，跪下对齐襄王说："大王，您与周文王相比怎么样？"

齐襄王说："我比不过。"

貂勃又说："我知道您比不上周文王。那么您能比得上齐桓公吗？"

齐襄王说："我也比不过。"

貂勃说："恕我直言，这两位老前辈您确实都比不过。您看，当年周文王得到吕尚，尊为太公；齐桓公得到管夷吾，敬为仲父。而现在您对国相安平君田单，却经常直呼其名。大王，您怎么能说这种亡国的话呢？请您想一想，开天辟地以来，论做臣子的功劳，谁能比得上安平君田单？当年燕军打进来时，大王您逃到山里，是安平君以即墨为基地，率领七千士兵，杀了燕军的大将，一鼓作气，乘胜追击，收复了齐国的千里领土。安平君如有野心，他可以自立为王，不必把您从山沟里请回来，重新坐上王位。但安平君从道德礼义出发，坚决不肯那么做，而是修好栈道木阁，亲自上山将大王和王后迎回国都，重新治理国家。现在咱们国家已经稳定，百姓已经安宁，大王却张口'田单'，闭口'田单'地叫，连小孩子也知道不该这么做呀！大王，请您赶快杀掉在您跟前吹阴风的那几个家伙，向安平君谢罪，不然国家就要大难临头了！"

这时，齐襄王脑子还算清醒，他果然杀掉了那几个吹阴风不怀好心的大臣，流放了其家族，在掖邑地区加封给田单一万户俸禄。

从燕军手中收复齐国领土而立下大功的田单，终于免于一劫！

# 将相和

本书刚开篇，老夫就说《资治通鉴》是司马光写的一部编年体的历史巨著。它以时间为"经"，以事件为"纬"。因为老夫不是研究中国通史的，所以就将主要精力放在"纬"上，从"纬"中淘金。老夫前面写的文章，是距今两千多年发生的故事，现在咱们仍在春秋战国时期遨游。

在这篇文章中，老夫想着重谈谈蔺相如和廉颇的故事。

据载，公元前283年，赵王得到了楚国价值连城的"和氏璧"。

在这里，老夫先向大家介绍一下"和氏璧"的大概情况。春秋时期，楚国有位名叫卞和的琢玉高手，他在山里偶获一块璞玉。卞和喜出望外，这么珍贵的玉石，他必须亲自去奉献给楚厉王。楚厉王是个不学无术的昏君，他令宫中的玉工查验真假。玉工看后却说，这只是一块普通石头。楚厉王大怒，认为卞和犯下欺君之罪，便下令砍掉他的左脚。楚厉王去世后，楚武王继位。卞和捧着这块宝玉去见楚武王。楚武王也让玉工查看，玉工仍说这就是一块普通石头。楚武王又下令砍掉卞和的右脚。后来楚武王也死了，楚文王继位。卞和眼泪哭干后又哭出了血，仍捧着这块玉石去找楚文王。楚文王令行家进一步鉴定，证明此玉确实是块稀世之宝，便将其与卞和的名字连在一起，命名为"和氏璧"。从此"和氏璧"名扬四海，成为楚国的国宝。后来楚国向赵国求亲，赵国提出要"和氏璧"，于是楚国将"和氏璧"送给了赵国。

秦王听说"和氏璧"到了赵国，提出用十五座城池与赵国交换。

赵王犯难了，不给吧，怕得罪了强大的秦王；给吧，担心秦王将"和氏璧"拿到手后，根本不给十五座城池。在此两难之际，赵王把足智多谋的蔺相如找来，想听听他的意见。

蔺相如分析说："秦国用城池来换和氏璧，大王若不换，是我们理屈；我们给了宝玉后，秦国若不给城池，那就是他们理屈了。权衡两种情况，以我之见，宁肯秦国在道义上负于咱们。我愿意护持宝玉去秦国，假如秦国不先交出城池来，我保证一定能完璧归赵。"

赵王派蔺相如去完成这一重大任务。蔺相如见到秦王后，看出秦国用十五座城池换"和氏璧"是骗局，他令随行人员悄悄将"和氏璧"藏在身上，从小道带回赵国，而他自己留下来，听从秦王处置。秦王只好称赞蔺相如的贤能，不仅没有杀害他，还以礼相待，送他回赵国。

这件事由于蔺相如办得非常漂亮，赵王任命他为上大夫。

过了一段时间，秦王又邀请赵王到一个叫渑池的地方友好相会。赵王怕这里面有鬼，想谢绝这个邀请。而廉颇和蔺相如则说："应该赴约，否则秦王会认为我们赵国衰弱，赵王胆怯。"最后由蔺相如陪同赵王赴约，廉颇在国内镇守。

赵秦两国国君在渑池会见后，本来气氛融洽。然而在宴会期间，秦王突然提出请赵王弹瑟助兴。赵王不便拒绝，于是弹了一曲。蔺相如想，这个举动有嘲弄赵王之意。于是他提出也请秦王击缶，秦王不肯答应。蔺相如则说："秦王若不击缶，五步之内，我就让我脖子上的血溅到您身上。"秦王虽不高兴，还是勉强敲了几下瓦缶。直到酒宴完毕，秦王也没占得上风。

赵王对蔺相如的出色表现十分满意，提升蔺相如为上卿，位居大将廉颇之上。

资格老的廉颇发牢骚说："我作为赵国大将，有攻城野战之功，蔺相如原来是个下层小民，就因为能言善辩而位居我之上。我实在感到羞耻，咽不下这口气！"他还对人说："我若碰到蔺相如，一定要痛痛快快地羞辱他一顿。"

廉颇的这些话传到蔺相如耳朵里后，蔺相如甘拜下风，处处躲着他。连下属都觉得蔺相如太软弱了。蔺相如却说："你们觉着廉将军的威严比得上秦王吗？"

下属异口同声地说："当然比不上。"

蔺相如说："面对秦王我都敢与其较量，敢羞辱他的群臣。我虽然无能，难道还怕廉将军吗？我之所以让着他，是考虑到强大的秦国之所以还不敢大举向咱们赵国进犯，就是因为有廉将军和我同在。假若我们两虎相争，必有一伤，甚至两败俱伤，没有赢家。我避让廉将军，是考虑到国家的根本利益，所以才不去计较个人恩怨。"

蔺相如的这番语重心长的话，传到廉颇耳朵里后，廉颇极为惭愧，便赤裸着上身背着荆条到蔺相如的府上请罪，二人从此结为生死之交。

这就是流传甚广的"将相和"故事的来历。也是"完璧归赵"和"负荆请罪"两个著名成语的来历。

# 了不起的小人物

司马光在《资治通鉴》这部巨著中，还记载了赵国一位名叫赵奢的人。这是个小人物，是收租税的，恐怕还够不上芝麻官的级别。但他不畏强权，铁面无私，秉公执法，还会带兵打仗，成为一位非常了不起的人物。

有一次，赵奢去平原君赵胜家收租税，而平原君的家人仗势抗税。赵奢杀了平原君家抗税的管事人。

平原君知道后不干了，他暴跳如雷，怒火冲天，想杀死赵奢，以解心头之恨。

赵奢却面不改色心不跳地对赵胜说："平原君，您在赵国是贵公子，现在却放纵您的家人不交租税，这样的话国家法令必被削弱；法令削弱，国家就要衰弱；国家衰弱，各诸侯国就会来侵犯，这是毁灭整个赵国呀！那时候您怎么还会有这么多财富呢？您现在这么富贵，若奉公守法，不偷税漏税，上上下下的人就会感到公平；上下公平，国家自然强大；国家强大，赵国就稳固。您身为宗室公子，难道连这个道理也不懂吗？"

赵奢的这番话让平原君觉得很有道理，不仅放弃了杀他的念头，而且还向赵王举荐他。

赵王任命赵奢管理国家赋税，从此国家赋税十分公平，百姓满意，生活富足，国库充实。

又过了一段时间，秦国进攻赵国，包围了赵国边境的阏与城。

赵王把廉颇等将军叫来，问："可以派兵救援吗？"

廉颇说："道路遥远而险峻，难救。"

赵王又征求赵奢的意见。

赵奢则说："道路遥远险峻，援救确有难度。但这好比两只老鼠在洞穴中咬斗，将是强者取胜。"

赵王命赵奢率领军队去救援被秦军围住的阏与城。

赵奢率领大军刚离开邯郸三十里，就停止不前，并下了一道命令："如有人谈论军事，一律处死！"

秦军已进驻到武安城西，他们的呼喊声使武安城屋顶上的瓦片都为之震动。

赵军中一位军吏向赵奢进言，必须立即救援武安城。因其违反了不准谈论军事的禁令，立即被斩。

赵国军队在赵奢的率领下，硬是坚守阵地二十八日不动窝。

赵奢葫芦里究竟卖的什么药？秦军不知道，于是派间谍来探。赵奢发现后，给间谍好吃好喝，并将其遣送回营。回去后间谍将他探到的情况做了汇报。秦军将领兴奋地说："赵军离他们的国都邯郸只有三十里便扎营不动，还修筑防御工事，看来他们已认为阏与城不属于他们了！"这时赵奢已麻痹了秦军，便率领赵军连夜赶往阏与城，距离阏与城五十里时，不再前进，驻扎下来，修筑工事。

秦军听到这突如其来的消息，便出动所有士兵前去交战。

这时赵军中有个名叫许历的军士，请求向赵奢进言，赵奢接见了他。许历说："秦军没有料到赵军会这么快来到这里。但秦军士气旺盛，将军您一定要加倍小心来对付秦军。请将军先占据北山有利地形，后到北山的军队必然失败。"

说完后，因为议论了军事，许历请求给予他处罚。

赵奢则说："免了吧，你说的这些是在邯郸的那次军令颁布之后说的，不受处罚。"

这就是此一时彼一时也！

实际上赵奢很欣赏许历之见，马上调动万名士兵占领北山。等秦军来到北山后，赵奢居高临下，率军反攻，秦军大败，只好解除对阏与城的包围，败兴返秦。

经过这一仗，赵王进一步认识到赵奢不仅会管理国家赋税，而且还是位难得的会带兵打仗的军事人才。

赵王封赵奢为"马服君"，与蔺相如、廉颇的级别待遇相当，并破格任命军士许历为国尉。

# 智多星范雎

司马光在《资治通鉴》中，用了不少的篇幅刻画了范雎这个智多星式的人物。

范雎是魏国人。一次，他跟随一位大官出使齐国，齐襄王早就耳闻范雎是个了不起的人才，私下里送给范雎一些金银财宝和礼物，以套近乎。回国后，宰相魏齐得到报告，怀疑范雎陷入"通齐门"，里通外国，便用重刑具对其进行拷打，范雎的肋骨被打断，牙齿被打脱落。

范雎只好装死。魏齐以为他真的死了，令人用席子卷起，扔到厕所里，还让人往卷范雎的席子上撒尿。

到了夜晚，范雎对看守说："你如果能救我出去，我一定重谢。"看守向魏齐请示："可否把席中卷的这个死人扔掉？"魏齐喝多了，就答应将其扔掉。范雎终于逃出魏国。

经过一番周折，范雎逃到秦国，并被人举荐给秦王。

秦王早就听说范雎非等闲之辈，决定礼贤下士，在离宫召见他。等秦王出来时，宦官们高喊："大王来了！"

范雎也高喊："秦国哪里有什么大王，只有太后和穰侯而已！"

听见这句话后，秦王屏退左右随从，跪下对范雎说："请先生赐教。"

范雎再三推辞，秦王再三恳求，最后范雎开口了："我是一个客居他乡之人，与大王没什么深交，我要说的又涉及您的骨肉亲情。我若实话实说，明天就有被处死的危险。大王再三要我说出，我就冒死进谏了。不过大王若把我处死，天下的贤士们从此就闭口不言，裹足不前，没人敢投奔您了。"

秦王仍跪下说："先生说的什么话！我能遇上先生，是上天赐给我的机会。无论事情大小，上及太后，下至大臣，都希望你直言，不要怀疑我的真心。"

于是范雎下跪，对秦王说："以秦国的强大和士卒的勇敢，对付各国如同用猛犬去追跛脚的兔子。而秦国却闭关十五年，不敢派兵出击，这是穰侯为秦国谋划的策略不对，而大王您也有失误呀。"

秦王说："请告诉我错在什么地方？"

范雎说："穰侯越过韩国与魏国去进攻齐国的刚、寿两地就是一步错棋。现在大王不如结交远国而攻打近国，得一寸土地是一寸土地，得一尺土地是一尺土地。目前韩国与魏国居中原，是天下的中枢。大王如想称霸天下，必须靠近中原地区作为天下的中枢，以此来威胁楚、赵两国。楚国强盛则先收拾赵国，赵国强盛则先收拾楚国，等到楚、赵二国完全归附秦国之后，齐国必定会恐惧，向秦国靠拢。齐国一旦归附于秦，到那时，韩、魏二国的国君，就自然向秦国俯首称臣了。"

秦王都听入迷了，连声说好，于是任命范雎为客卿，经常与其商议国事。

相处时间一长，范雎谈得更加深入。一天，他对秦王说："什么是王？能够独揽国家大权的称作王，能够决定利害关系的称作王，能够掌握生杀大权的称作王。而现在太后擅自发号施令，穰侯出使国外也不报告，华阳君、泾阳君处事决断毫无顾忌，高陵君进退自由，从不请求大王。这几位权贵同时出现在秦国，国家岂不面临危险，君王岂不名存实亡？所以我说秦国实际上没有王。特别是穰侯控制了外交大权，征伐敌国，胜了功劳归自己，败了把祸端归到大王身上。这好比大树果实茂盛就会压断树枝，枝干折断就会损伤树根。同样，封地过多就会威胁国家，大臣们权力过大就会使君主卑微。从历史上看，夏、商、周三代之所以亡国，都是因为君主大权旁落，自己却纵酒行猎。那些掌握了大权的大臣们不尽职责，他们嫉贤妒能，钩心斗角，争权夺利，欺上瞒下。他们不为君主着想，而君主又不觉察醒悟，所以丢掉了江山。现在，大王左右的人，全是相国安插的，我都看出大王在朝廷上孤单可怜。我常常暗想，若这样下去，占有秦国的就不是大王的后代了。"

秦王认为范雎的分析非常精辟，句句入耳。他当机立断，废黜太后，将穰侯等手握实权、架空自己的大臣革职，发配到关外，并任命范雎为相，封为应侯。

# 触龙说赵太后

在历史上有篇文章非常著名，这就是《触龙说赵太后》。司马迁在《史记》中用了此文；司马光在《资治通鉴》中用了此文；到了清朝康熙年间，吴楚材和吴调侯编《古文观止》时，也收录了此文。

《触龙说赵太后》这篇文章，主要好在两点：其一，它告诉我们不要溺爱孩子，要想使其成为国家的栋梁，必须让他为国家做出贡献，更不能让其不劳而获，坐享其成，沦为啃老族。其二，从这篇文章中，可以向名叫触龙的老先生学习说话的艺术。起初赵太后死活舍不得让她的小儿子去当人质，不管怎么劝，赵太后也不答应。而触龙察言观色，避其锋芒，关心问候，缓和气氛，谈论家常，拉近距离，投其所好，循循善诱，硬是把赵太后这个"顽固堡垒"攻下来了。

公元前 266 年，赵国的赵惠文王去世，因其儿子孝成王年幼，由赵惠文王之妻赵太后执政。这时，秦国进攻赵国，并夺取了三座城镇。在此危难关头，赵太后派人去齐国向齐王求援。齐王说，我可以派兵救援，但赵国必须把年幼的孝成王送到我齐国作为人质。

这个条件不是要赵太后的老命嘛，赵太后死活不答应。齐王说，你不答应，我就不出兵救援你。双方处于僵持状态。秦军攻势很猛，赵国招架不住，需齐国出兵拉一把。而不管大臣们怎么说，赵太后也不松口让自己的小儿子去齐国当人质。

大臣们轮番劝说，把赵老太说烦了，就说："谁再敢在我跟前提这件事，我就往他的脸上吐唾沫！"

在此关键时刻，左师触龙请求见太后。赵太后怒气冲冲地说："让他进来吧！"

德高望重的老臣触龙进来后，先察言观色，发现老太太正在气头上，他避其锋芒，先不提人质之事，一个劲儿地向太后道歉："老臣我脚上患病，腿脚不灵了，很长时间没有来拜见太后了。我私下原谅自己，但又担心太后身体有什么不适，所以还是来看望太后。"

赵太后说："我的腿脚也不灵啦，靠人力推车行走。"用现在的话说，离不开轮椅了。

接下来触龙就关心问候道："饭量没有减少吧？"

赵太后说："怎么没减少？我每天只能喝粥了，硬东西吃不动了。"

触龙觉得气氛缓和了许多，于是就拉起了家常，说："我有个儿子名叫舒祺，年纪最小，最没出息。而我已年迈，很疼爱他，希望他能补一个宫廷侍卫的空缺，我在这儿冒死相求。"

赵太后问了孩子的岁数，批准了触龙的请求后，说："难道你们男人也爱最小的儿子吗？"触龙觉得赵太后快上钩了，马上说："比女人还爱。"

赵太后说："女人爱小儿子可比你们男人强烈百倍。"

触龙却说："依我看，太后爱女儿胜过爱长安君。"长安君即太后的小儿子。

老谋深算的触龙接着说："父母疼爱孩子，就要为其长远前途考虑。当年太后送女儿出嫁燕国为燕后，想到女儿要嫁到遥远的地方去，临行前抓住她的脚后跟直掉眼泪。等到燕后离去，太后虽然很想她，却希望她千万别回来，以便她的子孙相继为燕王。这是为她长远的利益考虑。"

触龙观察到赵太后直点头，趁机将话题引向纵深："从现在起推算到三代以前，赵王的子孙被封侯的，现在还有没有继承人在位的？"

赵太后说："没有了。"

触龙说："这就说明近的灾祸殃及自身，远的灾祸殃及子孙。难道说君王封侯的儿子都不成才？绝对不是，只是因为他们地位尊贵而无军功，俸禄丰厚而无劳苦。让他们享受着国家的最高待遇，却舍不得把他们放在最艰苦的地方为国立功。一旦太后百年之后，长安君靠什么资本在赵国自立呢？"

经过触龙循循善诱地劝说，赵太后终于醒悟过来。

这时，赵太后只说了一句话："好吧，随你去安排吧！"

最后，赵国为长安君备车一百辆，送他去齐国做了人质。

齐王的原则是：不见兔子不撒鹰，见到人质后，便立即发兵救赵。

秦国一看大事不妙，令秦军退回去了。

事实一再证明：姜还是老的辣！

你的说话艺术怎么样？咱们都应向两千多年前的触龙老爷爷学一手。

# 一代更比一代弱

在历史上有亡国之君，也有亡国之将；有老子英雄儿好汉，也有老子英雄儿狗熊。

司马光在《资治通鉴》中，就记载了赵奢的儿子赵括由于指挥不当，将赵国送上灭亡之路的历史教训。

秦王派兵进攻上党。秦军势如破竹，很快就占领了上党。上党地区的难民蜂拥投向赵国。这时赵国的大将廉颇正好驻扎在长平，他指挥部下收容并安置从上党逃来的百姓。秦军以此为借口，趁机进攻赵国。赵军从实力上看，不是强大秦军的对手，交战中屡次败给秦军。

廉颇下令坚守营垒，避其锋芒，拒不出战。而赵王却认为廉颇老矣，损兵折将，伤亡惨重，又胆怯不战。他怒从心起，多次责备廉颇。

在此关键时刻，秦国又派人持重金来赵国搞反间计。来人说："现在秦国根本不把老廉颇放在眼里，他都快投降了；秦国最怕赵奢的儿子赵括为将。"

赵王果然中了反间计，决定派赵括代替廉颇为将。

蔺相如说："君王派赵括为将军，如同用胶粘住琴柱，怎么能弹出好曲呢？赵括只会纸上谈兵，用他父亲写的兵书胡诌。表面上看，似乎头头是道，真正在战场上，他不会随机应变。若用赵括为将，后果不堪设想。"

赵王非常专断，蔺相如的高见，根本听不进去。

现在咱们再看看赵括是个什么人。

此人自幼酷爱兵法，跟着他爸赵奢学习。但他只是在书本上学了一些理论，倒背如流，就不知天高地厚，经常夸夸其谈。当初，赵奢就发现儿子的这个致命弱点，常对其妻子说，咱们这个儿子不行。

赵括他娘就问丈夫："你总说咱们儿子不行，是何原因？"

赵奢对妻子说："咱们括儿经常夸夸其谈，好像说得头头是道，实际上他根本不会带兵打仗。假如将来有一天赵王派咱括儿带兵与敌较量，吃败仗的准是他。"

因为赵括他娘亲耳听丈夫生前说过这些话，当听说赵王决定让自己儿子代替廉颇为将时，立即上书赵王：为了国家利益，请君主重新考虑这项命令。

赵王问赵括他娘："你作为他娘，儿子为将，这是好事呀，为什么不同意对赵括的任命？"

赵奢妻子答曰："当年我伺候赵奢时，亲眼看见他身为将军，把自己的俸禄匀给他人享用，有上百个人和他结交为知心的朋友。国君赏赐给他的东西，他全都分给下级与士卒。他从接受了君命起，不管家事，专心致志进行分析，权衡利弊，周密判断。而我儿赵括与他父亲不一样，他一旦成为将军，架子摆得更大，军官没人敢抬头看他。君主所赏赐给他的钱，他会全部藏起来，看到便宜的房产就把它买下来，供自己享用。君王以为儿子像父亲，其实他们父子的心志和品德完全不同。希望君王千万不要派遣他为将军，以免坏了国家大事。"

知子莫如父、如母。

赵王根本听不进去，坚持任命赵括为将。

赵括的母亲只好说："吾儿若有事情发生，请求不要牵连我和其他家人。"

赵王虽不改任命，但答应了不牵连赵括家人的请求。

秦王得知反间计成功，便秘密任命白起为秦军统帅。

赵括一朝权在手，便把令来行。到前线后，他立即取消了廉颇坚守不出的命令，更换了各级军官，下令长驱直入进攻秦军。

白起采取诱敌深入的战法，佯装败退，在有利地形处让几万秦军埋伏在两侧。当赵括统率的赵军进入埋伏圈后，白起命令秦军断了赵军的后路。赵军粮草供应完全脱节，陷入进退两难之地。

这时赵王忙派人去齐国与楚国请求救援。齐王不答应。一位有远见卓识的大臣说："赵国是齐、楚两国的屏障，犹如唇齿关系，唇亡则齿寒。今日赵国灭亡，下一步就轮到齐国与楚国了。我们不仅应给赵国救济粮草，还应派遣大军去解围。帮赵国解围击退秦军是出于道义的高尚行为，可以名扬天下。以道义援救赵国，以武力击退秦军，这是天经地义的事。不考虑这些大的方面，只吝惜一点儿粮草和军力，这是大错特错呀！"

齐王根本听不进去，他才不考虑什么唇齿关系，各人自扫门前雪，莫管他人瓦上霜。

赵军在赵括的率领下，钻到白起布好的陷阱里，死活出不来。四十多天过去了，弹尽粮绝，兵士饥饿难忍，甚至出现内部互相残杀、人吃人的悲惨现象。

白起一看火候已到，收紧包围圈，从四面八方开始了总攻。赵括带少部分精锐部队突围时，被秦军用乱箭射死。群龙无首，赵军四十万人更加乱作一团，除被打死者外，全部当了俘虏。

白起干脆利落地消灭了赵括率领的赵军后，趾高气扬地说："我秦军已占领上党，上党百姓不愿归秦，很多逃到赵国。赵军一向出尔反尔，反复无常，如果不将其斩尽杀绝，后患无穷。"

于是白起下令，只留二百四十个年龄小的军卒，放他们回赵国报信，其余的四十五万赵军，全部被活埋。

赵家这两个人，父亲赵奢曾救过赵国，儿子赵括可把赵国坑惨了。

# 孔斌论政

孔子，名丘，据载生于公元前551年，于公元前479年去世，被后人称为孔圣人、至圣、至圣先师，还被列为"世界十大文化名人"之首。

孔子去世已两千多年，他的后代至今繁衍了八十三代。

在全世界范围内，后代有名有姓且连绵不断地繁衍这么多代者，并不多见。历史上那么多皇帝、国王、大文学家、哲学家、科学家、军事家、艺术家，真厉害！但他们的子孙后代如今在哪里？难以考证。甚至还有一个说法：君子之泽，五世而斩。现在，秦始皇的后代在哪里？刘邦、李世民、赵匡胤、忽必烈、朱元璋的后代在哪里？李白、杜甫、苏东坡的传人在哪里？很难知晓。而孔子的后代历经八十三代，仍在有名有姓地延续，几乎遍布全世界，据说有百十万人。

在《资治通鉴》中，司马光记载了孔子的第六代传人孔斌，即子顺，他受魏王之邀，被任命为相。在这部巨著中，司马光特别描述了孔斌在一次论政时的精彩表现。

背景是：秦国开始向赵国发起进攻了，魏王弄不清这对魏国是有利还是不利，他想听听大臣们的意见。

各位大臣几乎清一色地认为，秦国攻打赵国对魏国有利无害。

孔斌问："你们认为好处是什么呢？"

大臣们说："如果秦国真的把赵国灭了，我们魏国就归属秦国。假如秦国费了九牛二虎之力，拿不下赵国，我们可在秦国疲惫不堪之时，攻打秦国。"

孔斌则说："依我看，绝对不像各位说的那样。秦国自孝公执政以来，实力非常强大，经过多次战役，从来没有失败过。现在秦孝公又将兵权交给良将，我们哪里会遇上秦国被赵国打败而疲惫不堪的时候呢？我认为这种机会肯定不存在了。"

其他大臣们反问孔斌："即使秦国把赵国打败，这对我们魏国有什么损害呢？邻国失败的耻辱，不显得我们魏国更光荣吗？"

孔斌反驳道："大家千万别犯傻，秦国是个贪婪暴虐的国家，其胃口大得很，一旦战胜赵国，必然要将矛头对准别的国家。我担心到那时秦国就要向魏国发动攻击了。古人说过，燕雀筑巢在屋檐下，大鸟哺育小鸟，叽叽喳喳，十分快乐，自己以为非常安全。岂不知灶上的烟筒突然蹿起火苗，高大的屋子即将被焚，而燕雀们仍面不改色，不知灾祸即将殃及自身。现在我们必须清醒地意识到，赵国一旦灭亡，灾难就会立即降到魏国的头上，就像屋子着火，燕雀也跟着倒霉一样。"

但是孔斌的话，大臣们与魏王都听不进去，于是他就辞职不干了。

这时，有朋友问他辞官的主要原因。孔斌说："我的建议不被采纳，可能是我的建议有不妥之处。建议不合君王之意，而我却在朝堂为相，还领取俸禄，此乃尸位素餐，我深感有罪，不如主动离开的好。"

有人问他辞官后，是否要离魏出走？

孔斌说："没地方走了，崤山以东各国，将被秦国一个个吞并。秦国不仁不义，我绝对不与秦国同流合污，只能回家乡赋闲了。"

回到家乡后，有人又问他："既然不当官了，是否要以教育兴国？"

孔斌答曰："对于病入膏肓的社会而言，世界上没有良医。现在，秦国决心吞并天下，如果依靠仁义去服侍它，必定不会得到安全和幸福。每天疲于奔命之人，哪有心思去办教育？从前，圣贤伊尹在夏朝做官，姜子牙在商朝做官，他们费了很大的劲，想挽救自己的国家，然而夏与商两朝不是也灭亡了吗？这是大势所趋，无法挽回。当今崤山以东各国已经衰落，韩国、赵国和魏国以土地换和平，二国也将并入秦国，燕国、齐国、楚国三国业已屈服于秦国。由此可以料到，出不了二十年，天下全部会被秦吞掉。"

孔子的这个后人还有个高贵的品格，就是不怕诽谤与造谣中伤。

魏王请他来魏国任相后，他大刀阔斧地撤换了一批靠拉关系与拍马屁上位的官员，剥夺了不作为的官员的俸禄，转给有功之臣。那些被罢官的人，对孔斌恨之入骨，于是制造了许多谣言，对他进行人身攻击。

孔斌说："古代善于治理国家之人，起初都免不了被诽谤。子产在郑国为相，三年之后流言蜚语才止。我的祖先孔子在鲁国为相，身边流言蜚语不断，但后来的事实证明他是万古不朽的至圣，一切流言蜚语也不攻自破。所以，我孔斌的基因里，肯定有祖辈的风骨，不怕一切造谣与攻击。身正不怕影子斜。"

写到这里，老夫想起但丁的那句名言：走自己的路，让别人说去吧！

# 军事家荀子

荀子，即荀况，据说其祖籍是山西安泽，与我们浮山是邻县。我小时候还随父母在安泽住过一段时间，所以对荀况倍感亲切。

荀子被公认为是战国末期的思想家、文学家、政治家，其著作涉及哲学、政治和道德诸多方面。他与孟子唱反调，孟子主张"性善论"，而荀子主张

"性恶论"。荀子在《荀子·天论》一文中，还提出"天行有常，不为尧存，不为桀亡"。在两千多年前就如此尊重自然发展规律，实属不易。

然而，认真阅读了司马光的《资治通鉴》后，我要说，荀况还是一位了不起的军事家。

一次，赵王问荀子："请说说用兵的要领是什么？"

荀子说："我听说古人用兵的守则是，但凡用兵打仗，其根本在于让兵民团结一致。弓与箭不协调，即使是后羿也难射中目标；驾车的六匹马不配合，请造父来也不能驾车前行；士卒、百姓和君主不亲密，就是商汤和周武王来指挥，也难打胜仗。由此可见，懂得与百姓亲密团结的人，才是会用兵之人。一句话，用兵的要领就在于兵民团结一心。在军队内部，将士也要同心协力。臣子对君王，下级对上级，如儿子侍奉父母，弟弟对待兄长，就好像用胳膊保护头部、眼睛一样。这样团结一致的军队，展开如长剑，碰上就被斩断；收紧如短剑，碰到立即被瓦解。"

赵王觉得很有道理，又问："君王用兵，又该怎么去做呢？"

荀子说："国君贤明，国家也会安定；国君昏庸，国家必然动乱。推崇礼义教化，国家必然繁荣；荒废仁德礼义，国家必然动荡。安定的国家趋于强盛，混乱之国趋于衰落。这是强国者应明白的根本之道，也是强军者应了解的根本之道。可以派用百姓则国强，无法派用则国弱，这是国家和军队强盛衰弱的基本规律。"

赵王都听得入迷了，进一步问荀子做将领的道理。

荀子的话匣子打开了，一口气讲了"六术""五权""三至""至臣""大吉""五不懈怠"等一连串的为将之道。

荀子说："谋虑最高明的莫过于抛弃成败不明的谋划，行事最正确的莫过于没有失误，做事最重要的在于不能吃后悔药。因此，将军发布命令要严肃认真以建立威信；奖励处罚要有根有据以确保信用；修筑工事要考虑周全以确保坚固；行军既要安稳又要保证速度；侦察敌情要深入机警；与敌决战一定不打没有把握之仗。这就是所谓的'六术'。"

荀子接着说："不要为保住自己的职位和权力而放弃取胜的策略，去迎合君王的主张；不要因为胜利沾沾自喜而忽视失败的可能；不能对内严酷而对外轻敌；不要见到利益就忘记它的害处；考虑事情应精确周密，使用钱财要慷慨大度。这就是我说的'五权'。"

荀子说："将领可以在三种情况下不接受君主的命令。可以被杀但不可以使军队处在不安全的地方；可以被杀但不可以让军队去攻击不可取胜的敌军；可以被杀但不可以使军队去欺侮百姓。这就是我说的'三至'。"

荀子又说："将领既然受命统率三军，三军安排妥当，文武百官的秩序井井有条，各项事务也已进入轨道，在这种情况下，即使受到君主的嘉奖，也不能令他们大喜，敌人故意刺激也不能使他们震怒而轻举妄动。这就是我说的'至臣'。"

至于什么是"大吉"，荀子说："做事前考虑周全，并且自始至终都谨慎小心，这就是'大吉'。"

最后，荀子又阐述了他的"五不懈怠"："一切事情的成功，肯定是由于对事情有严肃认真的态度，对事情轻慢会导致失败。因此，严谨胜过怠慢就是吉利，怠慢胜过严谨就要灭亡；计划胜过了欲望就顺利，欲望胜过计划就危险。进攻时像坚守时一样慎重，行军时像作战时一样果敢，取得成功则看作侥幸取得。严肃制定谋略，不懈怠；严肃处理事务，不懈怠；严肃对待下属，不懈怠；严肃对待兵众，不懈怠；严肃对待敌人，不懈怠。这就是我概括的'五不懈怠'。"

在荀子看来，一位名将只要做到"六术""五权""三至""至臣""大吉""五不懈怠"，就可以成为常胜将军，就可以通达神明。

这次交谈快结束时，有人请荀子谈谈军队应具有什么样的作风。

荀子说："将军建旗击鼓，发号施令，至死不移；驭手驾车，手执缰绳，至死尽职；官吏坚守岗位而死；士大夫死在战阵行列中。军队听到鼓声则前进，听到钲声则后退，服从命令为天职，建功立业在其次。命令不许前进而前进，不准后退而后退，二者罪过相等。不杀老弱，不践踏庄稼，不擒捉投降者，不赦免死死抵抗而不投降的人，不俘虏跑来归顺的人。凡被诛杀的人都不是平民百姓，而是扰害百姓的乱贼。百姓如有包庇乱贼者，其罪与贼相等。"

为了便于大家学点文言文，老夫将《资治通鉴》中这一段话的原文抄录如下：

将死鼓，御死辔，百吏死职，上大夫死行列。闻鼓声而进，闻金声而退。顺命为上，有功次之。令不进而进，犹令不退而退也，其罪惟均。不杀老弱，不猎禾稼，服者不禽，格者不赦，奔命者不获。凡诛，非诛其百姓也，诛其乱百姓者也。百姓有捍其贼，则是亦贼也。

诸位，看了这篇文章，你是否也会感到，在荀子的精辟论述中能看到现代军队建设的影子。荀子除了是思想家、文学家、政治家外，还是当之无愧的军事家。

# 神通广大的吕不韦

吕不韦确实神通广大，手腕高明。在他的精心运作下，异人真的继承了王位，号称秦庄襄王，赵姬成为王后，嬴政成为太子，他也顺理成章地当上了秦国的丞相，辅佐秦庄襄王执政，并成为嬴政的"仲父"，权倾天下，无人可比。

从历史地位来说，吕不韦这位出生于今河南省滑县的人，不仅是位大商人，而且还是位思想家和政治家。在他的主持下编纂了著名的《吕氏春秋》（又名《吕览》），内容包括十二纪、六论、八览，约二十万字，汇集了先秦诸子百家各派的学说。对这部书，吕不韦相当满意和自豪。据记载，书成之日，吕不韦下令将此书悬于城门，声言谁能改动一字赏千金。此为"一字千金"的来源。在吕不韦任丞相时期，曾攻取周、赵、卫三国的土地；立三川、太原、东郡，对嬴政兼并六国做出不可磨灭的重大贡献。

异人，即秦庄襄王，执政命短，只在位三年便去世了。嬴政继位，但继位时只有十三岁，大权掌握在太后赵姬和相国吕不韦的手里。这时，因为嬴政还是个孩子，吕不韦长期与太后赵姬通奸。

司马光在《资治通鉴》中说：嬴政一天天长大，又非常聪明。吕不韦怕他与太后通奸的丑事败露，来了个脱身之计，把一个名叫嫪毐，并未阉割的宦官，献给太后赵姬。赵姬非常宠幸此人，不仅将太原给他作封地，而且将不少国家大事交给此人来决定。这时秦国的大权，实际上掌握在赵姬、吕不韦和嫪毐三人手里。

嬴政二十二岁正式理政。此时有人向他揭发嫪毐是个没有阉割的假宦官。嬴政听后火冒三丈，下令将其治罪。嫪毐岂是好惹的人，他盗用御玺，假托嬴政之命调兵遣将，发动叛乱，妄图攻击嬴政居住地蕲年宫。

嬴政派昌平君和昌文君发兵讨伐嫪毐，在咸阳经过缴战，斩杀叛军几百人，嫪毐被活捉。随后灭了嫪毐三族，同党全部被五马分尸，罪轻一点儿的人，流放到蜀地。赵姬随后迁居到雍城，她与嫪毐生的两个儿子也被杀死。

嬴政明令："若有人胆敢拿太后的事来规劝我，马上被杀头，砍断四肢，并将尸体堆放在宫门外示众。"

可也奇怪，真有不怕死的，这时从齐国来了个名叫茅焦的人，要求晋见嬴政，并扬言："我听说天上有二十八星宿，现在因进谏被杀死的是二十七人，我来就是想凑够二十八这个数的。"

嬴政听了大怒道："此人竟敢明目张胆地冒犯我，快把他捉来用锅煮熟，仅仅用刀杀了，岂不便宜了他！"

茅焦被带上来后，向嬴政拜了两拜，然后说："我听说活生生的人不忌讳谈死，有国家的人不忌讳谈国亡；忌讳死的人无法活命，忌讳亡的人无法保证国家的生存。生死存亡，是贤明君王所急于知道的事，陛下想听听吗？"

嬴政的怒气反而消退了一些，他对茅焦说："你到底是什么意思？"

茅焦面不改色心不跳地说："陛下行事太狂妄，自己还不知道吗？车裂嫪毐，用布囊残杀两个弟弟，迁母到雍城，残杀进谏者，就是历史上的桀、纣行事也不会到这个地步！现在天下人听到这些事，都会人心瓦解，没有人再向往秦国，我真暗自为陛下担忧呀！我要说的就是这些，完了！"说完他自己脱了衣服伏在刑具上，等待腰斩。

出乎意料的是，嬴政走下宫殿，亲手扶起茅焦说："先生请起来穿好衣服，我愿意听取你的高见！"并封茅焦为上卿。

然后，嬴政亲自驾车，空出左边的位置，接太后返回咸阳，母子和好如初。

关于这一段，司马光在《资治通鉴》中写的原文是：

茅焦徐行至前，再拜谒起，称曰："臣闻有生者不讳死，有国者不讳亡；讳死者不可以得生，讳亡者不可以得存。死生存亡，圣主所欲急闻也，陛下欲闻之乎？"王曰："何谓也？"茅焦曰："陛下有狂悖之行，不自知邪？车裂假父，囊扑二弟，迁母于雍，残戮谏士；桀、纣之行不至于是矣！今天下闻之，尽瓦解，无向秦者，臣窃为陛下危之！臣言已矣！"乃解衣伏质。王下殿，手自接之曰："先生起就衣，今愿受事！"乃爵之上卿，王自驾，虚左方，往迎太后，归于咸阳，复为母子如初。

《资治通鉴》中的这段文言文，还比较好懂。

最后，老夫顺便向大家交代一下吕不韦的下场：他因受嫪毐案件的牵连，被免丞相职位，回到他的家乡居住。不久嬴政又下令让其举家迁蜀。吕不韦不愿去蜀，饮鸩自杀身亡，从而结束了他的一生。

第二篇

秦朝帝国

# 秦始皇是谁的孩子

在《史记》中，太史公司马迁写秦始皇时，说他是何年何月何日在何地出生，父母是何许人也，统统交代得一清二楚。但是在写吕不韦时，却写了秦始皇是吕不韦做了手脚后而降生于世的内容。从此，后人演绎出不少离奇的故事。

司马光在《资治通鉴》中显然采用了后一种故事。

司马光说：秦国太子的正妻名叫华阳夫人，没有生子。他有个名叫夏姬的妾生了个儿子，起名异人。后来秦国把异人作为人质送往赵国的都城邯郸。异人母子在邯郸生活有困难，心情也不好。大商人吕不韦认为"奇货可居"，便想办法与异人接近，在生活上给予其无微不至的关照。

一回生二回熟，接触时间长了，二人便知无不言，言无不尽。一天，吕不韦和异人说："我能让你时来运转，光大你的门庭。"异人说："我今生今世就这样了，你还是自己光大门庭吧！"吕不韦说："我必须靠在你这棵大树上。只有等待你的门庭光大了，我的门庭才能光大！"

随着双方交往的深入，谈话的内容也就更加重要。吕不韦说："秦王已经年迈，太子宠爱华阳夫人，而她却没有生儿子。与你同辈的兄弟有二十多人，充其量你的地位只排在中间，而且你还在赵国当人质。当秦王去世时太子将继位成为国王，你难以被立为下一任太子。立不了太子，将来就无法继承王位。"

异人着急地问："这可怎么办？"吕不韦说："只有一条路可走，就是买通华阳夫人，请她在妾生的几十个儿子中，立你为第一继承人。我愿意携带重金去秦国，打通与华阳夫人的关系，为这件事而奔波。"

异人感激地说："如果事情成功，我将把秦国与你分享。"

吕不韦带着珍奇宝物走上去秦国的路。到达秦国后，他用金钱开路，利用一切关系，采取一切手段，终于见到了华阳夫人的姐姐。在交谈中，吕不韦大讲特讲异人多么思念华阳夫人，把华阳夫人当作生身之母，当作天上的太阳；大讲特讲异人多么有才华，结交的朋友遍天下。这些话都传到了华阳夫人的耳朵里。过了几天，吕不韦又通过华阳夫人的姐姐劝华阳夫人："现在异人贤明，又知道自己的地位居中做不了嫡子，如果你现在提拔他，他就从无国变成有国，你也从无子变成有子，等你老了，就会受到异人儿子般的孝敬。"

华阳夫人被说动了心，于是趁一个适宜的机会，她一把鼻涕一把泪地对太子说："我不幸没给你生儿子，想把异人作为自己的儿子，以便将来有个依靠。"太子答应了，给华阳夫人刻下玉符，定异人为继承人，并让吕不韦辅佐异人。

上面铺垫了这么多，老夫是想说，从此之后吕不韦经常与异人在一起。吕不韦是个好色之徒，他在邯郸娶了颜值极高的大美女，已经有孕在身。一次异人与吕不韦饮酒，偶遇这位大美女，眼睛直勾勾地看，两个眼珠子都快从眼眶里蹦出来了。异人想要来，吕不韦假装不给，不久后又将美女献给异人。后来此女给异人生下一个大胖小子，取名嬴政。有人说，异人的这个名叫嬴政的儿子，是吕不韦的亲骨肉，并非秦王家的后代。

有不少人相信这个故事是真的。

也有人认为这个故事是杜撰的，漏洞百出，经不起推敲。

也有人说，嬴政是谁的孩子并不重要。重要的是他继承了王位之后，完成了统一中国的大业，成为秦始皇！

这个历史事实，板上钉钉，没错。

# 千古一帝

秦王嬴政十三岁登基，二十二岁正式理政，在位三十七年，四十九岁驾崩。是他完成了统一中国的大业，历史功绩无人可比。

在他之前，各国的"一把手"大多称王，没有皇帝这个称号。秦王嬴政想，我的功绩这么大，称王绝对不过瘾，我要找一个比王更威武的称号。

他想，在他之前有"三皇五帝"。三皇是：燧人、伏羲、神农；五帝是：

黄帝、颛顼、帝喾、尧、舜。他感到完成华夏的统一，比"三皇五帝"的功绩还大。因此，他取三皇中的"皇"，取五帝中的"帝"，把这两个字合而为一，那就是他的称号：皇帝。

因为从他开始才有"皇帝"这个称号，从他开始才有人称皇帝，那他就顺理成章地成了响当当的秦始皇了。正因为如此，他被后人称为"千古一帝"。从他开始，中国封建王朝后来的所有"一把手"，统统称"皇帝"。

司马光在《资治通鉴》中有这样的描述：秦王嬴政刚刚兼并六国，统一天下，自认为兼备了三皇的德行，功业超过了五帝，于是便改称为"皇帝"。皇帝以命称"制"，下令称"诏"。皇帝的自我称呼为"朕"。嬴政追尊父亲秦庄襄王为太上皇。

秦始皇颁布制书说："君王死后根据他生前的行为加定谥号，这是儿子议论父亲，臣子议论君王，实在没什么意思。从今以后，一律废除为帝王加谥号的制度。朕为始皇帝，后继者按先后顺序排列，称为二世皇帝、三世皇帝，以至万世，无穷无尽地往下传。"

写到这里，老夫感到有必要说一下"朕"的含义。

平常我们看历史剧时，看到皇帝总是张口闭口"朕，朕，朕"，就误以为这个"朕"多么厉害。其实，"朕"的含义是船的缝隙，也就是木船上两块木板之间的间隙。然而，你千万别小看木船上的这个小小的裂缝，如果它变大了，水就会进来，船就会沉没。这就警示皇帝，水能载舟，亦能覆舟，皇帝（朕）的手上没有小事情，连船上的小缝隙，也万万不可忽略。

秦始皇把他自己的头衔和所有的称谓安排妥当了，把他爹也封为太上皇了，对他的孩子怎么安排？这时，丞相王绾说："原来燕、齐、楚三个国家所在的地方离统一后的首都遥远，不在那里设侯王，不便镇抚。因此可分封诸皇子为侯王。"

秦始皇将这个意见交各大臣廷议。廷尉李斯说："周文王与周武王时代，天子的后代分封到各地的非常多。结果怎么样呢？其后代彼此疏远，各怀鬼胎，相互攻击，如同仇敌。最后周天子鞭长莫及，也控制不住他的后代了。现在四海之内，天下仰仗陛下的神灵而获得了统一，全国应划分为郡和县，对皇子及有功之臣，用国家征来的赋税给予重赏。这样既可以很容易地控制后代，又可以使天下人对朝廷不怀二心。分封诸侯已不适宜。"

秦始皇听了李斯的意见后说："天下人吃尽了无休止的战争之苦，是因为有诸侯存在的缘故。今天朕依赖祖先在天之灵，使天下初步平定，假若又重新封侯建国，便是自招战乱。朕以为廷尉的主张是对的。"

秦始皇将天下分为三十六个郡，每个郡设置郡守、郡尉、监御史三种职位。从此郡县制延续两千多年。

紧接着又下令：书同文，车同轨，又统一了度量衡。为全国的真正统一奠定了基础。

秦始皇还下令：将重兵器集中到咸阳，统一销毁，用化开的铜铁铸成钟与钟架，还制作了十二座铜人，各重一千石，放在宫廷中。

秦始皇还将十二万富豪迁来咸阳居住。

为抵抗外来侵略，秦始皇下令大修万里长城。

种种资料都证明，当时秦始皇有两大愿望：一是，他建立的大秦王朝，能长治久安，世世代代延绵不断；二是，他本人能长生不老，万岁，万岁，万万岁。

然而事物的发展不以人的主观意志为转移。

秦王朝是短命的，勉勉强强只传了二世。

秦始皇是短命的，只活了四十九岁，便呜呼哀哉。

# 成也李斯，败也李斯

金无足赤，人无完人。

老夫认为这句话具有真理的品质。在全世界范围内，在几千年的文明史中，谁能找出一个没有缺点的人呢？牛皮不是吹的，火车不是推的，谁要是说我能找出一个完人，大家肯定说此人是个"大忽悠"。

在秦始皇夺取天下与守天下的过程中，有个人起了很大的作用。此人是今河南省上蔡县人，他的名字叫李斯。

李斯是荀子的学生，以研究帝王之术为主业。他学成之后入秦，被河南老乡吕不韦看中，向秦王嬴政作了引荐。于是，李斯逐步与秦王靠近，进入权力中心。他的官职也步步高升，由客卿升为廷尉，又由廷尉升为丞相，可以说是一人之下，万人之上。

李斯为秦始皇出过不少好主意，例如：废除分封制，建立郡县制；建议拆除各郡县的城墙，销毁民间兵器；还参与制定了许多法令；在实行书同文、车同轨以及统一度量衡方面，亦能看到李斯的影子。他被称为政治家、文学家、书法家。

但是，李斯也干了许多坏事。此人阴险狡诈，心狠手辣，不仅谋杀韩非，在秦始皇驾崩于外巡途中，他还与赵高共谋伪造诏书，毒杀秦始皇长子扶苏，扶秦始皇小儿子胡亥为二世皇帝。

在这里，我要特别说一说，使秦始皇落下千古骂名的"焚书坑儒"也是李斯出的坏主意。

司马光在《资治通鉴》中说，公元前213年，丞相李斯向秦始皇上书："从前各诸侯相争，各国都用丰厚的待遇招揽能说会道的游士。现在全国统一了，天下安定，法令齐备，百姓应该努力从事农工生产，士人应该学习法令。然而现在的儒生们不学习今天的法令，反而热衷于学习以前的东西，并用来攻击现在的社会，迷惑扰乱百姓思想，他们经常聚集在一起攻击现在的法令。凡新的法令一公布，这些人就用他们学的那一套学问来妄加评议，并在人群中散布不满言论，只要私自在外就街谈巷议，甚至以夸饰君主来提高自己的声望，以标新立异来显示自己的高明，鼓动百姓制造流言蜚语。以上情况若不加禁止，君主的权势就会受影响，党派就会在百姓中产生。坚决禁止这些情况对国家有利。"

接下来李斯想出毒招："我请求下令给史官，将不属于秦国的史书统统烧掉；除博士官所掌管的书之外，天下所藏有《诗》《书》及诸子百家著作的人，将这些书都送到各郡守、郡尉那里集中烧毁；有敢相互谈论《诗》《书》者一律处死；引用古代的人和事来攻击当今政治的人灭九族；各级官吏看见了这些犯罪事实而不报告者与犯法的人同罪。禁书令公布三十日后，不烧藏书者处以黥刑，罚去修筑长城。可以不烧的书是与医药、占卜、种树相关的书。"

秦始皇看到李斯的上书，批示："可以。"

请大家注意，"焚书坑儒"的第一阶段只禁书，还没坑儒。

禁书令一下，不少人虽不理解，但还是按禁令的要求，将家中的藏书交到郡县统统付之一炬，烧得乌烟瘴气。也有人硬是不交，如孔子的第八代孙子孔鲋。

到了公元前212年，有两个人，一个名叫侯生，另一个名叫卢生，他们在公共场所讥讽非议秦始皇。他们知道大祸即将临头，三十六计走为上计，逃之夭夭。秦始皇知道后大怒，他说："像卢生这号人，我对他们不薄呀，而他们不知感恩，反而诽谤我！那些还在咸阳的儒生们，我要派人去查问，有没有妖言惑众的！"

秦始皇派官吏到处去查，许多念书的人被牵连，儒生们彼此告发，最后，秦始皇将捕获的四百六十多人，全部活埋于咸阳，以此警戒后人。没被活埋的人，全部流放边疆或去修长城。这就是历史上臭名远扬的"坑儒"。

此时此刻，秦始皇的长子扶苏向父皇进谏说："这些读书人都效法孔子之言，对他们处以重刑，恐将引起天下大乱！"秦始皇大怒，立即决定派扶苏去边防任蒙恬率领的军队的监军。

向秦始皇提出"焚书坑儒"这个坏主意的李斯，其后来下场也很惨：被政敌赵高陷害，在咸阳闹市被腰斩，并被灭三族。

李斯在临刑前对天高喊：全天下有谋逆之心的人已经有一半了，如果再任由奸臣当政，秦朝离危亡就不远了！

在汉朝有所谓的"成也萧何，败也萧何"一说。其实，在秦朝早有"成也李斯，败也李斯"一说了。

他们的功过自有后人评说。

# 秦朝的落幕

物极必反。天下第一位皇帝秦始皇，当年多么厉害啊！但他头脑发昏，不可一世，竟干出使他永世挨骂的"焚书坑儒"这样伤天害理的糟事。

秦始皇正式成为全中国的皇帝后，才三十多岁，就追求长生不老，到处求仙炼丹。而且这位皇帝坐不住，特别爱出巡，在短短的几年之内，就前呼后拥、声势浩大地在全国出巡五次。别看他是皇帝，那时没汽车、火车、飞机，他就坐着马车或船到处游，一路上的辛苦可想而知。

公元前 210 年，秦始皇第五次、也是最后一次巡游，左丞相李斯陪同，右丞相冯去疾在咸阳留守。秦始皇的小儿子胡亥闹着要去，因秦始皇最疼爱这个小儿子，也就答应了。胡亥去，他的老师赵高当然也就跟着去了。

秦始皇可不是五日游，也不是一地游。据司马光在《资治通鉴》中记载：他们从咸阳出发，近一个月后到达云梦，上九嶷山祭拜葬在那里的舜帝。然后乘船顺长江而下，观览籍柯，渡经海渚，过丹阳，抵钱塘，到达浙江边界。因江水波涛汹涌，便向西行驶百里，从两岸之间的狭窄处渡江。随后，秦始皇登上会稽山，祭拜禹帝，又遥望南海，刻立巨石歌功颂德，然后起驾返回。在归途中经过吴地，从江乘县渡过长江，沿海北上，抵达琅琊、芝罘。不知为什么，秦始皇突然看见一条特别大的鱼，拔出箭来将大鱼射死，接着沿海西行。到了平原津后，秦始皇就一病不起。

历史上种种事实证明，每当皇帝驾崩的前后，正是各种阴谋诡计大肆活动的时候。核心是争夺谁坐龙椅，也就是看大权掌握在谁的手里。有独生子的皇帝极少，无后的皇帝更少。像秦始皇有二十几个儿子，但大多排不上号。能排上号的就两个，一个是长子扶苏，另一个是秦始皇最偏爱的小儿子胡亥。

赵高整天与胡亥在一起，说是教他学习，实际上是变着法子逗他玩，赵高当然愿意让胡亥继位，登基为秦二世；而李斯与蒙恬将军有矛盾，扶苏又反对他"焚书坑儒"的馊主意，他也愿意立胡亥为皇帝。然而，秦始皇断气前立了诏书，要求长子扶苏"办理丧事，灵柩到咸阳后安葬"。此诏书加封后，落在赵高手里，没有送给在边防当监军的扶苏。赵高却与李斯密谋，私自修改诏书，立胡亥为太子，继承皇位，令扶苏和蒙恬将军一起自杀。

扶苏真是位正直的人，接到诏书，毫不怀疑真假，大哭一场，遵"父命"自杀身亡。蒙恬认为其中有诈，不肯自杀，被收回军权，囚禁起来。

话分两头。皇室车队拉着秦始皇的尸体从井陉抵达九原。当时正值酷暑，秦始皇的尸体腐烂，发出一股股恶臭。为了掩人耳目，胡亥指示随从在车上装载了一石鲍鱼，借鱼的臭味掩盖秦始皇的尸臭。

几十年来我脑子里一直在想，秦始皇刚射杀了一条大鱼，不久就身亡，尸体腐烂，像臭鱼，又在马车上放了不少鱼，以掩人耳目。难道真是"焚书坑儒"的报应？上天判他：遗臭万年！

皇家车队臭了一路，回到咸阳，正式向全国发布治丧公告。

太子胡亥继承了皇位，称二世皇帝。

秦始皇安葬于多年前就修好的陵墓中，后宫嫔妃凡没生孩子的，全部陪葬。下葬后，那些参加修陵墓的工匠全部被封闭在秦始皇的墓穴之中。

秦始皇死后第二年，即公元前209年秋季，陈胜、吴广就率领生活在水深火热之中的农民，举起了起义的大旗。

秦始皇死后第八年，汉朝就取代秦朝而屹立在中国大地上。

# 失败的农民起义

当统治者再也不能照常维持统治，而被统治者再也不愿被这样统治下去的时候，起义就出现了。

中国古代的农民是一个极为勤劳，又能忍受剥削压迫的弱势群体。他们像牛一样默默耕耘，养活着天下人。民以食为天。这个"食"从哪儿来的？是农民"汗滴禾下土"来的。天上从来不会掉馅儿饼。牛虽然憨厚老实，但也有牛脾气。所以说农民惹不起，谁得到农民的拥护，谁就能得天下；谁得罪了农民，谁就会失天下。

秦王朝的残酷统治，大大损害了广大农民的利益。官逼民反，民不得不反。

司马光在《资治通鉴》中说：公元前209年秋，阳城（今河南省平舆县）人陈胜和阳夏（今河南省太康县）人吴广，在蕲县起兵反秦。按现在的话说就是打响了推翻秦王朝的第一枪。

事出有因，因，分大因与小因。大因是秦王朝的残酷统治激怒了农民；小因是陈胜和吴广这两位小屯长，带九百农民奉命去守卫渔阳，他们走到大泽乡时，碰巧天下大雨，道路冲毁，无法前行。按秦法规定，不能如期到达者，一律杀头。此时此刻，陈胜和吴广想，与其被杀头，还不如造反，拼个你死我活。于是他俩杀掉押送他们的官员，召集这些农民说："咱们都延误了到达日期，去了就要被斩首，即使不斩首也要被长期流放到边界当劳工，活着回来绝对不可能。何况壮士不死则已，要死就要干大事！王侯将相难道是天生的吗？我们为什么就不能当当！"经二人一煽动，众人齐刷刷地响应。

在过去干这种大事都要披上迷信色彩。陈胜和吴广便把冤死的扶苏与原楚国的大将项燕抬出来，作为起义的理由，还修了一个台子，登台宣誓，并号称"大楚"。陈胜自立为将军，吴广为都尉。起义军随即占领大泽乡，接着一路攻城，一路扩军，无数农民加入起义军。等到达陈地时，已有战车六七百辆，骑兵千余，步兵上万人。

当起义军攻占陈地后，陈胜就迫不及待地想称王。这时有两位高人张耳和陈馀也到了陈地。陈胜把想称王的念头告诉了他们后，二人劝他现在不要称王，并语重心长地说："秦王朝统治专横无道，兼灭别的国家，对百姓十分残暴。陈将军你为天下人除暴的路还很长，刚刚拿下陈地就称王，这一下就向天下人暴露了你的私心。希望将军现在不要称王，赶快带兵向西进发，拿下咸阳，号令天下。现在称王会使天下人离心，对你也不利呀！"

但陈胜的帝王思想很严重，对二人的高见根本听不进去，还是自立为王，号为"张楚"。

陈胜立王后不久，任命吴广为代理楚王，带将领向西进攻荥阳。陈胜又任命善于领兵打仗的周文率兵从西路攻秦。

陈胜派遣周文出兵后，认为秦王朝已经大乱，有轻视秦王朝之意，不再设防。这时孔子的第八世孙孔鲋劝他："兵法上说得很清楚，不可依靠敌人不来进攻我，应仰仗我有万全准备，让敌人不敢来打我。现在大王放松准备，如果一旦兵败，便难以收拾。"陈胜却说："这是我的军队，先生不必担忧。"

陈胜刚起义不久，就称王，好的建议根本听不进去。农民起义军虽然发展极快，声势浩大，也攻下不少城镇，但内部空虚，尤其是陈胜听不进去好的进谏。

周文沿路不断扩大队伍，到达函谷关时，已有战车千辆，士卒几十万。

起义军已攻到家门口了，秦二世胡亥如热锅上的蚂蚁，急得直喊："这可怎么办呀！"这时章邯进谏："盗贼已到家门口，人多势众，征招新兵已远水不解近渴，来不及了。骊山的刑徒很多，请陛下赦免他们，并发给他们兵器，这些人都是亡命之徒，十分勇敢，派他们去与敌交战。"秦二世采纳了这个意见，下令大赦天下，命章邯带领这支特殊的军队去与周文指挥的起义军决一死战。

结果起义军大败，死伤无数，周文也弃军而逃。

陈胜、吴广领导的农民起义，是我国历史上第一次真正的农民起义，大大动摇了秦王朝统治的基础，为刘邦建立汉朝做了准备，历史功绩不可磨灭。

但陈胜和吴广，特别是陈胜也暴露了农民的局限性。他太急于称王称霸了，他太爱享受腐败的帝王生活了，他太听不进去不同的声音了，他太爱排斥异己了，他太不会用人了，他太缺乏战略眼光了，他太缺乏策略手段了。最后他完全脱离了和他一同起义的农民，导致了起义的失败。

因此，陈胜、吴广领导的农民起义，起得也快，败得也快，正所谓"其兴也勃焉，其亡也忽焉"，不到一年时间，这场起义以失败告终。

司马光在《资治通鉴》中说：吴广被部下假借楚王陈胜的圣旨杀害，他的头被割下来献给陈胜。对一起起义的兄弟之死，陈胜毫不追究，并把采取阴谋手段杀害吴广的田臧升为将军。

而陈胜的下场更惨。当初陈胜当楚王时，他过去的朋友都来投靠，这些人从小和他一起长大，知道他的老底子，常常揭他的短，甚至胡说八道，有损其尊严。陈胜为了自己的尊严不受损害，不念旧好，把他们中的人杀了不少，没被杀的人纷纷离他而去。从此陈胜周围再无说知心话的人了。后来发展到凡不听陈胜命令者一律抓起来治罪。连陈胜的岳父来，他都不跪拜。他岳父气愤地说："依仗着叛乱，超越本分自封帝王，且对长辈如此傲慢无礼的人，不能长久！"说完不辞而别。

他岳父的话真灵，不久陈胜被他的车夫杀害，车夫提着他的头，投降了秦军。

# 刘邦初登场

世界上的事物都是相互联系的，世界上的事物又是相互制约的，往往是

一物降一物。

秦始皇之死，引来长子扶苏受害；扶苏之死，又为胡亥登基扫清了障碍；胡亥成为秦二世又为赵高掌握大权提供了条件；赵高掌权又害死了李斯……

时势造英雄，乱世出贤才。八仙过海，各显神通，就比谁的招数高明了。

陈胜和吴广领导的农民起义打响了推翻秦王朝的第一枪，但这一枪没打好，秦王朝内部的矛盾并未解决。

司马光在《资治通鉴》中说：公元前209年，陈胜、吴广失败之际，刘邦在沛县起兵了，项梁在吴地起兵了，田儋在齐地起兵了。各路人马，纷纷为推翻秦王朝揭竿而起。

咱们先说刘邦。据司马光的描述，此人高鼻梁，颜面有龙相，左大腿上有七十二颗黑痣；对人友爱宽厚，不小气，喜欢施舍财物给人；心胸开阔，通情达理。刘邦不爱从事生产劳动，最初做了泗水亭长。亭长这个官极小。当地有位吕公，会看相，他看了刘邦的容颜，认为这个人长得太不一般了，便将自己的爱女许给刘邦做妻子，这就是后来的那位吕后。这是后话，不过这位老先生相面的水平真不简单。

不久，刘邦作为亭长带了不少判了刑的人去骊山当苦力。在路上不少人趁机逃跑了。刘邦估计，等到了骊山，犯人跑得就差不多了。他走到丰西的泽中亭，索性停下来喝酒。喝到半夜，他把所有犯人全释放了。犯人临走前，刘邦对他们就说了一句话："诸位，各奔前程吧，我也走了。"

一路走来，有些犯人感到刘亭长人不错，反而不走了，有十来个年轻力壮的人跟随了刘邦。

接着，有一则关于刘邦的神话故事：

刘邦喝醉了，半夜三更歪歪扭扭走进一块沼地，遇到一条特别大的蛇挡在路中间，刘邦立即拔出剑来，斩了这条蛇。奇怪的是，一位老太太哭着说："我儿是白帝之子，化为蛇在这条路上，而今天却被赤帝的儿子杀了！"说罢，这位老太太便无影无踪了。

之后，刘邦就隐藏在山泽中。自从刘邦到了这个地方，经常出现怪异的现象。沛县的一些年轻人闻讯后，都来归附刘邦。

陈胜、吴广起义后，沛县的县令想响应起义。主吏萧何和狱掾曹参说："先生是秦朝的命官，现在想反叛，恐怕沛县的人大多不会听从。你可以征召那些逃亡在外的人来威胁众人，众人就不敢不从了。"

县令知道樊哙与刘邦熟悉，就令他去叫来刘邦。这时跟随刘邦的已有数百人。沛县县令后悔了，怕刘邦会威胁到自己的地位，于是关上城门，不让刘邦的人进来，还想杀掉出主意的萧何和曹参。

萧、曹二人夜间趁机溜出城外，与刘邦会合。

刘邦率领着数百人来到城下，但县令不开城门，怎么办？刘邦提笔写了一封公开信，拔出箭来射到城内，送给沛县的父老乡亲们看。真灵，父老乡亲们看了刘邦的信，便将县令杀死，打开城门，迎接刘邦入城。

司马光没写刘邦的入城式多么威武，但说全县人拥立刘邦为"沛公"。"沛公"的称号就是这么来的。

从此，萧何与曹参就成为刘邦的左右手，樊哙为将军。刘邦的队伍很快达到数千人，这些人成为刘邦夺取江山的铁杆力量。

在读这段历史时，我感到，司马光先生特别厚爱刘邦，对他大加赞赏。司马光先生只写了刘邦一个缺点：不爱生产劳动。其实对于当皇帝的人，这个缺点，简直不足挂齿。

这样的人，将无敌于天下，灭秦立汉者，非他莫属。

# 领袖与英雄

刘邦这股势力开了头，再说另一股势力：项梁和项羽的势力。

司马光在《资治通鉴》中说，项梁是原楚国著名大将项燕的儿子。大家别忘了，陈胜、吴广是以两个人的名义起义的，一位是秦始皇屈死的长子扶苏，另一位就是原楚国大将项燕。

项梁因杀了人，与他哥哥的儿子项羽逃出来躲避仇人，来到吴中。项羽小时候不爱读书写字，又去练剑法击刺之术，也没学成。项梁就教他这个侄子学习兵法。开始项羽挺感兴趣，时间不长他又学腻了，认为学个大概就行了，不用细学。项羽身长八尺，力能扛鼎，才干、气度超过常人。

陈胜、吴广领导农民起义后，会稽的郡守殷通也想响应，拟派项梁率军行动。在郡守宴请项梁时，项羽进入，他叔叔使了个眼色，项羽便用剑杀了殷通。项梁提着郡守的头，佩戴着郡守的官印。郡守府的人大为震惊，有的人进行反抗，项羽大开杀戒，一下子杀了上百人。从此，再没人敢站出来反抗。

项梁召集他过去熟悉的官吏与豪杰开会，说明杀郡守殷通的原因。会后从各地征召精兵八千。项梁做了会稽的郡守，项羽为副将，攻占了不少县城。当时项羽只有二十四岁。

因为项梁是原楚国大将项燕的儿子，出身高贵，加上当时他名下已有八千精兵，自然成了那一片的头领。确认陈胜已死之后，项梁就召集各路人马议事，刘邦也参加了。

议事之前德高望重、已经七十岁的范增来见项梁。范增语重心长地对项梁说："陈胜的失败是必然的。楚王在百姓的心目中威望甚高。楚国即使只剩三户人家，灭秦者也只能是楚国。陈胜不拥立楚王的后裔而自立为王，这就决定他长久不了。现在你从江东起兵，楚国那些将领们蜂拥而起投奔你，为什么？是因为你家世世代代都是楚国的名将。因此，你要复立楚王的后代，打着楚王的旗号起事。这样，大功才能告成。"

范增的一席话让项梁开了窍。他派人到处打探楚王的后代在哪里，终于在民间找到了楚王的一个孙子，楚王的这个孙子正在给人家放羊。于是，项梁就将其迎回来立为楚怀王。项梁自称武信君。

项梁大军势不可当，在东阿击退章邯的军队，接着向西进攻，在定陶又打垮了秦军。项羽和刘邦又在另外两条战线与秦军交战，也取得胜利。人真是奇怪，每当获胜时老毛病就犯了，这时项梁脑子发热，轻敌思想占了上风，处处显露出傲气。宋义将军对项梁说："打了胜仗后，若将领骄傲，士兵怠惰，必然失败。秦军正在增兵，我替你担忧呀！"但项梁已听不进任何劝告。果然，不久秦军在定陶大败楚军，项梁战死。

这就是千古不变的真理：骄兵必败！

项梁战死后，楚怀王把几股军队合并起来统一指挥。封刘邦为武安侯，封项羽为长安侯。楚怀王还与将军们约定："谁先攻占关中，就封谁为关中王。"

章邯在定陶大败楚军，杀死项梁后，认为楚军已不堪一击，不顾后方军情，渡黄河去攻打赵军。

赵军急忙向楚军请求援助。楚怀王任命宋义为上将军、项羽为次将、范增为末将，领兵去增援赵军。这支军队号称"卿子冠军"。

项羽根本不把上将军宋义放在眼里。司马光在《资治通鉴》中说，项羽早晨去见宋义，就在军帐里把宋义的头砍下来了。而后他号令全军："宋义勾结齐国，反叛楚国，楚王秘密命令我杀了他！"各位将军吓得面如土色，共同推举项羽为上将军。项羽除派人追杀宋义逃跑的儿子外，又派人向楚王报告杀死宋义的经过。楚王正式任命他为上将军。

当了上将军的项羽先派三万楚军切断了秦军的粮草通道，又亲率大军渡河救赵。渡河后，项羽下令把所有船只凿沉，把做饭用的锅全部砸烂，把驻扎的营地全部烧毁，每人只带三天的干粮，以此告诉全军将士，与秦军决一死战，毫无退路。这叫置之死地而后生。

项羽这一招真灵。楚军过河后以迅雷不及掩耳之势，以一当十，杀声震天，把秦军打得落花流水，章邯败逃，其他秦军将领不是被杀就是当了俘虏。项羽大获全胜。

这就是历史上破釜沉舟的巨鹿之战。

其实，各诸侯都派军来救赵军，都不敢向秦军进攻。他们看到项羽带的楚军如此勇猛，无不胆战心惊。战斗结束后，项羽神气十足地向诸军将领训话。这些将军无一不是跪着前行，都不敢仰视项羽。从此，项羽成为诸军的上将军，各部军队都归项羽统率。

各位读者，看到此，老夫想，你们可能注意到了，司马光在《资治通鉴》中所写的刘邦与项羽区别很大，前者是位领袖式的人物，而后者是位英雄式的人物。关于刘邦的特点，咱们在前面已经论述过了，不必重复。而项羽与刘邦截然相反，他在战场上无往不利，在政治上却又很幼稚，甚至是愚蠢。

社会需要领袖人物，但英雄不一定能当领袖。

项羽这样的人，当不了领袖，只能算是个顶天立地的英雄。

若让刘邦与项羽单挑，刘邦绝对不是项羽的对手。但是要论用人、吸纳各种高见、制定战略决策，项羽绝对不是刘邦的对手。

由此可见，他们二人的胜败早就注定了。老夫的这个看法，不知您赞同否？

# 起兵攻秦

关中是秦王朝的老窝，究竟派谁去进攻占领关中呢？

楚怀王听取各位将领的意见。项羽曾表示要为叔叔项梁报仇，很想攻打关中，亲手埋葬秦王朝。而楚怀王的老将们说："项羽为人剽悍残暴，他在攻下襄城后，坑杀全城人，无一人幸免。凡是项羽经过之地，都会被毁灭。况且我们楚军多次进攻秦王朝所在地，也都失败了。这次不如派一位性情温和的人，以仁义为号召，让他去不光是消灭秦军，更要抚恤处在水深火热中的秦朝百姓。现在，咱们需要物色一位这样的人选。刘邦待人宽厚，派他去是最佳选择。"

楚怀王觉得言之有理，决定派刘邦去关中讨伐秦朝。

刘邦这个人真是鸿运高照，似乎有天助也。他带兵攻打昌邑，半路碰上彭越。彭越与刘邦一见如故，立马带他的人马归顺刘邦，从此再没离开。

刘邦到达高阳，又遇到一位名叫郦食其的高人献计献策。这位姓郦的人是个穷秀才，读书不少，满肚子学问。他听说刘邦这个人平易近人，善于听取各种意见，于是通过别人的介绍与刘邦见了面。

当时郦食其已是六十多岁的老人，刘邦比他年轻得多。按约定的时间，郦食其来拜见刘邦，而刘邦正叉开双腿，坐在床上让两个女子给他洗脚。这时的刘邦也摆起谱来了。

郦食其一看刘邦这样对待客人，而且是对待老人，就不客气地说："你是想协助秦朝攻打诸侯国呢，还是想率领各诸侯国军击败秦朝呢？"

刘邦生气地说："你这个没见识的儒生，现在天下人相继起兵灭秦，你怎么说我是协助秦朝攻打诸侯国呢？"

郦食其不慌不忙地对刘邦说："你如果真的要聚集群众，会同正义的军队去讨伐暴秦，就不该如此傲慢地接待年长的人。"

刘邦一想，自己确实失礼了。知错必改，他马上停止洗脚，起身穿好衣服，向郦食其道歉，并请郦食其在尊客席上就座。

郦食其气消了，敞开心扉对刘邦讲了许多历史经验教训，献了不少计策。刘邦越听越高兴，如同遇到知己，马上吩咐左右上酒，与郦食其共饮。吃喝到尽兴时，刘邦直入要害："请您谈谈如何定计吧！"

司马光在《资治通鉴》中，对郦食其献计的情况，也进行了描述。郦食其说："你从一群乌合之众中起事，现在又收拢了不少散兵游勇，部众还不到一万人，就靠这点力量攻打秦朝，这是用手去掏虎口呀！陈留是天下军事要道，是四通八达的枢纽地区，现在该城存有相当多的粮食，而我和陈留的县令是莫逆之交，请你派我出使陈留，我劝他向你投降。假如他不听我的劝告，你就带兵攻城，我在城内与你里应外合。"

刘邦是个聪明人，立即采纳了郦食其的高见，正式派他进城说服县令。刘邦率军至陈留城下。郦食其游说顺利，他们不费吹灰之力，就把陈留拿下了。刘邦论功行赏，封郦食其为广野君。郦食其的弟弟郦商也召集了数千人归附刘邦。刘邦任命郦商为将军，令他率领陈留的部队与大军一起行动。

由于郦食其的智慧与功劳，从此他进入刘邦的智囊团，还担负着代表刘邦去各诸侯国游说的外交使命。

公元前206年冬季，沛公刘邦率军抵达霸上。秦王子婴乘素车、驾白马，脖子上系着绳子，以示自己该服罪自杀。他手捧封好的皇帝玉玺和符节，伏在地上向刘邦投降。谁能想到秦始皇的后代，不出几年就落了个如此悲惨的下场，竟然规规矩矩地跪到地上向沛公刘邦投降了。

这时有人主张杀了这个小皇帝，以解对秦朝之恨。刘邦却说："当初怀王之所以派我来，原本就是因为我能宽容人。何况人家已经降服了，在这种情况下杀了人家是不吉利的。"刘邦没杀这个秦王朝的末代皇帝，交专人处置。

接着刘邦率部攻进咸阳。将领们争先恐后地在皇宫里抢金银财宝，连沛公刘邦也在这个花花世界里迷失了方向。他看到如此豪华的宫殿、贵重的珍宝，以及数以千计的漂亮宫女，不想走了，想住下来美美地享受。

在这关键时刻，樊哙这位老朋友对刘邦说："沛公想得天下，还是想做一个有钱的富翁？这些华丽的东西就是导致秦王朝灭亡的祸根呀！希望你不要留在皇宫里，赶快回到霸上去。"

张良也劝刘邦："秦朝因不施仁政，所以您才能来到这里。为天下人铲除残民之贼，如同丧服在身，应把抚慰百姓作为根本。现在若刚刚进入秦朝都城，就安享其乐，这就是助纣为虐了。望沛公能听进逆耳之言。"

刘邦马上清醒过来，离开皇宫，带兵返回霸上。

回到霸上后，刘邦立即召集起各县的百姓和有声望的人，说道："楚怀王曾和我们约定，谁先进入关中，谁就是关中王。我先入关，应是关中王。我现在以关中王的身份和大家约法三章：第一，杀人者判死刑，伤人和偷盗财物者，按罪行轻重判罪；第二，秦朝法令全部废除，所有的官吏和百姓照旧安定不动；第三，我领兵入关，是为百姓消除苦难，不是为了侵夺百姓财产。我之所以又带兵从咸阳回到霸上，就是等各诸侯到来后，一起制定法令，共同安民。"

刘邦的"约法三章"立即在百姓中传开，深得人心。百姓争先恐后地牵着牛、羊，拿着酒来奉献给沛公的将士们。沛公再三谦让，一律不收，此举更加赢得了人心。

刘邦的这一招相当漂亮。他若住在皇宫里不出来，过上花天酒地的生活，恐怕后来的历史就要重写了。

看来人生最关键的一步不能走错。一旦走错，就要赶快回头，摆正航向，否则前功尽弃，后果难以想象。

# 再看鸿门宴

天生的英雄项羽，率部一路猛攻，很快平定了黄河以北地区。秦军大将章邯也率部向他投降。项羽听说降军中怨气十足，又在新安城坑杀了二十余万投降的秦军士官，只让章邯等几个将领活着。

之后，项羽便率领各路人马，掉头直奔关中。

刘邦听闻项羽率领大队人马浩浩荡荡向关中奔来，不知如何是好。这时，有人向沛公出主意，建议赶快派重兵守住函谷关，不让项羽率领的各诸侯军入关。沛公采纳了这个建议。

项羽到达函谷关后，关门紧闭，于是怒气冲天，令黥布等将一举攻破函谷关，大举向关中挺进，到达新丰县的鸿门。

刘邦手下出了内奸。他的左司马曹无伤派人向项羽告密："沛公在函谷关，金银财宝全被他霸占。"项羽是个火暴脾气，一听此言，怒发冲冠，决定率兵攻打刘邦。老谋深算的范增对项羽说："沛公在崤山之东的时候，贪财好色，如今进了关，财色都不爱了，可见其志向很远大呀！我曾让人观望过他那边的云气，都是天子之气，要赶快将其除掉，不可错失良机！"范增的一席话更坚定了项羽的决心。

无巧不成书。恰巧项羽的叔叔项伯与张良是生死之交。当年项伯杀了人，被张良救过一命。项伯得知项羽的决定后，连夜奔往刘邦驻地，向张良透露了这一重大消息，劝张良赶快离开刘邦，以免与刘邦一起送死。

张良绝对忠于刘邦，他不仅没逃，反而将此情况汇报给了刘邦。

刘邦以大礼待项伯，并与项伯结为儿女亲家。他请项伯转告项羽："我进入关中后连极微小的东西都不敢碰，做的一切事都是为了等待项将军的到来。派人守函谷关，只是为了防止其他盗贼进入，并非防项将军，我刘邦绝对不会、也不敢背叛项将军！"

项伯满口答应，并建议刘邦于次日亲自来鸿门向项羽谢罪。

刘邦很痛快地答应了。项伯连夜返回鸿门，把沛公的话告诉了项羽，并说："要不是沛公先击败关中秦军，咱们怎么能这么顺利入关呢！现在沛公有大功劳，若现在攻击他会落下不义的罪名，不如善待沛公。"项伯毕竟是叔叔，项羽答应了。

司马光在《资治通鉴》中详细记录了著名的"鸿门宴"的故事：

次日一大早，沛公带着张良、樊哙等一百多人来鸿门晋见项羽。见面后刘邦很恭敬地对项羽说："我与将军协力攻击秦军，将军战于河北，我战于河南，真没想到我能先入关击败秦军，在这里还能跟将军见面。现在有些小人挑拨我与将军的关系，使将军对我有了误会。"

项羽这个人一向心直口快，马上说："这个小人就是你身边的左司马曹无伤，不然我们之间怎么会有了误会呢？"

项羽与沛公还是有老交情的。他吩咐左右设宴招待沛公，两人痛痛快快地喝了一顿。

宴会期间，范增多次跟项羽使眼色，暗示要趁机杀掉刘邦。然而项羽毫无反应。范增离席而去，把项庄叫来说："项王对刘邦心慈手软，下不了手。

你进去向刘邦敬酒，并舞剑助兴，借此机会杀了刘邦。"

过了片刻，项庄佩剑进来，先向刘邦敬酒，接着说："军中也没什么可以取乐的，让我舞剑助兴吧！"项羽说："好！"项庄拔出剑就在刘邦周围舞起来。

项伯见状也拿出剑与项庄一起舞了起来，并挡着沛公，使项庄无法刺杀刘邦。

这就是我们常说的那句话："项庄舞剑，意在沛公。"

张良早看出名堂来了，赶快出去把樊哙叫来，告诉他情况紧急。樊哙可不是好惹的，他冲入宴会现场，瞪着两只大眼，头发直竖，直视项羽。项羽不认识樊哙，按剑问："来者何人？"张良答："他是沛公的卫士樊哙。"

项羽上下打量，看樊哙这般模样，说道："真乃壮士啊！"赐给他一碗酒喝。酒端上来后，樊哙向项羽拜谢，一饮而尽。项羽又说："再赐给他一条猪腿吃！"侍卫们拿上来一条生猪腿放在地上。

樊哙把自己的盾牌放在地上，将猪腿放在盾牌上，用剑一块块割开，生吃了，把项羽都看傻了。

项羽又说："壮士你还能喝酒吗？"

樊哙说："我连死都不怕，还怕酒吗？秦始皇心肠狠如虎狼，杀人唯恐杀不完，致使天下人都起来反叛秦王朝。楚怀王曾与各路将领约定，先打败秦军进入咸阳者为关中王。现在沛公最先打入咸阳，毫毛般的东西都不敢据为己有，一直驻军霸上等待项将军到来。这样劳苦功高的人，你不但不给予重奖，还听信小人之言，要杀功臣。这是重蹈秦王朝灭亡的覆辙呀！我认为你的这个做法是不光明磊落的。"

你说怪不怪，樊哙如此刺耳之言，不仅没激怒项羽，反而让他请樊哙入席喝酒。樊哙便靠着张良坐下。

宴会中间，沛公起身如厕，投了眼神示意樊哙跟他出去。

出去后，樊哙就让沛公赶快离开鸿门，火速返回霸上。刘邦说："不辞而别恐怕不妥。"樊哙说："人家刀已磨好，我们是人家刀下的鱼肉，还谈什么告辞？"说完把刘邦扶上马，直返离鸿门四十里地的霸上。

张良觉得刘邦快回到军营了，便向项羽说："沛公喝多了，他头晕得不行，已回去了，他托我代他向将军告辞，后会有期。"接着张良代表刘邦向项羽献上白璧一双，向亚父范增献上玉杯一双。项羽问："沛公呢？"张良说："听说大王有意责备他，所以一个人先走了，已回到霸上。"

项羽接受了白璧，放在座位上，而范增听说刘邦不辞而别，逃过一劫，气得将玉杯摔在地上，拔出剑来将玉杯击碎，懊悔地说："将来夺取天下之人定是沛公，我们这些人将来都要败在他的手里，死于他的刀下！"

刘邦安全返回霸上，把内奸曹无伤砍了。

老夫反复琢磨，这个流传甚广的"鸿门宴"的故事，实际上存在许多漏洞，例如：项庄的任务是杀沛公，何必舞剑，进来直接杀掉刘邦不就行了；樊哙喝几碗酒不在话下，当众吃了一条生猪腿令人难以置信；刘邦以解手为名出去骑马回到霸上后，张良才向项羽说明刘邦不辞而别的情况，这些情节都有点令人难以置信。

但故事毕竟是故事，我们不必从鸡蛋里挑骨头，不必求全责备。

在鸿门宴上项羽为何没杀刘邦？老夫分析有这么几个原因：一是当时项羽从骨子里看不上刘邦，根本没把刘邦放在眼里，没有意识到刘邦会成为他的劲敌；二是当年刘邦与项羽初次见面后，就以兄弟相称，二人一块儿练武，而刘邦总是巴结他、让着他，项羽又是位重义气的人，就不想杀刘邦了；三是项羽也怕杀了刘邦会引起楚怀王以及各诸侯的不满，失信于天下，从而引起公愤；四是他叔叔项伯从中起了缓和调解的作用；五是张良与樊哙不愧为刘邦的得力干将，关键时候用智谋和勇气救了主子。

在这五个原因中，老夫认为第一条与最后一条最为重要。

# 封侯风波

项羽在鸿门宴上没杀刘邦，接着他领兵进入关中，洗劫屠戮咸阳城。据说秦始皇有三十三个儿女，其中三十二个死于非命，只剩下一个子婴，还是靠装疯卖傻的智慧，没被杀掉，成为秦王朝的末代皇帝。子婴向刘邦投降后，刘邦没杀他，后来却被项羽杀死。项羽杀了秦朝末代皇帝子婴后，放火烧了皇宫，统率大军掉头返回楚地。

项羽派人向楚怀王请示，让谁做关中王，楚怀王说："按原先约定的办，谁先到达关中，谁就是关中王！"

项羽一听暴跳如雷，怒发冲冠，生气地说："怀王这个人原先落魄到给人放羊的地步，是我们项家把他重新扶起来的，他并没建立过什么功勋，怎么能一个人说了算呢？当初把他扶起来，是因为反秦的需要，现在秦朝被我和各位将相灭亡，应该由我说了算。不过还是要给怀王一个封号，给他指定一个地区居住。"项羽封楚怀王为"义帝"，并把这位"义帝"迁到长江以南，定居在长沙郡的郴县。

清除了楚怀王这个障碍，项羽封自己为"西楚霸王"，建都彭城。

这时只有二十几岁的项羽，开始称王称霸了。项羽将各路诸侯都分别封了王，并划分了管辖范围和建都之地：

封魏豹为西魏王，建都平阳。

封申阳为河南王，建都洛阳。

封司马卬为殷王，建都朝歌。

封张耳为常山王，建都襄国。

封黥布为九江王，建都六地。

封吴芮为衡山王，建都邾县。

封共敖为临江王，建都江陵。

封韩广为辽东王，建都无终。

封臧荼为燕王，建都蓟地。

封田市为胶东王，建都即墨。

封田都为齐王，建都临淄。

封田安为济北王，建都博阳。

这里不一一列举。

别人好说，最令项羽头疼的是对刘邦怎么封赏。经过与深谋远虑的范增反复商量，他还是封刘邦为汉王，但领地只有巴郡、蜀郡、汉中，建都南郑。他把关中一分为三，封秦朝降将为王，用这些人堵住刘邦的归路。因此，他封章邯为雍王，建都废丘；封司马欣为塞王，建都栎阳；封董翳为翟王，建都高奴。

这是秃子头上的虱子——明摆着，虽封刘邦为汉王，但只让他占领一些边远艰苦的地区，最好的关中地区分给了别人。

刘邦听到这个任命后，肺都快气炸了，他咽不下这口气，决定攻打项羽。

此时此刻，周勃、灌婴、樊哙都劝刘邦冷静。还是萧何说话有分量："项羽虽然给咱们封的是汉中最穷的地方，但不是比死要好吗？"

刘邦说："你说得太邪门了，咱们怎么会死呢？"

萧何说："不能不承认如今我们的实力不如人家，百战百败，而人家的实力雄厚，是百战百胜，我们不死还能怎么样！历史经验告诉我们，商汤王、周武王就是能够屈居于一人之下而伸展于万乘大国之上的。大王你称王汉中，从此大力抚养汉中百姓，招纳贤明的人做谋士良将，取巴蜀的财富，伺机回师平定关中三秦大地，再向外扩张。这样的话，将来天下就是你的了！现在去攻打项羽，如同以卵击石。"

刘邦觉得萧何分析得有理，就忍下了这口气，来到汉中都城南郑，命萧何为丞相。

张良虽然没被任命为丞相，但在鸿门宴前后的贡献很大，汉王刘邦赐给他黄金百镒、珍珠两斗。张良把这些宝物全部献给了项伯。刘邦又献给项伯一份厚礼，并请项伯代他请求项羽把汉中地区全封给他。据说，当时项羽答应了这个请求。

无数历史事实都告诉人们，忍也是一种功夫。小不忍则乱大谋。

有实力而不出击，是懦弱；无实力却乱出击，是莽撞。

即使实力在握，刘邦为了某种策略的需要，该妥协时，就故意退让一步，等时机成熟了，选项羽的弱点猛击一掌，让项羽陷入四面楚歌的境地，从而上演一出"霸王别姬"的好戏。

# 伯乐识韩信

韩信生于今江苏省淮安市，少年时父母双亡，家境贫寒，经常讨饭吃。司马光在《资治通鉴》中，对韩信是这样描述的：

韩信村里有位大娘，看他饿得慌，便经常给他拿点饭吃。韩信感激地说：

"将来有一天，我一定会重重地报答您老人家。"老大娘却说："一个男子汉应该自己养活自己。我给你吃的是看你可怜，不是希望你报答。"大概老太太也不会料到这个穷小子有朝一日会出人头地。

不知为什么，韩信家里的墙上挂着一把宝剑，他总爱带着这把剑走来走去，要饭时也带着它。在当地有个杀猪的小子怎么也看不上韩信。一天，在集市上趁人最多时，他向韩信挑衅了："韩信，你虽然个子长得高大，喜欢佩剑，内心却胆小如鼠。你小子若不怕死，就用剑刺死我；如果怕死，你就从我的裤裆下钻过去。"这时，看热闹的人群中不断有人呐喊起哄，有的说，用剑刺死他；有的说，刺死他要偿命，干脆就钻过去吧。

韩信经过激烈的思想斗争，心想：刺死这个无赖小子，岂不耽误了我的远大前程？我得忍辱负重。于是韩信硬着头皮趴下，从杀猪小子的胯下爬过去了。这就是著名的"胯下之辱"。

老夫忘记在什么地方看过一段话：在历史上，要想成大事者，必须具备恨与忍两种品格。而且，恨要恨得无情，忍要忍得无耻。

后来，韩信背上剑去投奔项梁。项梁没重用他。项梁战死后，他又投奔项羽。他曾借机向项羽献策，但项羽瞧不上他，只给他封了个郎中。

韩信又跳槽到刘邦部下。刘邦也没重用他，安排他当了个接待宾客的小官，不过这个官也有好处，他结识了不少人，其中也有大官。

再后来，韩信犯了法，与他同案的十三人都被斩首，轮到斩韩信时，他却高喊："汉王难道不想取天下吗？为什么要斩我这样的壮士？"他的话恰好被路过的滕公夏侯婴听见了，滕公觉得此人的话不同凡响，又长得威武雄壮，忙喊："刀下留人！"韩信免于一死。滕公与之交谈，非常器重韩信，便向汉王刘邦进行了举荐。刘邦只是授予韩信一般的官职，没认识到韩信有何不寻常之处。

在夏侯婴的介绍下，萧何与韩信进行了几次深谈。萧何真是罕见的伯乐，一下子就认定韩信是千里马，人才难得。萧何也跟刘邦谈过此人，但仍未引起刘邦的重视。

韩信发现这里不是自己的用武之地，就逃走了。我分析韩信已经从项梁处逃到项羽处，又从项羽处逃到刘邦处，他再没有什么更理想的地方去了。他的脑子极端聪明，是否故意设计逃跑的计谋，让萧何追他回来，以提高自己的身价，因而走前托人告诉了萧何？

萧何听说韩信逃走了，急如星火。那时没有电话，更没有微信，他来不及向刘邦请示报告，连夜去追。有出戏叫《萧何月下追韩信》，"月下"说明是夜里，也说明韩信的重要性和萧何的高尚品格。

有人看见萧何慌慌张张地跑了，就以为他也逃跑，忙向刘邦报告："丞相萧何三更半夜逃跑了！"这下刘邦急了，萧何可是他的左膀右臂，逃了如何是好？急得他团团转，吃不下，睡不着。

过了一两天，萧何回来了。刘邦见到萧何又喜又恼，气呼呼地质问萧何："你小子为什么逃跑?!"

萧何说："臣怎敢逃跑？我是连夜把一个逃跑了的人追回来了！"

刘邦说："你追回来的是什么人？"

萧何说："我追回来的是韩信。"

刘邦说："最近跑了十几个将军了，你都不追，偏偏追个韩信，你在骗我吧？"

萧何说："那些将军很容易得到，而像韩信这样优秀之人，那可是难得的奇才。如果大王你只想在汉中称王，用不用韩信无所谓；如果大王还想向东发展，最后夺取天下，除了韩信再没有第二个人能帮你了。现在就看大王你怎样定了。"

刘邦说："我当然想向东发展，怎么乐意困在这个破地方呢。"

萧何说："那好，既然大王想往东发展，想夺取天下，那就重用韩信，若不重用他，他迟早还会逃走。"

刘邦说："我看在你的面子上，任命韩信为将。"

萧何步步紧逼："大王，若封韩信为一般的将，他还是不会留下来。"

对萧何的眼力，刘邦还是很佩服的。得知韩信逃跑，萧何连夜去追，追回来后，又反反复复跟他讲韩信对夺取天下的重要性，看来此人非同小可，决非等闲之辈。最后刘邦尊重萧何的建议，决定任命韩信为大将。

从这个故事中，老夫悟得的道理是：

人不能为一时的冲动，而毁了自己一生的远大前程；

人不能在一棵树上吊死，要不断寻找适合自己成长的土壤；

人要善于利用各种场合展示自己的才能，宣传自己的主张，以引起他人的重视。

为发现与重用千里马，伯乐应不惜一切代价锲而不舍地努力，因为千军易得，一将难求啊！

# 演说是一门学问

司马光在《资治通鉴》中说，刘邦这个人往往粗话连篇，一向不拘小节，对人不礼貌，还有出尔反尔、朝令夕改的毛病。

萧何了解刘邦的这些特点，他对刘邦说："大王，您既然已决定任命韩信为大将，那就不能随随便便说一声就定了，应该搭拜将台，选择一个黄道吉日，沐浴斋戒，举行一个隆重的拜将仪式。"

刘邦说："行，就按丞相你说的办。"

拜大将的消息迅速传出去了，将军们非常高兴，特别是那些资格老的、又立有战功的将军，心想，大概要拜我为大将吧！

拜将仪式开始后，刘邦宣布任韩信为大将。这是谁也没想到的，大家你看我，我看你，大为惊讶。

拜将仪式结束后，刘邦令韩信当众讲一讲他的看法。这实际上是在考他。

韩信料到刘邦要考他，事先做了充分的准备。他知道人们对他当大将不服气，他甚至清楚，刘邦对他的才能亦持怀疑态度。因此，他要充分利用这个难得的大好时机，征服刘邦，征服他的老部下，特别是征服这些年跟着刘邦南征北战的那些老将们。

当刘邦要韩信发表看法时，韩信认为此时此刻必须亮出语惊四座的真东西，让在场的人佩服得五体投地，也让大家看看萧丞相黑灯瞎火在月下追回来的到底是个什么人！

韩信使出第一招：激将法。

他向刘邦深深地两拜后说："大王，您要永远在汉中呢，还是要取天下？"

刘邦说："那还用问，我当然要取天下。"

韩信又问："阻碍大王夺天下的主要对头是谁？"

刘邦说："当然是项羽那小子。"

韩信又问："您觉得您的威望与实力比项羽大还是小呢？"

刘邦犹豫了片刻，只好承认："目前我不如他。"

韩信就等着刘邦说出此话，这样，他下边的文章就好做了。

韩信又使出第二招：挖苦法。

韩信说："我曾经接触过项羽，有亲身感受，现在我说说项羽的三大致命弱点。一是，虽然项羽厉声怒斥呼喝时，可以把成百上千的人吓得瘫倒在地，但他不会用人，所以我认为项羽之勇，是匹夫之勇。二是，项羽这个人有时对他的爱将也很仁慈。爱将生病了，他亲自送饭，还一勺一勺地喂药，但他不肯把军权交给别人，他把刻好的印捏在手里，玩得都磨掉了棱角，也舍不得授给有功之将，所以我认为项羽的仁爱，是妇人之爱。三是，项羽极其残暴，他一次就活埋了二十万放下武器的秦军兵将，所以我认为他名义上是霸王，实际上是残暴的恶棍。另外，项羽虽然称霸天下，统治诸侯，但他不在关中而在彭城建都；他违背谁先入关中谁为王的约定，而把自己亲近的人封为王；他驱逐过去的诸侯王，而将自己的人安插进去；他竟敢把义帝迁到江南去，让义帝名存实亡。百姓现在之所以依附他，只是被他的威势胁迫罢了。他不得人心，因而他的势力很容易被削弱。"

韩信又使出第三招：对比法。

接下来，韩信说："项羽的匹夫之勇、妇人之仁、残暴的弱点，恰恰是大王您的长处。大王您善于用人，向部下约法三章，对百姓丝毫不犯。而项羽对大王的任命不公，却封章邯等降将为关中王。这几个人苟且活命，几十万降兵被项羽坑杀，他们还有脸回来称王，关中百姓对其恨之入骨，恨不得剥了他们的皮，吃了他们的肉。所有这一切人们看在眼里，记在心里，都为大王鸣不平。因此，您大得人心，得人心者得天下。秦地民众无不盼着大王您夺取天下。现在只要大王起兵东进，三秦大地只要贴一张布告，百姓就会归附大王。依我看，今后的形势肯定是项羽由优势转为劣势，大王您由劣势转为优势，直到最后胜利。"

韩信的精辟分析，令人耳目一新，人人点头称赞。刘邦听得浑身上下，甚至每个毛孔都感到极度舒服。

刘邦心想：韩信确实有一套，任命他为大将的决定真对了。

写到这里，老夫不由自主地联想到一种说法，我国象棋是楚汉相争，鸿沟为界。楚，其代表人物当然是项羽；汉，其代表人物肯定是刘邦。你看刘邦的周围有萧何、张良等为相，有樊哙、周勃等为士，把老帅刘邦保护得严严实实。刘邦不缺相和士，他就缺车马炮，特别是缺车。再看项羽，他周围最管用的相就是范增。后来陈平用反间计，使项羽把范增赶走了，范增冤死在路上。这样，项羽基本上变成了光杆司令，他的周围似乎没什么人了。项羽经常离开帅位，亲自披挂上阵，到处征战。而刘邦任命韩信为大将后，项羽的优势日渐衰落。楚汉相争这盘棋，刘邦不赢才怪！从棋阵来看，项羽的输，只是时间问题罢了。

写到这里，老夫联想到后来的《隆中对》：

> 自董卓已来，豪杰并起，跨州连郡者不可胜数。曹操比于袁绍，则名微而众寡。然操遂能克绍，以弱为强者，非惟天时，抑亦人谋也。今操已拥百万之众，挟天子而令诸侯，此诚不可与争锋。孙权据有江东，已历三世，国险而民附，贤能为之用，此可以为援而不可图也。荆州北据汉、沔，利尽南海，东连吴会，西通巴蜀，此用武之国，而其主不能守，此殆天所以资将军，将军岂有意乎？益州险塞，沃野千里，天府之土，高祖因之以成帝业。刘璋暗弱，张鲁在北，民殷国富而不知存恤，智能之士思得明君。将军既帝室之胄，信义著于四海，总揽英雄，思贤如渴，若跨有荆、益，保其岩阻，西和诸戎，南抚夷越，外结好孙权，内修政理；天下有变，则命一上将将荆州之军以向宛、洛，将军身率益州之众出于秦川，百姓孰敢不箪食壶浆，以迎将军者乎？诚如是，则霸业可成，汉室可兴矣。

话不在多，在于有分量，这么大的问题，二三百字之内，就说得一清二楚。

老夫在拙著《聊天》一书中与韩信"聊过天"。老夫曾问韩信："诸葛亮的《隆中对》是否受您老人家拜将演说的启发？"韩信非常大度地说："我是老一辈军事家，晚辈们借鉴我的东西，理所当然，不怪，不怪！"

看来，演说是一门学问，后生们学着点。

# 智慧的力量

韩信的拜将演说，确实征服了在座的人，特别是刘邦。

但是，人们也怀疑，此人是不是个"大忽悠"，是骡子是马，拉出来遛遛。

过了不久，刘邦命韩信率兵去攻打魏国。

据司马光在《资治通鉴》中记载：魏国得知韩信率大军要来，将重兵摆在蒲坂，以阻挡从临晋方面来的韩信军队。韩信脑子特别聪明，他布置了许多疑兵，陈列了许多船只，使对方感到，韩信就是要在临晋渡河发起进攻。在摆开阵势迷惑对方的同时，韩信的精兵神不知鬼不觉地从夏阳地段渡河，奇袭安邑。这等于进攻了魏国的后方。魏豹得知这一情报后，大惊失色，吓得浑身哆嗦，他在慌乱之下率军迎击韩信，结果大败。魏豹也当了韩信的俘虏。

韩信首战大胜，堵住了不少人的口。但也有人怀疑，这是不是瞎猫碰见了死耗子？

公元前204年，韩信又奉命攻打赵国。赵王赵歇在井陉口集结二十万大军迎战韩信。

有位名叫李左车的人向赵王献策："韩信乘胜离开本国来远地作战，虽其锋芒不可阻挡，但是，他的粮草运送困难，井陉地区道路狭窄，车辆不能并行，骑兵难以并排。他们行军长达几百里，这样粮草一定跟不上。我建议大王暂拨给我三万人马，我从小道截断对方的后路，使其粮草与前边的大军脱节；大王你们加筑工事坚守，坚决不出战，便可制伏韩信。"但李左车的这个妙计，赵王等根本听不进去。

韩信从探子的情报中得知这一幕，心中十分高兴。他决定带部队直接向井陉山口出击，攻打赵军。他领兵在离井陉还有三十里的地方停下来宿营。

到了半夜，韩信又命令部队出发，并挑选了两千名轻骑兵，让他们每人拿一面红旗，从小路上山，然后在山上隐蔽起来。韩信在行前悄悄告诉他们："我们部队与赵军作战，等我军假装败退时，赵军一定会倾巢出动追击我们。

这时，你们快速冲进赵军已空虚了的大本营，拔掉赵军的旗帜，插上我们的红旗。"两千轻骑兵走了后，韩信自信地说："命令全军，先吃顿便餐，等大败了赵军，再美美地吃大餐！"当时许多人不信。

天刚亮不久，韩信突然亮出大将的旗帜，锣鼓喧天地冲出了井陉口。赵军连忙迎战，双方打得你死我活，难分难解。这时韩信假装扛不住了，丢旗弃鼓逃跑，一路"狼狈不堪"地退回自己的营地。赵军高兴坏了，倾巢出动，一直追赶逃军。说时迟，那时快，韩信事先派出去的两千轻骑兵，以迅雷不及掩耳之势冲入空虚的赵军大营，拔掉赵军旗帜，插上自己的红旗。赵军退回自己的营地后，看见红旗到处飘扬，惊慌失措，乱成一团。在汉军的前后夹击下，赵军大败，赵王赵歇被俘。

韩信很佩服李左车，战前下令活捉李左车者赏千金。战斗结束后，有人捆着李左车来见韩信。

韩信亲自为其松绑，并请他坐在尊位上，像学生对待师长那样对待他。这使李左车十分感动，二人如同一见如故的兄弟。这时韩信说："我想北进攻打燕国，向东讨伐齐国，请问怎样才能取得胜利？"

李左车是位有战略头脑的人，经过一番客气推辞之后，他告诉韩信："如今您渡过西河，俘获魏王；东下井陉，用了不到一上午的时间就打败赵国二十万军队，生俘赵王赵歇，闻名海内，威震天下。但是，现在百姓确实劳苦不堪，士兵连续征战也很疲惫，在这种情况下，您若连续进攻，势必攻也攻不下，撤也撤不出，形成与敌军相持的状态，这对您十分不利。自古善于用兵的人，从不以自己的短处去攻敌人的长处；恰恰相反，要以自己的长处去攻敌人的短处。"

韩信认真听了李左车的见解后说："既然如此，请告知下步棋应该如何走。"

李左车说："现在我为您谋算，不如按兵不动，暂作休整，镇守并好好安抚赵国的百姓。等百里之内的百姓，天天高高兴兴地给您的将士送来美酒与大鱼大肉时，您再将部队向北移动，指向通往燕国的道路。然后您派能言善辩的说客，拿着书信去向燕王讲您的长处，燕王哪敢不从。燕国归顺了，齐国就不在话下，再聪明再有本事的大夫，也为齐王开不出救命的药方子了。这样天下大事就可图谋成功。用兵之道原本就有先造声势而后行动的主张，我刚才说的就是这个道理。"

韩信说："言之有理。"随即派人出使燕国游说。燕王真的归降了。

大家可以看出，韩信之勇与项羽之勇有很大的不同。韩信很善于听取与采纳他人的高见。他指挥作战常常是以智取胜，仗打得很聪明，能以小的代价换取大的胜利。

一谈到兵法，有人就误认为是舞枪弄棒之法。其实，兵法是智慧之法。它充满着人间智慧，或者可称为智慧之大成。

我们常说，科学技术是第一生产力。在战争中，智慧是第一军事实力。伟大的军事家，往往是大智大勇之人。

经过几次大战，再没有人怀疑韩信的才能了。

# 楚汉相争

韩信一路高歌猛进，连续拿下魏、赵、燕三国。在另一条战线上，汉王刘邦亲自率领大军直奔楚界与死对头项羽较量。

老夫想变个写法，先给大家抄录几段司马光在《资治通鉴》中的原文，而后再以白话文注之：

项羽下梁地十馀城，闻成皋破，乃引兵还。汉军方围钟离昧于荥阳东，闻羽至，尽走险阻。羽亦军广武，与汉相守。数月，楚军食少。项王患之，乃为俎，置太公其上，告汉王曰："今不急下，吾烹太公！"汉王曰："吾与羽俱北面受命怀王，约为兄弟，吾翁即若翁；必欲烹而翁，幸分我一杯羹！"项王怒，欲杀之。项伯曰："天下事未可知；且为天下者不顾家，虽杀之无益，只益祸耳！"项王从之。

项王谓汉王曰："天下匈匈数岁者，徒以吾两人耳。愿与汉王挑战，决雌雄，毋徒苦天下之民父子为也！"汉王笑谢曰："吾宁智斗，不能斗力。"项王三令壮士出挑战，汉有善骑射者楼烦辄射杀之。项王大怒，乃自披甲持戟挑战。楼烦欲射之，项王瞋目叱之，楼烦目不敢视，手不敢发，遂走还入壁，不敢复出。汉王使人间问之，乃项王也，汉王大惊。

　　于是项王乃即汉王，相与临广武间而语。羽欲与汉王独身挑战。汉王数羽曰："羽负约，王我于蜀、汉，罪一；矫杀卿子冠军，罪二；救赵不还报，而擅劫诸侯兵入关，罪三；烧秦宫室，掘始皇帝冢，收私其财，罪四；杀秦降王子婴，罪五；诈坑秦子弟新安二十万，罪六；王诸将善地而徙逐故主，罪七；出逐义帝彭城，自都之，夺韩王地，并王梁、楚，多自与，罪八；使人阴杀义帝江南，罪九；为政不平，主约不信，天下所不容，大逆无道，罪十也。吾以义兵从诸侯诛残贼，使刑馀罪人击公，何苦乃与公挑战！"羽大怒，伏弩射中汉王。汉王伤胸，乃扪足曰："虏中吾指。"汉王病创卧，张良强请汉王起行劳军，以安士卒，毋令楚乘胜。汉王出行军，疾甚，因驰入成皋。


以上三段原文，只要多看几遍，多少能明白其意。

　　第一段，项羽成功地攻克梁地十余座城后，听说成皋被攻克，急忙率大军返回。这时汉军正把钟离眜包围在荥阳东边，闻知项羽来了，便撤往险要的地方。项羽在广武驻扎下来，与刘邦对峙。几个月后，楚军的粮草短缺了，项羽十分担忧，于是做了一个肉案，把刘邦的父亲放在肉案上，对刘邦说："你如果不投降，我就把你父亲煮了！"刘邦则说："咱俩曾是楚怀王的臣子，盟誓结为兄弟，因此，我的父亲就如同你的父亲。你若煮了你的父亲，希望给我一碗肉羹喝！"项羽勃然大怒，眼看就要将刘邦的父亲煮了，他叔叔项伯说："如今天下大事还不可预测，更何况夺天下的人大多不顾及家人，杀了刘邦的父亲对大王也没什么好处，只不过增加了自己不好的名声罢了。"项羽听从了项伯的意见，没杀刘邦的父亲。

　　第二段，项王对汉王说："天下各路诸侯折腾了这么多年，只是因为咱俩相持不下罢了。我现在愿意向你挑战，和你一决胜负，不要因为咱俩的斗争让天下百姓受苦了！"刘邦则说："我宁可与你斗智，不愿与你斗力。"项羽连续三次命令楚军中的壮士出战，但汉王手下有一个精通骑射的人叫楼烦，把前来挑战的壮士全射死了。项羽十分生气，于是亲自出战。楼烦正想射杀他，却被项羽瞪大的双眼吓得手直打哆嗦，箭也射不出去了。

　　第三段，刘邦列举了项羽的十大罪状。

第一大罪状：你违背先入关为王的盟约，把我分封到蜀、汉地区；

第二大罪状：你假托怀王诏命，将"卿子冠军"宋义杀害；

第三大罪状：你营救赵国后，未向怀王禀报，竟挟持各路诸侯大军进入关中；

第四大罪状：你烧了秦王宫殿，盗窃皇帝陵墓，将财产据为己有；

第五大罪状：将已降的秦王子婴杀害；

第六大罪状：你通过欺诈的方式在新安活埋二十万已投降的秦军官兵；

第七大罪状：你把肥沃的土地封给自己的部下，却将各诸侯流放边疆；

第八大罪状：你将义帝从彭城赶出，却把彭城作为自己的国都；

第九大罪状：你暗地里派人把义帝杀害于江南；

第十大罪状：你执政不公，主持盟约不守信义，为天下所不容，实属大逆不道。

汉王刘邦也真有两下子，一口气就说出项羽的十大罪状。

这一下把项羽的肺都快气炸了，他恨不得一口把刘邦吃了，即令暗伏的弩箭手射中刘邦的胸膛。刘邦真够机智的，立即摸了摸自己的脚，大声说："这贼子射中我的脚了！"刘邦因伤休息，为了不被楚军知道胸部受伤，根据张良的建议，还时不时地出来巡视部队。

从上述内容中，我们可以悟出几个道理：一是，短命的秦王朝垮塌之后，群雄四起，斗到最后，实际上就是项羽说的"天下匈匈数岁者，徒以吾两人耳"，说到底就是项羽和刘邦两人的斗争；二是，斗什么？项羽要斗勇，而刘邦说"吾宁斗智，不能斗力"，他们俩之间的斗，是力与智之斗；三是，这个斗争是无情的，正如项伯说的"且为天下者不顾家"，历史上很多成大事的人，都有绝情的一面。

# 忠君无二心

韩信势如破竹地拿下魏、赵、燕三国之后，齐国唇亡齿寒。韩信采纳李左车之计，在赵国休整得兵强马壮后，向齐国进军，又打败由项羽派来增援齐国且实力强大的龙且军，攻下齐国势在必得。

只是在此之前，刘邦派郦食其为说客，说服齐王田广主动放下武器，归附汉军。

郦食其不愧为老一辈的说客。他见了齐王，既讲国际形势又讲国内形势，既讲项羽又讲刘邦，又把二者进行比较，凭着精辟的分析，雄厚的事实，真的把齐王田广震慑住了。齐王决定投降，郦食其代表刘邦接受了投降条件。齐王田广隔三岔五宴请郦食其，不亦乐乎！

对郦食其的这段经历，韩信是知道的。但有个名叫蒯彻的辩士却对韩信说："您奉命进攻齐国，而汉王只不过派了个书生就把齐王说服了，靠三寸不烂之舌收获了齐国七十多座城池；您是大将，率领几万人在一年内才攻下赵国五十多座城池，难道堂堂大将还比不上一个儒生的功劳大？"

韩信听了蒯彻的意见，向齐国发起了进攻。

这下子可苦了郦食其。齐王田广认为郦食其是来欺骗他的，一气之下，把郦食其给烹杀了。

你说满肚子学问、能言善辩的郦食其冤不冤？

齐军压根儿不是韩信的对手，韩信很快就占领了齐国，被封为齐王。

正在韩信春风得意之时，项羽派武涉来游说韩信。

武涉对韩信说："刘邦野心大得很，他要夺取天下，而且这个人品德差劲，十分靠不住。过去有好多次项羽救了他的命，事后他不但不感谢，反而恩将仇报，一而再、再而三地进攻项羽。现在您虽受到刘邦的重用，自认为与刘邦交情深厚，但最后他一定要把您杀掉。他之所以现在没把您杀掉，是因为项羽还存在。一旦项羽不存在了，反过头来，他就会收拾您。现在的形势明摆着，项羽与刘邦相争，谁胜谁负，关键在您。"

韩信都听糊涂了，问："这和我有什么关系？"

武涉接着往下分析："您连这个都不明白？您的地位举足轻重。您投靠刘邦，刘邦就会胜；您投靠项羽，项羽就会胜。项羽一旦失败，刘邦接下来马上会杀您。您过去与项羽也有过交往，现在应该反叛刘邦而与项羽议和，从而三分天下，自己也打出旗帜，另起炉灶！如果您放弃这个大好机会，与刘邦一起对付项羽，您就等着倒霉吧！"

韩信却说："我过去侍奉过项羽，他只让我做郎中，地位和一个守卫差不多，我向他献计献策，他牛气十足，从来不听。我刚归顺汉王不久，汉王刘邦就听从萧何丞相的建议，授予我大将的官印，让我带兵数万。汉王刘邦曾把自己的衣服脱下来给我穿，推过他的食物让我吃，他对我言听计从，我才有了今天的地位。人家对我这么好，我若背叛了他，绝对不会有好结果，我韩信绝对不变心！"

武涉没说动韩信，蒯彻手持"接力棒"又来了。

蒯彻说："我相您的面，发现您只不过会封个侯，而且处境极为危险。我相您的背，却发现您高贵得无法言表。"

韩信说："你这是什么意思？"

蒯彻说："目前汉王和楚王的命运都掌握在您的手里，您为汉王卖命，汉王便胜；您为楚王助威，楚王便胜。您要听从我的计策，让汉王、楚王并存下去，您与他们三足鼎立。"

韩信还是听不进去。

蒯彻说："若不接受上天的赐予，就会受到上天的惩罚；时机来到时无动于衷，反而会遭到贻误良机的灾祸。别看汉王现在对您不错，但祸患总是从无止境的欲望中产生，这种欲望使人心难以预测啊！汉王现在对您不薄，难道您坚信他将来不会害您吗？依我看，您大错特错了！勇敢和谋略过人，连君主都为之震动的人，自身已经处于危险之中；功勋卓著，雄冠天下的人，便无法得到封赏。如今您已拥有震撼君主的气势。功高盖主，危险呀！"

韩信说："请你别再说了，容我认真考虑一下。"

蒯彻又讲了一番更厉害的话："善听的人，才能预见事情发生的征兆；善用计谋之人，才能把握成败的关键。听信不对的意见，会设计错误的计谋。所以，智慧乃处世的根本，疑心是坏事的祸根。总是观察细微的小事，却遗忘国家大事是不可取的。智慧足以预知得失，但下了决心，不敢付诸行动，那是一切事情失败的祸根。功业，是不容易成功却容易失败的；时机，是不容易得到却容易失去的。机不可失，时不再来呀！"

不管武涉与蒯彻怎么说，韩信始终不背叛刘邦。他铁了心认定刘邦绝对不会亏待他，更别说杀他。

老夫认为，司马光在《资治通鉴》中，立场特别鲜明，厚爱韩信，对他几乎没用过贬义词。从以上文字中，我们可以看出，韩信是位杰出的军事家，但不是杰出的政治家。他是个好人，是个知恩图报之人，是个忠君且无二心之人，是个顾全大局之人。他后来虽被杀害了，但他生前没搞分裂，没有自立门户，从而对中华民族的统一做出了伟大的贡献。同时，通过这段文字，也看得出刘邦取天下后，虽然身居皇帝高位，却谋杀大功臣韩信，令人不齿。

老夫的这个看法，不知您赞同否？

# 悲情的西楚霸王

刘邦觉得项羽的气数已尽，而他的箭伤也逐渐养好，所以他要报一箭之仇，打一场大的战役，从而把项羽彻底打败，为自己坐上皇帝宝座扫清最后的障碍。

公元前202年冬，刘邦率部追击项羽到固陵，并令韩信和彭越速带兵前来一起围歼项羽。但韩信与彭越未按规定的时间赶来。刘邦问张良："这是为什么？"张良说："楚军已临近末日，而大王对韩信与彭越还未封地，他们没来在情理之中。大王若能与他们共分天下，他们马上就会率部而来。韩信的老家在楚地，他希望得到自己故乡的土地。只要韩、彭二人的要求得到满足，他们就会积极参战，楚军覆灭之日便会到来。"

刘邦采纳了张良的高见，韩信和彭越很快前来会师。

经过激烈战斗，项羽于十二月撤到垓下。据考证，垓下就是今安徽省灵璧县东南沱河北岸一带。这时项羽大势已去，困难重重，军队数量减少了大半，粮食几乎吃光，已无进攻之力，只能退居营垒固守。

司马光在《资治通鉴》中是这样描写的：一天夜晚，项羽忽然听到包围他的汉军高唱楚歌。项羽大惊失色地说："难道汉军已经占领楚国的土地了吗？为什么这么多人齐唱楚歌呢？"其实，"四面楚歌"乃张良的一计。

项羽虽十分疲倦，但他岂能入睡，于是起来在营帐中喝酒。项羽心中堵得难受，就唱起悲凉的歌来。这还是头一次看到司马光写项羽一边喝酒一边悲歌的场景。男儿有泪不轻弹，只是未到伤心处。看来项羽此时此刻真的伤心透了，泪流满面。侍从从来没见过项羽掉泪，于是也大哭起来，不敢看霸王项羽一眼。

喝了一阵，唱了一阵，哭了一阵，霸王项羽骑上他那匹名叫乌骓的爱马，带着八百多名壮士，趁着夜色，突出重围，向南飞奔。

关于这一段，《资治通鉴》原文如下：

> 十二月，项王至垓下，兵少，食尽，与汉战不胜，入壁；汉军及诸侯兵围之数重。项羽夜闻汉军四面皆楚歌，乃大惊曰："汉皆已得楚乎？是何楚人之多也！"则夜起，饮帐中，悲歌慷慨，泣数行下；左右皆泣，莫能仰视。于是项王乘其骏马名骓，麾下壮士骑从者八百馀人，直夜，溃围南出驰走。

**大家请看，文言文就是这么简练，真省字。**

天亮后，刘邦发现项羽跑了，随即命令灌婴将军率领五千骑兵猛追。

项羽渡过淮河，一路下来跟随他的壮士只剩下一百多人了。项羽到达阴陵时迷路了，便向一农夫打听。农夫骗他："往左边走。"结果在左边陷入一片沼泽泥潭。汉军因此便追上了项羽。

项羽又领着剩下的二十八个骑兵向东奔跑，而这时追上来的汉军骑兵有数千人。项羽料到难以脱身了，他对骑兵们说："我从起兵至今，已经整整八年，身经七十多次大战，不曾失败过，这样才拥有了天下。然而，今天终于被困在这里，这不是刘邦战胜了我，也不是我用兵有什么过错，更不是刘邦多么高明！今天我在死前为你们痛痛快快地打一仗，一定突破重围，斩杀敌将，砍倒汉旗，接二连三地取胜，让他们知道不是我用兵之错，是上天要灭我，我也无能为力！"

项羽随即把剩下的人马分成四队，向着四个方向冲杀。

但汉军人太多了，已将项羽重重包围。项羽毕竟是项羽，他大喝一声："看我为你们斩杀一员汉将！"说时迟，那时快，项羽手起刀落，一员汉将的头被他砍下。

项羽命令剩下的人马分四路再突围，约定在山的东边集合。汉军穷追不舍。这时，项羽想从东边渡过乌江。乌江亭长大概是项羽的"粉丝"，已经把船准备好，等着送项羽渡江。亭长说："江东地方虽然不大，但方圆千里，有几十万民众，也足够您称王了。希望大王火速渡江，现在只有我这一条船，汉军赶来没船可渡。"

项羽却笑着说："上天要灭我，我还渡江干什么？况且我项羽带领数千江东子弟东进，现在无一人生还，即使江东父老原谅我，仍立我为王，我项羽怎么有脸见江东父老？我内心有愧呀！"项羽把爱马交给亭长，令剩下的人都下马与汉军厮杀。仅项羽一人就杀死汉军上百人，他已遍体鳞伤。

这时，项羽看见汉军的吕马童，说："你不是我的老朋友吗？"吕马童吓得转过头去，背对项羽，指给王翳说："这就是项王！"

项羽大声说："我听说刘邦悬赏千金买我的头，并承诺事成之后封一万户，那我就为你做点贡献吧！"

话落刀起，项羽自刎而亡，时年三十岁。项羽绝对不允许自己死于别人刀下。

看见项羽死了，大家蜂拥而上，王翳割下了项羽的头，别的骑兵为争夺项羽的尸体互相残杀，死了几十人。到了最后，杨喜、吕马童、吕胜、杨武各抢到一段项羽的尸体。这五人将各自抢到的尸体合到一起，恰好拼成了完整的项羽。刘邦看到老对头的尸体，不失前言，封这五人为侯。

老夫查遍了《资治通鉴》，怎么也查不到《霸王别姬》的故事。项羽在垓下军帐中，只是自己喝酒、唱歌、掉泪，并没有虞姬的身影，更没有虞姬为其舞剑的场景。据说过了若干年后，李清照在一首诗中写道："至今思项羽，不肯过江东。"后人受此诗的启发，才写了《霸王别姬》的故事。在京剧《霸王别姬》中，虞姬唱："看大王在帐中和衣睡稳，我这里出帐外且散愁情。轻移步走向前荒郊站定，猛抬头见碧落月色清明……适听得众兵丁闲谈议论，口声声露出那离散之心。我一人在此间自思自忖，猛听得敌营内楚国歌声。"项羽唱："力拔山兮气盖世，时不利兮骓不逝。骓不逝兮可奈何，虞兮虞兮奈若何。"虞姬还唱道："劝君王饮酒听虞歌，解君愁舞婆娑，嬴秦无道把江山破，英雄四路起干戈。自古常言不欺我，兴亡成败一刹那，宽心饮酒宝帐坐，待听军情报如何。"

这出戏，以及其中多段经典的唱词，都是后人撰写的，乃文艺作品，并非历史。在当时那种情况下，项羽是不可能把虞姬带在身边的，他们也不会有那种闲情逸致歌唱和舞剑的。

项羽从起事至死，整八年，可以说双手沾满了鲜血。但无论是司马迁在《史记》中，还是司马光在《资治通鉴》中，都是把他作为一位英雄人物来描写的，他生得不凡，死得悲壮！

第三篇

# 汉
## 朝大观

# 刘邦称帝，论功行赏

项羽死后，刘邦称帝道路上的最后一块石头也清除了。春风得意的刘邦在众臣的拥戴下，在山东定陶汜水之阳登基，成为汉朝的开国皇帝。

刘邦改封齐王韩信为楚王，统辖淮河以北地区。这下韩信管辖自己的家乡了，心中非常满意。据说韩信衣锦还乡时，祭扫了祖坟；用千金重谢了经常给他饭吃的大娘；不仅没杀使他受胯下之辱的那个小子，还给他安排了职位。这些人都对韩信感激涕零。

刘邦登基后说："军队征战整整八年了，疲惫不堪，万民亦受战乱之苦。现在得天下的头等大事已大功告成，我宣布，一部分士兵复员回家；赦免判斩刑以下的所有犯人；对于那些在深山大泽中躲避战乱的百姓，恢复他们的田地、住宅和爵位，让他们一律回家参加生产劳动；各级政府官吏，要遵纪守法，不准鞭打、侮辱士兵和军官；爵位在七大夫以上的人，享用封地居民的赋税收入。爵位在七大夫以下的人，免除本人及家庭成员的赋税徭役。"

刘邦宣布完施政纲要后，在洛阳南宫大摆宴席，宴请群臣。

这是开国庆宴，大家举杯尽情畅饮，气氛融洽，心中无比高兴。

司马光在《资治通鉴》中说，刘邦看欢乐的气氛已达到高潮，便举杯又与群臣共饮一杯，然后说："各位大臣，各位将军，今天朕想听到实话，不要对朕隐瞒，我希望大家对朕说说，朕之所以得天下，主要原因到底是什么？项羽失天下的原因又是什么？诸位一定实话实说。"

高起和王陵抢先发言："陛下派人攻城略地，把攻下的城邑和土地都分给他们，与大家有福同享。项羽恰恰相反，他嫉妒有功之臣，对有贤能的人猜疑，不能重用。这就是皇上得天下与项羽失天下的主要原因。"

群臣都想露一手，七嘴八舌，说了不少。

但刘邦认为大臣们都没完全说到点子上。

刘邦最后进行了总结发言："你们只知其一，不知其二；只见树木，不见森林。谈到运筹帷幄之中，决胜千里之外，朕不如张良；镇守国家，安抚百姓，供给粮饷，保持运粮道路畅通无阻，朕不如萧何；统率百万大军，战必胜，攻必克，朕不如韩信。这三位都是人中英杰，而我能够任用他们，充分发挥他们最大的特长，这就是朕能得天下的最重要的原因。项羽身边也有一位谋士范增，但项羽却不能任用和信任他，这就是项羽最后被我打败的原因。"

老夫将《资治通鉴》中的这段原文抄录如下：

帝置酒洛阳南宫，上曰："彻侯、诸将毋敢隐朕，皆言其情：吾所以有天下者何？项氏之所以失天下者何？"高起、王陵对曰："陛下使人攻城略地，因以与之，与天下同其利；项羽不然，有功者害之，贤者疑之，此其所以失天下也。"上曰："公知其一，未知其二。夫运筹帷幄之中，决胜千里之外，吾不如子房；填国家，抚百姓，给饷馈，不绝粮道，吾不如萧何；连百万之众，战必胜，攻必取，吾不如韩信。三者皆人杰，吾能用之，此吾所以取天下者也。项羽有一范增而不能用，此所以为我禽也。"

汉高祖这一番话，让群臣听得高兴并心悦诚服。

但是从汉朝的历史来看，当主要敌人还存在时，大家都团结一致地消灭这个敌人。一旦这个敌人消失之后，内部矛盾便上升到突出位置，主要表现在三个方面：一是互相争功；二是杀功臣；三是享乐思想严重，逐步走向腐败。

在这篇文章中，咱们先看看刘邦是怎样论功行赏的。

刘邦封萧何为酂侯，享用的食邑户数最多，无人能出其右。这项封赏宣布后，其他功臣说："我们身披铠甲，手持兵器，南征北战，而萧何不曾立过任何战功，只是操持笔墨发发议论，对他的封赏倒在我们之上，这是为什么？太不公平了吧！"

刘邦说："你们知道打猎的过程吗？追杀野兽的是猎狗，而放开猎狗绳子指示野兽所在地方的是人。你们只不过是能捕捉到奔跑的野兽罢了，功劳如猎狗。萧何却如同放开猎狗的绳索并给猎狗指示方向的人。他的功劳与猎人相同啊！"刘邦已成皇帝，说话还是有绝对权威的。他这么一说，也没人敢再说什么了。

下一位是张良，也没什么直接战功。刘邦让他自己选齐鲁大地三万户作为封地。

张良有自知之明，他说："当初我与陛下相会相识，是上天把我授予陛下的。此后我的有些计策被陛下采纳，也取得了一些成功。但我不敢承受三万户封地。"刘邦看张良说得相当诚恳，就封他为留侯。

再接下来刘邦封陈平为户牖侯。陈平说："我没那么大的功劳啊，承受不起。"

刘邦说："我采纳你的计谋，克敌制胜，这难道不是功劳吗？"

将列侯封完之后，刘邦再下诏令，决定商议获第一等功的十八人的位次。

这时不少人说："曹参在战斗中前后受伤七十余处，攻城略地，功劳最大，应排第一位。"曹参也不客气，以为他的功劳非常大，就等着位列功臣榜之首。

而这时有位名叫鄂千秋的人却一点儿也不客气地说："曹参的功劳是大，但这些功劳都是短时间的，是局部的；而萧何的功劳则是长期的，全局性的。别看他并没战斗在第一线，长期在汉中，但有好多次皇上处于危难时刻，都是萧何的及时雨式的救援，使皇上转危为安。因此，我认为萧何应排第一位，曹参在萧何之后。"

刘邦最后拍板："就这么定了，萧何排第一，曹参排第二。萧何从今以后可以佩剑穿鞋上殿，朝见皇帝时也不必行小步快走之礼。"这就是说萧何上朝面见皇上，不仅免于"安检"，而且还可以迈着八字步进出了。这个待遇极高。

不过取得胜利之后，这样公开评功、争功，难免种下不和的种子，使内部矛盾上升和激化。

# 叔孙通重定礼制

在我国历史上，嬴政是第一位皇帝，因此叫秦始皇。他没当几年皇帝，四十九岁就驾崩了。他的儿子胡亥以及孙子子婴都是毛孩子，严格来说算不上合格的皇帝。刘邦作为汉朝的开国皇帝，对中国的统一有突出贡献。

但是刘邦登基当皇帝后，他觉得自己这个皇帝当得有点窝囊。和他一起长大、一起战斗的这些兄弟们，还没习惯把他当皇帝看，有的仍叫他小名，有的叫他大哥，有的叫他沛公。特别是举行宴会时，这帮人一点儿吃相都没有，筷子在菜里乱翻，唾沫星子乱飞，几杯酒下肚就高声呐喊，有的还往桌子底下钻；更有甚者，喝醉了呕吐得一塌糊涂，简直不成体统。

凡此种种，不仅刘邦看不下去了，连举止文明的萧何、张良、陈平也看不下去了。

刘邦想，必须立规矩，无规矩不成方圆。我这个皇帝不能当得没个皇帝样。

真是无巧不成书。主观上需要什么，客观上就有什么。如同有矛就有盾。此时此刻，有位名叫叔孙通的人，他对刘邦说："儒生们难以同他们一起夺取天下，但是夺取天下后可以与他们一起守天下。鲁地是孔子的家乡，是儒生们的老家，我愿意受命去鲁地，把一些儒生召集起来与我手底下的人组成一个班子，为您制定出一套新的礼仪制度来。"

刘邦说："正合朕意。大概不会太难吧？"

叔孙通答："陛下，五帝的乐制不同，三皇的礼制也各异。而且礼仪制度随着时代的不同而变化。我想办法制定出一套符合汉朝的新的礼仪制度来，供陛下钦定。"

刘邦说："你制定的制度要使大家容易记住，也要让朕容易做到。别把朕的手脚也捆住。"

叔孙通去鲁地后，召集了三十多位儒生，说明来意和任务。

有两个儒生怨气十足，情绪不小，不识好歹地说："现在天下刚刚平定，战死的人有的还未埋葬，受伤的人尚未痊愈，又要搞什么礼乐制度。礼乐的产生，是积累德政上百年之后才能制作兴起的。我们不愿意参与这事，你还是回去吧。"

叔孙通笑着对这些儒生说："你们这些人真是不识时务，脑子不会急转弯，不善于随着形势的变化而变化。"凭着他的三寸不烂之舌，把这些人说服了。叔孙通择地搭建了一个皇宫式的"摄影棚"，一边制定条文，一边实际演练。经过一个多月的反复排练，八九不离十了，叔孙通请刘邦亲临现场观看。刘邦看后相当满意，也修改了一些约束自己的地方。

公元前200年冬季，长乐宫建成，诸侯们与各位大臣都来朝贺。在天还未亮前，就按新礼仪进行了排练，各位大臣依次进入殿门，排列在东西两方。侍卫官员在殿下台阶两旁站立，手持兵器，举着旗帜，非常雄壮威武。

皇帝要上殿，六百多人的朝贺队伍肃立两旁，每个人都有畏惧感。典礼仪式完毕，又摆酒宴。频频敬酒之后，谒者宣布"罢酒！"不按礼仪规定办的人，被拉出殿外。整个过程没人敢大喊大叫，因为事先已经宣布，违反礼仪的人要受处罚。

刘邦坐在龙椅上，目睹这一切，心情无比舒畅。他想：我到今天才体会到，当皇帝是多么舒服和有尊严啊！随即任命叔孙通为太常，赐黄金五百斤。

关于这一段，司马光在《资治通鉴》中是这样表述的：

> 冬，十月，长乐宫成，诸侯群臣皆朝贺。先平明，谒者治礼，以次引入殿门，陈东、西乡。卫官侠陛及罗立廷中，皆执兵，张旗帜。于是皇帝传警，辇出房；引诸侯王以下至吏六百石以次奉贺，莫不振恐肃敬。至礼毕，复置法酒。诸侍坐殿上，皆伏，抑首；以尊卑次起上寿。觞九行，谒者言"罢酒"，御史执法举不如仪者，辄引去。竟朝置酒，无敢谨哗失礼者。于是帝曰："吾乃今日知为皇帝之贵也！"乃拜叔孙通为太常，赐金五百斤。

从汉朝制定了严格的礼仪制度以来，在限制群臣的同时，皇帝本人也受到许多限制，当皇帝也不那么自在了，他想见谁也不一定让见，他想吃什么也不一定让吃，他想去哪儿还得微服私访。难怪皇帝自称寡人，刘邦真的成为名副其实的孤家寡人了。从此，他脱离了家人，脱离了朋友，脱离了百姓，很难听到来自四面八方的各种不同声音了。

# 劝帝迁都

有一个叫娄敬的人外貌很不起眼。他被征召去陇西当边防战士，行至洛阳时，他悄悄逃出来找他在洛阳的老朋友虞将军。

他有不少重要想法，想向皇上陈述。虞将军对他很了解，知道他肚子里有墨水，就向皇上进行了举荐。

去见皇上前，虞将军觉得他穿得太寒酸了，找了身新衣服让他换上。而娄敬执意不换，坚持穿他那身破羊皮袄。他对虞将军说："如果我本来穿丝绸的话，就穿丝绸去拜见皇上。我现在穿着羊皮袄，就以这身衣服去见皇上，我不必换件新衣服，在皇上面前装模作样。"

在虞将军的陪同之下，刘邦召见了他。司马光在《资治通鉴》中有如下记载：

娄敬开门见山地问："皇上，您定都洛阳，难道是想跟周朝比谁强盛吗？"

刘邦说："有这个意思。"

娄敬说："皇上，您得天下的途径可与周朝完全不同。周朝的祖先从后稷被唐尧封于邰地开始，积累了善行德政十多代，到了太王、王季、文王、武王时期，各路诸侯都心甘情愿地归附，才灭掉了殷商。到了周成王继位时，周公辅佐他，才营建了洛邑，当时认为洛邑是天下的中心，各地的诸侯都来交纳赋税，所走的路程都差不多。无数事实证明，有德义就容易称王，无德义则易于灭亡。因此，周朝昌盛时，天下和顺融洽，各路诸侯没有不顺从的，贡品也献得很多。然而，到了周朝衰败时期，天下诸侯都不来朝贡，周朝对各路诸侯也失去了控制。不仅是德义丧失，而且国势也已衰弱，人心不定，怨声载道。"

娄敬看刘邦听得津津有味，就由远至近联系实际地说："而今陛下从丰、沛起事，席卷蜀郡、汉中郡，平定秦地雍、塞、翟三国，与项羽在荥阳、成皋决战，大战七十次，小战四十多次，使天下百姓惨遭杀戮，老老少少的尸骨暴露荒野不计其数。哭泣之声还未停止，受伤之人仍在呻吟，而陛下却想与周朝兴盛时期相比，我认为汉朝与周朝不可同日而语、相提并论呀！"

娄敬毫不客气地说了这么一番话后，进入主题："陛下，秦国故地依山傍水，四周有险塞可供防守，假如突然出现危情，百万大军立即可召集。依靠秦国故地的原有基础，凭借它肥沃的土地，这是天然府库的优势啊。如果陛下入关在那儿建都，即使崤山以东都乱了，秦国的旧地仍可完整无缺地保住。这就好比一个人跟别人打架，不扼住对方的喉咙，不击中其要害，是不可能取得胜利的。如果陛下现在占据秦国故地，就如同既扼住天下的喉咙，又击中它的要害，何乐而不为？"

这位穿破羊皮袄的娄敬的谈话艺术，确实值得我们后人学习。他采取既讲历史，又讲现实；既讲道理，又举例子的方法吸引人、说服人，因此把刘邦说服了。

刘邦征求群臣的意见。由于许多人是崤山以东的人，他们赞成以洛阳为都，说："周朝经历了几百年，而秦朝只经历两代就灭亡了。洛阳东边有成皋，西边有崤山、渑池，背靠黄河，面向伊、洛二河，其坚固程度毫无问题。"

刘邦最信任张良，问张良的意见是什么。

张良虽然没有一锤定音的行政权，但他有一锤定音的话语权。张良不慌不忙地说："洛阳虽然有很多险要之地，但它的中心地区过于狭小，方圆不过几百里，土地贫瘠，一旦四面受敌，难以成为用武之地。而关中恰恰相反，它东有崤山、函谷关，西有陇山、岷山，肥沃的田野非常多，南有巴、蜀的丰富资源，北有草原可以放牧，可依靠三面险要地形进行防守，只用东方一面来控制诸侯。如果各诸侯安定，可通过黄河、渭河转运天下的粮食，向西供应京都；假如诸侯叛乱，可顺流而下，把军队转运出去作战。这是千里铜墙铁壁、天然府库一样的国家。臣认为娄敬的建言是很对的。"

还是张良说话有分量，刘邦立马决定把国都由洛阳迁移至长安。

由于娄敬有功，刘邦任命他为郎中，封号是奉春君，并赐他刘姓。

# 韩信之死

有个成语叫：卸磨杀驴；有句名言叫：欲加之罪，何患无辞；还有个成语叫：事出有因。

经过多年的思考，老夫用以上成语和名言，基本上可说清楚韩信被害的问题。

韩信这个当年讨饭吃并受过胯下之辱的穷小子，最终被刘邦任命为大将，成为南征北战的常胜将军；汉朝建国后，又被汉高祖刘邦封为楚王，真是光宗耀祖，十分威武，无限风光。

在这种情况下，韩信不知谨慎，不知低调做人。据传，他的官架子摆得很大，每次出巡，都是前呼后拥。针对这些出格的现象，不断有人向刘邦打小报告。据司马光在《资治通鉴》中说，甚至有人不断向朝廷反映：种种迹象表明，韩信根本没把皇上放在眼里，要谋反了。

平时谈起话来，韩信总是锋芒毕露、盛气凌人。例如有一次刘邦问韩信："像我这样的人能带多少兵？"韩信说："最多能带十万！"刘邦反问："那你能带多少？"韩信脱口而出："多多益善。"就像这种话，刘邦听了心里能舒服吗？

还有一件事也令刘邦气愤。项羽手下有个叫钟离昧的将领，是刘邦的死对头。项羽死后，因他与韩信有旧交，逃到韩信那儿，韩信不仅没杀他，还收留了他。

好多事情加到一起，刘邦决定除了韩信，以消除心头之患。

但是，用什么方式除掉韩信？刘邦征求诸位亲信的意见。

有一些将领说："皇上，赶快发兵，把这小子抓住活埋了！"刘邦默不作声，处于沉思之中，因为韩信不是一般的人，非同小可。沉默了一会儿，刘邦让多谋善断的陈平发表意见。

陈平说："陛下，有人密告韩信谋反，此事韩信本人知道吗？"

刘邦说："他不知道。"

陈平又问："陛下的精锐部队与韩信的部队相比，哪一个更厉害？"

刘邦说："我的比不过他。"

陈平又问："陛下的将领中，论用兵的本领，有能比得过韩信的吗？"

刘邦说："没有一个人能超过他。"

陈平说："兵不如他，将也不如他，计也不如他，却有人主张发兵讨伐他，这不是逼着他拼命抵抗吗？这步棋要这么走，太危险了呀！"

汉高祖说："那你说怎么办？"

陈平开始为刘邦定捉韩信的计策："古时候天子经常巡视各诸侯镇守之地，会见诸侯。陛下可假装去陈地巡游，通告各诸侯到陈地晋见。而陈地恰恰在韩信管辖的楚界西边。韩信看到皇上怀着轻松愉快的心情游山玩水，又以友好的姿态会见各诸侯，便会来晋见皇上。他拜见陛下时，提前安排几个武士埋伏，趁机将其捆了就是了。"

刘邦认为陈平的计策高明，就按他的计策行事。

韩信接到皇上外巡的消息，心里有些担心，他也知道刘邦对他收留钟离昧感到不满。有人给韩信出主意，把钟离昧杀了，提其人头去见皇上，以解皇上心头之恨。韩信还真的接受了这个建议。十二月，刘邦在陈地会见各路诸侯，韩信提着钟离昧的头前来拜见。刘邦令武士把赤手空拳的韩信捆了起来，押在后面的车里回朝。

《资治通鉴》的原文如下：

> 楚王信闻之，自疑惧，不知所为。或说信曰："斩钟离昧以谒上，上必喜，无患。"信从之。十二月，上会诸侯于陈，信持昧首谒上；上令武士缚信，载后车。

刘邦用计逮捕了韩信，并没有马上杀他，只是将其软禁起来，之后释放。这时，刘邦问韩信："你说我只能带兵十万，而你却是多多益善，为何反被我捉？"韩信说："陛下虽不善于带兵，却善于带将，这就是我韩信被陛下捉住的原因。而且陛下的才能是天赐的，不是人力能取得的，陛下有天助也！"

在这个地方，老夫有点迷糊：是刘邦真舍不得杀韩信呢，还是他不愿在天下人面前落一个杀功臣的恶名？反正刘邦不在都城时，由吕后与萧何联手把韩信杀了，并灭其三族（父族、母族、子族）。从此有了一句流传甚广的名言："成也萧何，败也萧何！"

刘邦从外地回来，吕后告诉他，韩信已成刀下鬼。刘邦既高兴又有点怜惜，问："韩信死前说什么了？"吕后说："韩信后悔当初没听蒯彻的话。"

刘邦下令把蒯彻抓来审问。过了几天，蒯彻被抓来了。

刘邦问："是你教韩信谋反的吗？"

蒯彻答："不错，是我教他谋反的。可惜这个笨蛋不听我的计策，所以才有今天自取灭亡的下场；若听了我的话，陛下怎能杀得了他呢？"

刘邦大怒，立即下令："煮了这小子！"

蒯彻狂叫："我太冤枉了！"

刘邦说："你教韩信谋反，煮了你有何冤？"

蒯彻说："秦朝失去江山，天下人都群起而攻之，有才能且先下手的人能得到天下。古时跖的狗对尧吠叫，并不是尧不仁，而是狗的本性就是对不是它的主人的人吠叫。当时，我作为臣子只知道韩信，不知有陛下呀！何况天下想当皇帝的人太多了，陛下能统统煮死他们吗？煮死一个我，还有后来人呀！"

不知出于什么考虑，刘邦下令放了他。

蒯彻从此逃过一劫，没与韩信一起走向另一个世界。

韩信在楚汉相争中是立下大功的人物。由于刘邦得到韩信，使战局发生了有利于自己的重大转化。韩信为汉朝的建立，日夜操劳，不怕流血牺牲，功勋卓著。

韩信是一位杰出的军事领袖。他的每一场战役都打得很聪明，常常以小的代价换取大的胜利。

韩信是一位忠于刘邦的人物。在蒯彻那样动之以情、晓之以理的反复说服下，都没有背叛刘邦。他以"君子之心，度小人之腹"，绝不相信自己会死在刘邦的刀下。

韩信是一位知恩图报的人物。他不仅对萧何和刘邦心存感激，而且对给他饭吃的老大娘都用千金回报，甚至对让他遭受胯下之辱的小子都不计前嫌，给予重用。

韩信是一个不会伪装和保护自己的人物。他锋芒毕露，盛气凌人，不善于约束自己，这是引来大祸的一个重要的主观原因。

韩信是一个悲剧式的人物。这种悲剧不完全是个人的悲剧，而是由历史的悲剧造成的，类似韩信的悲剧还会一而再、再而三地重演。

至于萧何，也不必怪他，他肩负着他的历史使命。所谓"成也萧何，败也萧何"并不矛盾，成是为了帮其主子夺天下，败也是为了帮其主子巩固天下。从《资治通鉴》中，看不出萧何与韩信有什么个人恩怨。

# 最毒妇人心

刘邦经过八年奋斗登基成为汉朝的开国皇帝，但日子过得并不轻松。

为了保住好不容易打下的江山，他杀了韩信，接着又杀了彭越。想必大家记得，把项羽围困在垓下的主要是三股力量：一股是刘邦亲自带的队伍；一股是韩信带的队伍；一股是彭越带的队伍。但夺取天下后，刘邦把韩信与彭越都杀了。

当时匈奴不断侵犯国土，还有些地方势力反叛，在这种情况下，由于韩信和彭越这些战将都死了，刘邦只好冲在第一线带兵亲征。这期间，刘邦有时被围困，有时遭暗算，特别是在进攻黥布时，刘邦被流箭射中，行军路上，病情严重。

刘邦病情日渐加重。吕后为他请来良医。经过诊断，大夫说："病还可以治。"

司马光在《资治通鉴》中是这样说的：

刘邦听医生说病还可治时，破口大骂："我这个老百姓出身的普通人，提剑取天下，这难道不是天意吗？我的生死在天不在人，天若让我死，即使扁鹊在世也没用。"刘邦坚持不让医生开方子，赏给大夫黄金，让他回去，不要再来。

吕后深知刘邦的脾气，于是就问刘邦："陛下百年之后，如果相国萧何死了，让谁代替他呢？"

刘邦咳嗽两声说："曹参可以。"

吕后又问："曹参之后呢？"

刘邦吐了口痰说："王陵可以。但他不太机灵，陈平可以帮他一把。陈平足智多谋，但难以独自承担重任。周勃待人宽厚却不善言辞，但将来安定天下者必定是周勃，可任命他为太尉。"

吕后穷追不舍，又问："再往后呢？"

刘邦叹了口气说："这以后的事，就不在你我能操心的范围之内了。"

不久，汉朝开国皇帝刘邦在长乐宫驾崩，有人说他活了六十一岁，也有人说他只活了五十二岁。不过他在位七年，绝对没错。

人们对刘邦的评价各不相同。有人说刘邦是个圆滑的带有流氓气的小人，也有人说他是具有远见卓识的领袖，还有人说他是具有雄才大略的好汉。

汉朝的第二位皇帝名叫刘盈，是刘邦与吕后生的儿子，即汉惠帝，时年只有十六岁，大权实际上掌握在吕后手中。

大家可能不会忘记，吕后就是沛县那位会相面的吕公之女。当时他一眼看出刘邦有龙相，不是凡人，立即将爱女许配给刘邦。在刘邦打天下的过程中，吕后曾协助刘邦，出过一些好主意。这个女人不寻常，有头脑，有手腕，极为狠毒。

刘邦生前偏爱戚夫人。这个女人更不寻常，不仅颜值高，而且是位大才女。有人说，戚夫人在汉朝占三个第一：第一位女舞蹈家，第一位女歌唱家，第一位女围棋手。刘邦被她迷得眉开眼笑，如丢了魂一样。更重要的是，她曾要求把太子刘盈废掉，立她与刘邦生的儿子刘如意为太子。刘邦答应了，但在吕后的策划下，在老臣的一片反对声中，目的没有达到。吕后恨死这个戚夫人了，刘邦一死，戚夫人的保护伞没了，任凭吕后狠狠地报复。

第一步，吕后将戚夫人囚禁起来，剃光了她的头发，让她穿上红色的囚服，命她天天舂米，从体力上进行惩罚。吕后不让她休息，不准她多吃多喝，不准她洗脸，没过多长时间就把她折腾得像个鬼似的。

第二步，吕后把戚夫人生的年幼的儿子刘如意从赵地（封为赵王）召回长安。惠帝知道他娘会害小弟如意，亲自去接，并与如意一起住在宫中，使太后没机会下手。公元前194年，惠帝外出打猎，因如意太小，没能与大哥同去，吕后趁机派人用毒酒将其毒死在宫中。

第三步，吕后又下令砍断戚夫人的手和脚，挖去其眼珠，熏聋其耳朵，命其喝下哑药，然后把她扔到茅房里，成为"人彘"。

吕后心中想：

你不是会跳舞吗？两只脚被锯掉了，看你怎么跳！

你不是会唱歌吗？变成哑巴了，看你怎么唱！

你不是会下围棋吗？把你的两只手砍掉了，看你怎么下！

你不是整天与皇上眉来眼去吗？挖出你的眼珠子，看你还拿什么勾引别人！

更可恶的是，吕后让自己的儿子汉惠帝去茅房里看戚夫人的模样。

司马光在《资治通鉴》中，有这样一段描述：过了一些天，吕后让他的儿子惠帝来看"人彘"。惠帝问，难道这就是戚夫人？答曰，是。惠帝便号啕大哭起来，从此吓得患了重病，足足有一年多躺在床上不能起身。他派人和吕后说，这种事简直不是人干的！我虽然是太后您生下的儿子，到底还是治不了这个天下！惠帝从此天天饮酒享乐，不问朝政。

老夫记得大约半个世纪前，毛主席对基辛格说，尼克松先生的《六次危机》一书写得好。于是老夫也买了一套认真阅读。虽距今好久了，但老夫记得在那本书里尼克松说过类似这样的话：有些事情男人不好意思干出来，而女人却好意思干出来，女人要报复起人来，比男人还下得去手。

在心狠手辣方面，吕后确实做到了极致！

# 萧规曹随，吕氏下台

在刘邦提剑取天下的过程中，有几位亲密的战友，与他始终在一起战斗。萧何一直扮演着"大管家"的角色，被评为第一大功臣，可以享受佩剑穿鞋慢步上朝的特权。刘邦是个大大咧咧的人，国家的许多事全由萧何来打理。萧何日理万机，又是事必躬亲之人，确实累垮了。刘邦驾崩后不久，萧何就患了重病。

惠帝亲自探望萧何，问他："您百年之后，由谁接替相国最佳？"

萧何不直说，只说了句："最了解臣下的还是皇上。"

惠帝说："您看曹参怎么样？"

萧何立马说："皇上已选了合适的人，臣死而无憾了。"

萧何去世后，惠帝立即任命曹参为相国。其实，曹参一听说萧何去世的消息，马上就对他手下的人说："快准备行装，我要进京当相国了！"真灵，没过几天任命的诏书就到了。

曹参任相国后采取无为而治的方略。他下令，之前制定的各种法令、规定，一律不准变更，照原样一丝不苟地贯彻执行。他挑选的官吏都为人质朴，不善巧言令色、夸夸其谈。那些言谈行为苛刻、专门追逐名利的官员一律被辞退。

曹参把这些事情都安排好了后，接下来整天弄一壶美酒和几碟爱吃的小菜，又吃又喝，好不快哉！向他请示工作的官员来了后，他不让人家谈工作，而是让人家一块儿喝酒；喝一会儿，人家又要谈工作时，他仍不让人家谈，接着再喝，直到把人家灌醉了为止。喝也行，吃也行，就是不准谈事。曹参对他身边犯小错误的人，一律采取保护的态度，因此，他的相国府中终日无事。

惠帝纳闷了：这个曹参当了相国后，怎么光喝酒不理朝政呢？是认为朕年轻，看不起朕吗？他派曹参的儿子回家问问曹参，弄明情况。曹参大怒，鞭笞儿子两百下，呵斥道："快回宫去伺候皇上，国家大事不是你小子能随便说的！"

司马光在《资治通鉴》中有一段这样的记载：

一次上朝时，惠帝带着责备的口气对曹相国说："那天是朕让你儿子回家劝你的，你怎么打了他那么多下呢？"

曹参赶快脱下帽子谢罪，并说："陛下，您觉得自己在圣明威武方面，与高帝相比如何？"

惠帝说："朕怎敢与高帝比？"

曹参又问："陛下，请评一评我与萧何的才能谁更高。"

惠帝说："你好像不如他。"

曹参说："陛下，您评得太对了。高帝与萧何平定天下，各项法令已经制定。如今陛下垂手治国，我们这些臣子恭谨守职，大家都按高帝与萧何定下的规矩办事不就够了吗？"

惠帝听曹参这么一说，立即表态："曹相国说得对呀！"

萧何去世后，曹参当了三年相国，百姓都夸他当得好："萧何制法，整齐划一；曹参接班，守而不失；政治清明，百姓安宁。"

后人归纳出四个大字：萧规曹随。

曹参去世之后，设两个丞相，王陵为右丞相，陈平为左丞相。

这时，吕后加紧了发动篡权的阴谋活动，她要给吕氏家族的人封王了。

她先征求右丞相王陵的意见。王陵直言："高帝当年杀白马盟誓，如有非刘姓的人称王，天下共诛之。若封吕氏家族的人为王，违背当年的盟誓。"看来，刘邦对他这个老伴儿早有防备，深知吕后一贯偏心娘家人，一旦他死后，吕后会在这方面做文章，因此杀白马盟誓。之所以留这一手，明摆着就是保刘家、防吕家。

吕后在王陵这里碰了一鼻子灰，很不高兴，便征求左丞相陈平和太尉周勃的看法。这两个人出于策略上的考虑，对吕后说："高帝定天下，封刘氏子弟为王，现在是太后治理天下，此一时，彼一时也，封吕氏家族的人为王，完全顺理成章。"吕后听陈平和周勃这么干脆地回答，非常高兴，之后便夺去王陵右丞相的实权，升陈平为右丞相。

事后，王陵埋怨陈平和周勃对刘邦不忠。陈平与周勃却说："在保护刘氏家族的问题上，你比我们差得远呢！"

吕后的野心彻底暴露了，她追封吕公为宣王；追封其兄周吕令武侯吕泽为悼武王，打算以此作为分封吕氏为王的开端。

在另一头，陈平和周勃正在暗地里思考如何灭吕氏家族。有一天，陈平坐在屋里集中精力想办法，好朋友陆贾进来，他都没发现。

陆贾说："你是否在想皇上年幼、吕氏专权之大事？"

陈平说："真让你猜对了。"

接着陆贾说出了很有分量的话："天下安，看相；天下危，看将。相与将关系亲密，即使天下有大的变故，大权也不会旁落，亦会转危为安。你应与周勃将军联合起来干成这件大事。"

在陆贾的穿针引线下，相与将已神不知鬼不觉地联合起来，并商议了铲除吕氏集团的周密计划。

说来也巧，吕后患了大病，而且已到病危状态。她知道掌握军权的重要性，于是任命吕禄为上将军，统率北军，吕产统率南军。吕后把她家里的这两个人叫到床前吩咐："咱们吕氏封王，大臣们心中并不服。我很快要离世了，皇帝年龄还小，我死后恐有不测，你们要牢牢控制住军队，把皇宫把守好，不要为我发丧，以防有人趁机闹事。"吕后交代完后事，便呜呼哀哉！

长话短说。尽管吕后把军权都交给吕氏家族的人掌握，但她违背了刘邦的旨意，破坏了誓约，不得人心。太尉周勃进入北军军营后，大喝一声，宣布："效忠吕氏家族的人露出右臂，效忠刘氏皇族的人露出左臂！"军中将士无一人露出右臂。这样，军队全由周勃等将军控制，之后，吕氏家族全部被消灭。

实事求是地说，吕氏家族为汉朝的建立是立下大功的。别的不说，连在鸿门宴上救刘邦一命的樊哙，都是吕后的妹夫。汉朝建立后，除吕后当了皇后外，其他人也论功行赏封了大官，日子过得相当不错。但吕后人心不足蛇吞象，她的野心是要让吕氏家族和刘氏家族的人平起平坐，于是将吕氏家族的人也封为王。然而这些人当"王"没多少天，结果全"亡"了。连吕氏家族的上百个活蹦乱跳的孩子，也跟着一块儿亡了。这不怨别人，全怨吕后的野心。

# 楷模汉文帝

汉朝的开国皇帝是刘邦，第二位皇帝叫刘盈，是刘邦与吕后的亲生儿子，货真价实，一点儿不假。然而，往后就出现"假冒伪劣"的皇帝了。你们要问了：老爷子，皇帝还有假货？老夫说：真有！

当年吕后设计取他人儿子，杀死他们的生母。把他们收养在后宫中，立为继承人，以加强吕氏的力量。

吕氏家族覆灭后，大臣们重新物色继承人，比来比去觉得代王刘恒够条件。此人为人宽厚，做人低调，勤奋好学，善解人意。于是刘恒进京登基，号称文帝。

文帝刘恒登基后，虚心好学，广泛采纳各种意见。由于篇幅的关系，老夫从《资治通鉴》中选三个事例，供大家欣赏。

第一个例子：贾谊上书劝文帝高度重视农业。

贾谊是勤读书、善思考、会表达的有大学问的人。他在向文帝提出谏言时，一开始就引用了《管子》一书中的一段话：仓库充实人们才会讲究礼节，衣服粮食充足人们才会有荣辱观念。他说："百姓不富足而能治理好国家，从古至今，还没有过。古人说，一个农夫不耕种，就会有人挨饿；一个女子不织布，就会有人受寒。而且农业生产受时令的限制，使用农产品时如果不加节制，便会供不应求。古时候治理国家，对细枝末节也想得很周到，所以才有比较丰富的经验。现在离开农业生产而去发展商业的人太多，这是天下的一大弊端；社会上淫靡奢侈的风气日渐盛行，这是天下最大的公害。若让这种公害持续发展下去，国家就会灭亡，到时候没人能挽救。从事生产的人少，而消费者却多，天下的财产怎能不枯竭呢？"

在谈了农业生产的重要性以及生产与消费的关系后，贾谊开始联系实际劝谏文帝。他说："汉朝建国已四十年了，国库与私人的积贮数量仍少得可怜，实在令人痛心。天不及时下雨，便人心惶惶；年景不好，富人就花钱买官，穷人就卖儿卖女。这种情况陛下已经知道了，哪有国家陷入危机而朝廷却无动于衷的呢？"

接着，贾谊又说："世上有丰收年，也有歉收年，这合乎自然规律，不必大惊小怪。古代圣王夏禹和商汤也经历过。假若不幸方圆两千里之内出现了旱灾或水灾，朝廷靠什么救济百姓？边防突然出现危机要调数万将士去征战，国家拿什么供应军需？若战争和旱涝灾害同时发生，国家财力无法应对，便可能天下大乱，有体力的人就会抢劫他人的财产，老弱病残就会互相交换子女来吃。因此，积贮是国家的命脉。搞好生产，国家积累了大量的粮食和金钱，还有什么事情不能办到呢？以此为依托，进攻就攻取，防守就牢固，怎能不胜利？"

文帝听到贾谊的意见，非常重视，随即在正月十五日下诏，开辟一块田地，由皇帝亲自下地带头耕种，以给天下百姓做示范。从此，全社会重视农业生产，很快收到极佳效果。

第二个例子：贾山谈治乱之道。

据《资治通鉴》记载，贾山说："我们知道在雷霆的轰击之下，无论什么东西都会被击毁；在万钧之力的重压之下，无论什么东西都会被压碎。而君主的威严，远远超过了雷霆；君主的权势，也远远大于万钧。君主要主动要求臣民进谏，要极度和气地接受臣民的批评建议，并给予重用或奖励。如果臣民都感到惧怕而不敢将意见向君主和盘托出，那么君主就听不到臣民的批评和建议了，这就危险了。"

贾山又说："秦始皇自以为功德无量，自以为其政权会世世代代传下去，然而他死后不过几个月，天下百姓就起来反抗，其大秦帝国便土崩瓦解。秦始皇处于危险之中还不知道，为什么？因为当时没人敢告诉他。"

贾山这个人胆子真大，他直接批评文帝："陛下外出打猎次数太多，臣担心这样下去，上行下效，朝廷的事没人管，而百官也懒得办理政事。臣私下为陛下感到担忧和痛苦。臣希望陛下端正行为，修好品行，尽心理政，为下属做个好榜样。即便玩乐时，也要与跟随的大臣们议论国事，从而达到巡游而不扫兴，上朝而不失礼，议政而不失策。"

文帝不仅采纳了贾山的建议，而且对他进行了重奖。

第三个例子：贾谊再次上书文帝纵论天下大势。

贾谊上书文帝应重视农业生产后，文帝立即采纳并带头种地，给全国百姓做了好榜样。这使贾谊受到极大鼓舞，于是他又给皇上写信，纵论对形势的看法。

老夫将《资治通鉴》中贾谊上书的部分内容，向大家简单翻译如下：臣认为当前的形势，令人痛苦的有一项，令人流泪的有两项，令人长叹的有六项，至于其他违背情理而损害原则的事多如牛毛，很难一一列举了。那些向陛下写奏折的人都说，现在天下已经安定了，治理得很好了。陛下，请不要相信他们，臣认为还远远没达到这个境界。他们那么说，不是愚蠢无知，就是阿谀奉承，都不是真正了解真实情况和爱护陛下的人。

陛下若要成为圣明的皇帝，使美名永垂青史，就要做好三件大事：一要确立规矩，使君主像君主，臣子像臣子。这些规章制度不建立，就像渡江河而无缆绳和船桨一样，当船遇到风浪时，必然倾覆。二要教育好下一代，特别是继承皇位的人。要让那些通晓治国之道且有崇高道德的后代来做皇位继承人。三要管好各路诸侯，不能让他们拥有太大的权力，各自为政；不能让他们阳奉阴违，欺骗皇上。

文帝认真采纳了贾谊的建议，精心治理国家。

公正地说，汉朝从文帝刘恒开始，才逐步走向正轨，为之后汉朝的繁荣，打下了坚实的基础。

# 智囊晁错

文帝刘恒，确实是名副其实的文帝。他文质彬彬，度量很大，善于从四面八方吸纳各种治国理政的高见。由于他爱听，所以大家也爱向他献策献计，形成一种良性循环。

司马光在《资治通鉴》中说，公元前168年，有位名叫晁错的人，上书文帝："圣明的君主在位执政，百姓就不会挨饥受饿。这倒不是因为君主能种粮食给他们吃、能织布给他们穿，而是因为君主能为百姓打通获取财富的道路。因此，唐尧时期虽遇到九年水灾，商汤时期遇到七年旱灾，但国内没有被抛弃和饿死的人。为什么？因为积蓄多，丰年做好了应对灾年的准备。"

晁错接着说："现在天下统一，土地与百姓多了数倍，今非昔比。然而，我们的积蓄却不如商汤和夏禹时期，这又是为什么？在我看来是因为土地没被充分利用，民力没被充分发挥，能长粮食的荒地没被全部开垦，山林水泽资源没被全部开发，游手好闲的人没全部回到农业生产中去。"

晁错确实有两把刷子，他接着说："人在冷的时候，不一定等着华丽的衣服穿；人在饿肚子的时候，不一定等着吃大鱼大肉。人在饥寒交迫的时候，寒不择衣，饥不择食，这时不会顾及礼义廉耻了。按照人的体能，一天不吃两顿饭，就饿得慌；一年不添几件衣服，便觉得难过冬。肚子饿得直叫，身体冻得直打哆嗦，在这种严峻情况下，即使非常慈爱的父亲，也保不住他的儿女，君主怎能保住自己的臣民呢？"

晁错一层一层地往下说："圣明的君主懂得这个道理，所以引导百姓从事农桑耕织，减轻百姓的赋税负担，不断增加积蓄，把粮库堆得满满的，以防发生灾害。这样，就能使百姓无后顾之忧，心悦诚服地归附君主。百姓的善恶就看君主如何去诱导、统治他们，百姓追求财利，就如同水只会向下流而不选择方向一样。"

晁错在上书时把农民与商人进行了比较："农民春天无法躲避沙尘，夏天不能躲避酷暑，秋天不能躲避阴雨，冬天不能躲避严寒。他们一年四季难以休息，私下里还要赡养父母、哺育子女。而商人，他们男的不耕田，女的不养蚕，穿的却是绫罗绸缎，吃的却是鸡鸭鱼肉。他们依仗有财富，与王侯交往，势力超过了普通官吏。他们去千里之外游山玩水，沿途乘坐豪华坚实之车，鞭策肥胖之马，脚踏丝制鞋，穿着华服。陛下，这就是商人盘剥农民，使农民流离失所的主要原因。"

晁错在前边描述了现象，又找出原因后，他向皇上提出办法："当前要做的事，最重要的就是要让老百姓从事农业生产。而要想让老百姓从事农业生产，关键在于重视粮食。重视粮食的办法是把粮食作为赏罚的标准。可以号召全国百姓向国家捐献粮食，给捐粮者授予爵位，免除他们的罪责。这样一来，国家可以从有余粮的人那儿得到粮食，穷人的赋税也可减少，这就叫

'损有余而补不足'。神农氏曾说过，有八丈高的石头城墙，有宽达百步的护城河，有百万身穿兵甲的军队，但没有粮食，城也守不住。可见粮食对一个国家是多么重要。"

文帝认真读了晁错的意见，认为说到了点子上，立即采纳，并下诏：百姓输送粮食到边塞，依据输送粮食的多少，分别授予不同的爵位。

晁错这个人是有本事的，在历史上也有相当高的地位，被誉为"智囊"。为巩固中央集权，他曾参与制定了削减各诸侯权力的法令，从而引起地方势力的强烈不满，并引发七个诸侯叛乱。这些诸侯要求，只要杀了晁错，就停止叛乱。恰在此时，晁错的死对头、曾任吴国丞相的袁盎向景帝一再火上浇油、添油加醋地说，只有杀了晁错，才能平息诸侯叛乱。袁盎想借刀杀人，借此除掉自己的政敌，竟把景帝说动了。景帝为了很快平息诸侯叛乱，真的采纳了袁盎的意见，把晁错和他的家人全杀了。

景帝问身边的邓公："晁错已杀，诸侯的叛乱停止了吧？"

邓公说："陛下，他们想谋反已多年了，要求杀晁错只是个借口而已。其实杀晁错并非反叛者的本意，我倒是担心杀了敢说话的晁错，从此天下人再也不敢说话了。"

景帝问："此话怎讲？"

邓公说："晁错是担心各诸侯势力太大，朝廷不好控制，故而请求削减地方权力，以利中央集权。这对皇上有百利而无一害，刚要实行，晁错反而被灭了门。这样一来，内堵塞忠臣之口，外替叛乱者报了仇，这件事陛下做得欠妥呀。"

景帝长长地叹了一口气，说："你说得对，杀晁错，我也很懊悔。"

有人说，晁错是位大学问家、思想家、政论家、文学家。

也有人说，晁错用他的死，证明了人性的残暴和政治的黑暗。

依老夫来看，晁错死得高尚。他不是为个人而死，他是为国家和百姓的利益而死，死得其所，重如泰山，否则在《资治通鉴》中也不会占有一席之地。

# 大智若愚，治国有方

有不少朋友感到奇怪：这位郑老爷子都快九十岁了，老得快没牙了，还啃《资治通鉴》这块硬骨头，好好的清福不享，这么辛苦为什么？

其实，老夫真的还有点小想法，公与私的成分都有：为自己的子孙树立榜样；勤用脑子防痴呆；把一辈子积累的东西献出来与年轻人共享；用行动引导年轻人，少壮不努力，老大徒伤悲。老夫的体会是：人生在世干什么都可能吃亏，唯独读好书不吃亏。

多少年前有人问过毛主席，您的学问是怎么来的？毛主席说，是抓来的。从那之后，老夫也学着抓，抓来后经过去粗取精、去伪存真、由此及彼、由表及里地提炼加工，再形成自己的文章。老夫写这本书时，主要看原著。不懂怎么办？找"拐棍"。老夫找了好几根"拐棍"，交互使用，用来用去，老夫觉得史存真先生主编的《白话资治通鉴》比较好用。因此一开始老夫就感谢了以史存真先生为代表的几十位先生。其实，曾国藩、梁启超、毛主席、柏杨都应在老夫感谢之列。因为前辈们在这方面的见解也启发和教导了我。不过话说回来，拐棍只是拐棍，路还要自己走。老夫走自己的路，写自己的文章。

接下来咱们转入正题，主要谈汉文帝刘恒的为人。

汉文帝刘恒与他父亲汉高祖刘邦的性格差别怎么这么大呢？

刘邦真是"恨得无情，忍得无耻"的人，否则他得不了天下。

他的儿子刘恒恰恰相反，性格极其宽厚温和，以德治国。

刘恒登基后，知人善任，虚心纳谏，先后提拔重用了像贾谊、晁错、张释之、周亚夫等有真才实学而又敢直言进谏的人才。为人低调，励精图治，勤俭节约，不爱张扬，带头耕地，兴修水利，衣着朴素，使国库收入增加。他自己在位多年，没新造也没扩大宫殿。刘恒还是位大孝子，母亲薄太后生病后，他作为皇帝一夜一夜守在床前，每次太后喝药，他都亲口先尝一尝，然后再让母亲喝。文帝在位期间，实现了国家强盛安乐，百姓富裕小康，开启了"文景之治"的盛世景象。

公元前 157 年，文帝在未央宫驾崩。在知道自己的生命即将结束之时，文帝向全国百姓留下一篇诏书。我先抄部分原文，考考大家，然后咱们再用白话文解读。部分诏书原文如下：

> 朕闻之：盖天下万物之萌生，靡有不死。死者，天地之理，万物之自然，奚可甚哀！当今之世，咸嘉生而恶死，厚葬以破业，重服以伤生，吾甚不取。且朕既不德，无以佐百姓；今崩，又使重服久临，以罹寒暑之数，哀人父子，伤长老之志，损其饮食，绝鬼神之祭祀，以重吾不德，谓天下何！朕获保宗庙，以眇眇之身托于天下君王之上，二十有馀年矣。赖天之灵，社稷之福，方内安宁，靡有兵革。朕既不敏，常惧过行以羞先帝之遗德，惟年之久长，惧于不终。今乃幸以天年得复供养于高庙，其奚哀念之有！

文帝的诏书是说：朕知道天下万物萌生，没有不死的。死是自然规律，不必为此过分悲伤。当今都赞美生而厌恶死，因而为了厚葬使家业破产，穿丧服使身体受伤。对这种做法，朕极不赞成。朕既无德，又没对百姓有什么帮助，现在死了，再让臣下百姓长期替朕服丧哭悼，忍受寒暑之苦，让民众父子哀痛，让老人悲伤，减少饮食，废止祭祀，这反而加重了朕的失德，朕怎么对得起天下人呢？朕有幸获得保护宗庙的机会，以渺小之身托于天子之位，到现在已经二十多年了。靠上天的神灵，社稷的福运，才使四方安宁，少有战乱。朕虽不聪慧，但时常担心自己的言行给先帝脸上抹黑，担心失德得不到善终。现在幸而享尽天年，供养在高庙，相当满意了，有什么值得悲哀的呢！

老夫查遍历史，一位皇帝死前向全国百姓公开宣告"朕既无德，又对百姓没什么帮助"，大办丧事"反而加重了朕的失德"，从而要求丧事从简，这样的皇帝实属凤毛麟角。

文帝在位期间，社会比较安定，国库收入增加，而且文帝生前没为自己大兴土木，死后规定薄葬，在他的墓中不准放任何珍宝。这些功德无量之举，不仅为他的孙子刘彻征战匈奴时提供了雄厚的物质基础，而且由于他的墓穴一穷二白，使盗墓者嗤之以鼻，毫无兴趣。

文帝刘恒看似傻乎乎，实则聪明绝顶，四平八稳，一步一个脚印。

文帝刘恒属于那种大智若愚之人，属于那种守江山有方之人。

# 青出于蓝而胜于蓝

大家对文帝刘恒的评价不错，但是对他的儿子景帝的评价却很一般。

别看景帝平凡，却生了个极不平凡的儿子刘彻，即汉武帝。都说上一辈人绝不会嫉妒下一辈人，都希望青出于蓝而胜于蓝，绝不会希望一代不如一代。但是刘邦万万没有料到，他的这个曾孙刘彻由于在历史上的地位太高，差点把他这个曾祖父挤得"靠边站"了。

刘彻是西汉第七位皇帝，史称汉武帝，与他爷爷文帝刘恒对称，一文一武。

汉武帝非常了不起，他登基后既抓文，又抓武，而且特别重视抓文。汉武帝常常亲自主持考试，挑选人才。

司马光在《资治通鉴》中说，公元前140年冬季，汉武帝下诏，招募敢于直谏的人才来长安参加考试，在全围范围内招来一百多人，由他亲自主考，题目是"治国之道"。

在这么多人中，有位从广川（今河北省景县西南部，景县、故城、枣强三县交界处）来应试的人，名叫董仲舒。

这位董仲舒面对皇上一点儿也不怯场。他当着汉武帝的面侃侃而谈："什么是道？道是达到天下大治之途径。仁、义、礼、乐那些都是具体的方法。因此圣明的君主百年之后，他的子孙仍能实现长治久安，几百年太平无事，都是礼乐教化的结果。哪位国君不希望长治久安？可是却常常政局混乱，国家危难。为什么？根本原因在于用人不当，而且治理国家的方法也不对，从而使政权最终衰亡。"

董仲舒是孔子的忠实信徒，接着他引用孔子的话，告诉汉武帝："孔子说过，人可以弘扬道，而不是道弘扬人。由此可见，国家的兴亡在于君主自己。只要不是天意要改朝换代，君主的统治权就不会丧失。做君主的人先要端正自己的思想，整肃朝廷。只有把朝廷整肃好，才能整肃百官；把百官整肃好了，才能整肃百姓。不然上梁不正下梁歪，没有说服力。"

董仲舒接着说："现在陛下贵为天子，拥有四海财富，德行高深，恩泽深厚，智慧贤明，心境纯美，爱护百姓，喜爱人才，广开言路，称得上是仁义的国君。然而，为什么治理国家还有许多不尽如人意之处？关键是没有兴办教育，应该通过教育感化百姓。"

董仲舒继续说："陛下要尊重和招徕士人。而招徕士人的最好办法，就是创办太学。太学是士人的来源，是推行教育的根本。臣希望陛下兴建太学，让一些学识渊博的老师来讲课，从而培养天下的士人，并且经常考试，让学生有机会充分表现自己，通过这种方式，皇上就能得到出类拔萃的人才。"

董仲舒又说："现在每个经师传授的道不同，每个人的论点不同，百家学说旨趣不同，因此，君主无法实现统一，臣下不知应遵守什么。我建议您'罢黜百家，独尊儒术'，这样就能统一政令，使法度明确了。"

董仲舒真能说，也真敢说，还会说。他告诉汉武帝："臣听说一个道理，积少成多，积小成大。所以，圣人都是从默默无闻到美名远扬，从卑微到显赫；尧从诸侯之位起步，舜从深山之中兴起，他们都不是一天就显赫起来的，而是慢慢显赫的。自己的言语不可再阻塞起来，自己的行动也不可再掩盖。治理国家的关键是什么？是君主的言与行。君子以自己的言与行来感动天地，所以，从小事做起可以成大业，水滴石穿。"

读《资治通鉴》第十七卷时，老夫就感到奇怪，司马光居然用了这么长的篇幅讲董仲舒在汉武帝面前滔滔不绝地大谈治国之道，而脾气并不是太好的汉武帝刘彻，却津津有味地听他讲完，中间一句话都没插，听完后不仅表示完全赞同，而且任命董仲舒为江都国的相，天子若有什么问题向他咨询，随叫随到。

汉武帝在历史上被评为伟大的政治家、战略家、诗人，他不光抓武，还重点抓文。他开创的盛世，绝非偶然，有其必然性。

# 善听成就英明

在上一篇文章中，老夫说汉武帝不仅是政治家、战略家，还是诗人。他写过什么诗？一般人还真不知道。现在老夫抄一首公元前113年秋，汉武帝写的一首被鲁迅评为"缠绵流丽，虽词人不能过也"的作品，名曰《秋风辞》：

> 秋风起兮白云飞，草木黄落兮雁南归。
>
> 兰有秀兮菊有芳，怀佳人兮不能忘。
>
> 泛楼船兮济汾河，横中流兮扬素波。
>
> 箫鼓鸣兮发棹歌，欢乐极兮哀情多。
>
> 少壮几时兮奈老何！

可见汉武帝刘彻的天赋是很高的。但他还向有智慧的人"借脑子"。他经常选拔天下精英，与他们谈天说地，寻求治国之道。司马光在《资治通鉴》中说，有位名叫庄助的人最早被汉武帝看中选用，吴人枚皋、济南人终军、蜀人司马相如、平原人东方朔等，也因才华出众而受到汉武帝厚爱。这些人在皇上面前说话尖刻，不讲礼节，汉武帝有时虽然也很生气，但也能谅解和容忍。例如，有个名叫汲黯的人，当面批评汉武帝："陛下内心个人欲望太多，对外却满口仁义道德，您这样怎么能效法尧舜呢？"这话让汉武帝不高兴。但汉武帝在汲黯病危时，还派人看望他，并说："古代有与社稷共存亡之臣，汲黯就是这种忠臣。"这个评价相当高。

虽说人人都想当皇帝，但是你真当了皇帝，未必比当普通人舒服。一是全国不管哪儿发生了大的天灾人祸，你都要关心，甚至半夜三更有人会把你叫醒；二是整天有些人变着法吹捧你，弄得你身上都起鸡皮疙瘩了；三是有仇人千方百计地想用一切手段暗害你，让你提心吊胆、防不胜防；四是你想出去随便走走，却被管得严严实实，憋得心里直发慌。司马光在《资治通鉴》中说：公元前138年，汉武帝经常偷偷出皇宫游玩。他偷偷改换装束，带几个人离宫外出，向北去池阳县，向南去长扬宫，向西去黄山宫，向东去宜春宫，不是打猎，就是游山玩水。百姓并不知道这个人就是当今皇上。一次，汉武帝和他的亲随住在一家店里，店主怀疑这些人像强盗，找了几个身强力壮的人准备收拾他们，幸好被老板娘劝阻。汉武帝返回皇宫后，召见了老板娘，赐给她黄金千两，还任命她丈夫做了羽林郎。

后来，汉武帝想把终南山附近的一片土地圈起来作为自己的猎场。在武帝身边的东方朔批评汉武帝："终南山是国家的天然屏障，它附近的这一片土地是像大海一样富饶的陆上之地，每亩土地价值千金。陛下若把这片土地划为猎场，既断绝了财富来源，又剥夺了百姓的肥沃土地。陛下要接受之前的君王因劳民伤财而垮台的沉痛教训啊！我这个地位卑下之人，如冒犯陛下，罪该万死！"汉武帝不仅没让东方朔死，而且奖给他黄金一百斤。

老夫先给大家抄录一段《资治通鉴》的原文：

> 上又好自击熊、豕，驰逐野兽。司马相如上疏谏曰："臣闻物有同类而殊能者，故力称乌获，捷言庆忌，勇期贲、育，臣之愚，窃以为人诚有之，兽亦宜然。今陛下好陵阻险，射猛兽，卒然遇逸材之兽，骇不存之地，犯属车之清尘，舆不及还辕，人不暇施巧，虽有乌获、逢蒙之技不得用，枯木朽株，尽为难矣。是胡、越起于毂下而羌、夷接轸也，岂不殆哉！虽万全而无患，然本非天子之所宜近也。且夫清道而后行，中路而驰，犹时有衔橛之变；况乎涉丰草，骋丘墟，前有利兽之乐而内无存变之意，其为害也不难矣。夫轻万乘之重不以为安，乐出万有一危之涂以为娱，臣窃为陛下不取。盖明者远见于未萌而知者避危于无形，祸固多藏于隐微而发于人之所忽者也。故鄙谚曰：'家累千金，坐不垂堂。'此言虽小，可以谕大。"上善之。

这段原文大意是说，汉武帝喜欢猎杀熊、野猪，喜欢追捕野兽。有位名叫司马相如的人上书汉武帝："臣听说万物之中有的东西虽类别相同，但能力不一样，所以论力气大家都称赞乌获，论行动敏捷大家都称赞庆忌，论勇气大家都称赞孟贲、夏育。依臣的愚见，人既然有这种不同，那野兽也会有这种不同。现在陛下喜欢去险要之地，射杀凶猛野兽，如果突然遇到厉害的野兽冲撞了陛下的马车，陛下来不及施展应变的巧计，那么枯树朽木也会成为祸害了。陛下有如此高贵的龙体，不去做安全的事情，偏偏要进出危险的地区，臣私下认为不可取。聪明的人是在灾祸还没发生时，就有了预见；而有智慧的人在危险还未来时都会躲避，因为灾难大多隐藏在小地方，一般人看不出来。因此有句谚语说，家中积累有千金的家产，就不能坐在堂屋的边缘。这句话虽普通，然含义深刻。"

汉武帝接受了司马相如的意见，从此不在危险的地区打猎。

高明的君主是那些善于从四面八方听取不同意见的君主。

# "三件好事"和"一件坏事"

毛主席对他身边的工作人员说过，他喜欢"分久必合，合久必分"这句话。因为这句话反映了客观事物的某种发展规律。

都说秦始皇完成了统一天下的大业，不错。但是秦始皇死后，天下又四分五裂了。再次把中华大地合起来的是刘邦。刘邦在位期间，汉朝政局不稳。到了汉武帝时期，真正奠定了汉朝强盛的局面，开辟了辽阔的疆域，确定了汉地的基本范围。

汉武帝执政的这段时期，出的大事太多，尤其他是位名副其实的"武帝"，到处征战。考虑到种种原因，老夫对这些征战省略不写，只从《资治通鉴》中挑几件事，向大家介绍。这几件事是：出了两位大将；出了一位牧羊人；出了一位"丝绸之路"的开拓者；一位伟大的史学家被施行了宫刑。我挑"三件好事"和"一件坏事"说说。

先说两位大将，一位是卫青，另一位是霍去病。

从《资治通鉴》上看，卫青是平阳（今山西临汾）人，其父姓郑，其母姓卫，由于是私生子，随了卫姓。汉武帝见过其姐姐卫子夫，非常喜欢，引入宫中。后有人想杀卫青，阴差阳错地被汉武帝得知，便召见了卫青，任命他担任建章宫的宫监。不久，汉武帝封卫子夫为夫人，封卫青为太中大夫。这个卫青好生了得，是个军事天才，后来成为车骑将军。公元前129年匈奴入侵上谷郡，汉武帝派卫青和其他几位将军阻击匈奴入侵，其他几位将军战败，只有卫青获胜而归。别看卫青出身低微，但他善骑马射箭，智勇超众，对士兵一视同仁，以礼相待。他具有军事才能，每次率军出征，都立下赫赫战功。人们都夸汉武帝知人善任。

汉武帝的另一员大将霍去病，也是平阳人，当时平阳县小吏霍仲孺与卫青的姐姐卫少儿私通，生下霍去病。霍去病喜欢骑马射箭，英勇无比。在卫青率兵攻击匈奴时，霍去病是票姚校尉，他带领八百骑兵，离开大军数百里，长驱直入，大获全胜。霍去病的功劳居于全军之首，因此被封为冠军侯。

我们再说牧羊人。

有人说，就是指苏武牧羊吧，小学课本里都有。对，这个故事，也发生在汉武帝时期。公元前100年，汉武帝派中郎将苏武护送被汉朝扣留的匈奴使臣返程，并给单于送去厚礼。起初单于态度不错，后来有个案子涉及苏武，单于决定劝苏武投降。而苏武说："我是大汉的使臣，如果卑躬屈节，有辱我的使命，即使活着，我还有何脸面回汉朝？"随即拔剑自杀。因有人施救，苏武没有死。之后，单于用尽各种方式，软硬兼施，规劝苏武投降。苏武坚决不从。单于仍不死心，把苏武监禁在一个地窖中，不给食物。天下雪了，苏武吃雪解渴，并把地毯上的羊毛薅下来充饥。这样过去好多天，苏武还没死。匈奴人以为苏武肯定不是一般人，是神，就把他转移到一片没人居住的草原，让他牧羊。这群羊里没一只母羊，全是公羊。单于宣布："等公羊产出羊奶，就放苏武回汉朝。"公元前81年，苏武被放回汉朝，汉昭帝接见了他。为了表彰这位民族英雄，昭帝颁发诏书，让苏武祭祀汉武帝陵庙，并封他为典属国，赐钱二百万、公田两顷、住宅一处。

咱们再说"丝绸之路"的开拓者张骞。

张骞是汉中郡城固（今陕西省汉中市城固县）人。汉武帝继位后，由于采取了种种措施，汉朝逐渐进入鼎盛时期。这时张骞受汉武帝的委派，两次出使西域，一路上经历难以忍受的苦难，打通"丝绸之路"。他是汉武帝时期的杰出人物，是古代伟大的探险家、旅行家和外交家。从祖国北部沙漠到西南山区，从天山南北到峻岭内外，到处留有他的足迹。张骞奉命两次出使西域，亲自到达现在的阿富汗等地，此后他的副使又陆续到达印度和伊朗等地。张骞是"丝绸之路"的开拓者。据《资治通鉴》记载，张骞返回汉朝后，汉武帝亲自听了张骞关于西域各国情况的汇报，对他的高尚行动和牺牲精神大加赞赏。

接着说司马迁惨遭宫刑。

公元前99年，李陵将军带五千步兵与匈奴交战，在杀死数倍于己的匈奴人后，因弹尽粮绝被俘。汉武帝希望他杀身成仁，不能当俘虏。群臣清一色地认为李陵当俘虏可耻。而太史令司马迁一言不发。汉武帝问司马迁："你对李陵被俘有何看法？"司马迁极力为李陵将军辩白："李陵这个人不错，侍奉长辈十分孝顺，对士兵讲信义，战斗中奋不顾身，十分勇敢，具有国士的风范。如今虽然被俘，但他只带五千人，却深入匈奴腹地，牵制数万匈奴的军队，匈奴派所有的弓箭手去围攻李陵，以致李陵转战千里，弓箭用尽，在走投无路的危难情况下被俘。他之所以没自杀，想必是等待时机立功赎罪，以报效大汉。"汉武帝认为司马迁一派胡言，竟敢为降将李陵辩护，随即下令将司马迁关入监狱，后来施以宫刑。司马迁从狱中出来后，就专心致志地写他的《史记》去了。

从历史上看，皇帝在位初期，都比较谨慎，也能听取各种不同的意见，甚至是很刺耳的意见。之后就开始走下坡路了，权力无限大，听不进去逆耳忠言。像司马迁那么温和的意见，即使有不妥之处，也不至于让他受宫刑呀！汉武帝对祖国的强盛做出过重大贡献，但是，后来他穷兵黩武，好大喜功，有点胡来了。

# 巫蛊之祸

《汉书》对汉武帝的评价很高。然而，在《资治通鉴》中，司马光对他的评价却不高。司马光给汉武帝的评价是：在位五十四年，荒淫无道，欲望强烈，刑法残酷，大兴土木，民不聊生，而且晚年信奉鬼神，荒唐至极，百姓都对他有深深的憎恨，残暴之处与秦始皇没有区别。

老夫现将《资治通鉴》的原文抄录如下：

臣光曰：孝武穷奢极欲，繁刑重敛，内侈宫室，外事四夷，信惑神怪，巡游无度，使百姓疲敝，起为盗贼，其所以异于秦始皇者无几矣。然秦以之亡，汉以之兴者，孝武能尊先王之道，知所统守，受忠直之言。恶人欺蔽，好贤不倦，诛赏严明，晚而改过，顾托得人，此其所以有亡秦之失而免亡秦之祸乎！

由此可见，历史任人评说。

在《资治通鉴》中，专门记载了汉武帝从事的迷信活动：

公元前110年春季，汉武帝出巡至缑氏城。忽然随从人员在山下听到一种十分奇怪的声音，这个声音似乎是三次呼喊"万岁"。汉武帝听到报告极为高兴，立即下令扩建太室祭祠，禁止砍伐山上草木，并将山下三百户百姓作为供奉太室的奉邑。

汉武帝东巡大海时，派数千人乘船寻找蓬莱神仙。有个人和汉武帝说："臣夜间看见一个巨人，身长数丈，我一接近他，却又看不见，但其脚印很大，和禽兽的脚印特别像。"又有人向汉武帝禀报："我看见一老翁牵着狗，说他想见天子，但突然人与狗都不见了。"由于汉武帝四处寻仙，手底下的人就胡编乱造故事，投其所好。

汉武帝还与霍去病的儿子霍子侯等登上泰山，在山上举行了祭天之礼。祭完后一行人从北坡下山。汉武帝又在山下祭拜了地神。祭拜时汉武帝身着黄色衣服，有音乐伴奏，他亲自跪地叩拜。

汉武帝跪拜了天，又跪拜了地，坐在明堂中，众大臣再向他跪拜。大臣们的一番歌功颂德让汉武帝极为高兴，于是下诏说："朕以渺小的身躯，继承了至尊的高位，兢兢业业，唯恐德才不足，不懂礼乐，所以供奉八神，祈求庇护。蒙天地神灵恩赐祥瑞，目有所见，耳有所闻，震惊于其事怪异，想阻止却又不敢，于是登泰山祭祀天神，至梁父，然后在山下祭地神，悔过自新，与士大夫们一起开始吉祥的新生活。十月，改年号为元封元年，凡是朕巡行经过之处，民众的田租赋税一律免除，民众中凡有爵位者都官升一级。"汉武帝还宣布每五年巡游一次，在泰山祭祀，并命令诸侯在泰山脚下建筑邸舍，以备祭祀之用。

汉武帝带头大张旗鼓地搞迷信活动之后，各地吹牛拍马之风盛行。官员纷纷向汉武帝禀报，自从在泰山大祭之后，风调雨顺，没有灾害发生。

有人说似乎可以看到蓬莱的神仙，汉武帝又向蓬莱出发，希望亲眼看到神仙。汉武帝来到蓬莱后，希望亲自乘船下海寻找神仙。这太危险了，众臣下跪阻拦，但无人能动摇汉武帝下海的决心。

这时东方朔说话了："陛下，与神仙相遇，要出于自然，不能急着寻求。假如传说中的神仙真有仙道，自己就会来的，不必担心遇不到；如果没有仙道，就是下海见了仙人也没什么好处。臣盼陛下只要返回宫廷，静静等待，神仙就会自然降临。"还是东方朔厉害，于是汉武帝放弃了亲自下海寻仙的决定。

天有不测风云，人有旦夕祸福。正在此时，整天在汉武帝身边的霍去病将军的儿子霍子侯，突然生病，不到一天就死了。汉武帝一边悲伤，一边感到奇怪，认为此乃不祥之兆，仙没求到，霍将军的儿子死去了。于是汉武帝没兴致了，起驾返程。这一趟共走了一万八千里。

汉武帝经常疑神疑鬼，总是看见有个幻影从他身边飘过；有时大白天睡觉，就梦见有好几千个木偶人，手持木棒来对他进行攻击，把他吓出一身冷汗，大叫大闹，精神恍惚不安。于是，汉武帝派人到处去挖坑寻找这些木偶人。

公元前 91 年，汉武帝年事已高，他怀疑身边的人都在用巫术咒他，于是抓捕了很多人，被捕的人都不敢申冤。有个名叫江充的人胡说八道："宫中有蛊气，不降掉蛊气，皇上的病就难治好。"于是汉武帝派人挖地找蛊，从妃子住地开始挖，一直挖到皇后和太子的住地。最后在太子床下挖出一些木头人，还看到太子在丝帛上写了一些大逆不道之言。太子走投无路，杀了江充，最后逃出宫外自杀身亡。

由于"巫蛊之祸"，汉武帝失去了太子。当他醒悟过来后，修建了"思子台"，以此怀念失去的儿子。

汉武帝自作自受，病情加重。他实际上是自食恶果呀，真是一言难尽。

司马光在《资治通鉴》中语重心长地说了一段话，现摘录如下：

　　臣光曰：为人君者，动静举措不可不慎，发于中必形于外，天下无不知之。当是时也，皇后、太子皆无恙，而命钩弋之门曰尧母，非名也。是以奸臣逆探上意，知其奇爱少子，欲以为嗣，遂有危皇后、太子之心，卒成巫蛊之祸，悲夫！

# 皇位的轮替

好多人只看到当皇帝的好处，没看到当皇帝的苦恼。在诸多苦恼中，由谁来继承皇位，就是令皇帝最苦恼的一件事。老夫有时想，对皇帝真应该实行计划生育的政策，只准他生一个儿子；最多允许生二胎，生一个皇子、一个公主。

遗憾的是童话都不敢这么写。

汉武帝的儿子并不算多，只有六个。长子叫刘据，是皇后所生，立为太子。这位长子性格好，为人宽厚，温和谨慎，深得臣民尊敬。然而由于汉武帝晚年宠信奸邪，巫蛊案发，太子被牵连，斗争失败，自杀身亡。次子刘闳，封为齐怀王。三子刘旦，封为燕王。此人虽有谋略，能言善辩，但招揽许多游侠义士，有不法行为，汉武帝对其产生怀疑。特别是太子自杀后，他写信给汉武帝，表明自己想当太子，被其父训斥。四子刘胥，封为广陵王，整天游手好闲，练武有功，力能扛鼎，赤手空拳敢和黑熊野猪搏斗，但因有许多恶习，太子死后，他也未被立储。五子刘髆，封为昌邑王，也没特殊才能。六子刘弗陵最受汉武帝厚爱，身体健壮、聪明好学，生母为钩弋夫人。汉武帝临终前将刘弗陵立为太子。

钩弋夫人的儿子被立为太子，她将来该享大福了吧！恰恰相反，她大祸临头。汉武帝下令把钩弋夫人关进监狱，不久又将她赐死。

汉武帝将钩弋夫人赐死后，身边的人都说，既然立人家生的儿子为太子，为什么把太子的娘杀了呢？

汉武帝得意地说："这里边的学问你们这些平常人就难以理解了。过去国家之所以会乱，就是因为皇帝年幼，而其母正当壮年。女人独居守寡，往往骄矜蛮横、淫乱放纵，因为她身为太后，别人束手无策。你们难道没听说过吕后干的那些事吗？所以朕必须先将太子之母除掉。"你看，汉武帝的心有多狠！

汉武帝临终前，将霍光等人叫到跟前，委托他们辅佐太子。汉武帝为什么看上霍光呢？据《资治通鉴》介绍，霍光侍奉汉武帝多年，言行非常谨慎，为人特别忠厚。有人注意过，霍光每次入宫站的位置竟分寸不差。汉武帝认为把太子托付于他，一百个放心。

公元前 87 年，汉武帝驾崩。他是我国历史上在位时间非常长的皇帝之一。冠军是康熙，在位六十一年；亚军是乾隆，在位六十年。汉武帝在位五十四年，时间也非常长了。

汉武帝驾崩后，太子刘弗陵继位，史称汉昭帝。由汉武帝生前安排好的霍光等人辅佐。

汉昭帝登基前后并不平静和顺利。汉武帝的第三个儿子燕王刘旦，招兵买马，妄图夺权，后被粉碎。

更奇怪的是，有个长得很像前太子刘据的人，一天坐车来到未央宫北门，自称：我就是前太子刘据，我根本没死，现在回来继位了。咱们中国人自古爱看热闹，前太子没死，现在回来了，一传十，十传百，围观的人成千上万。朝廷中也有不少官吏来看热闹，其中有见过前太子刘据的人。有些脑子聪明的大臣问这位自称太子的人宫中的事，结果一问三不知。原来这是个假冒伪劣的前太子。

汉昭帝登基时才八岁，在霍光等人的辅佐下，纠正汉武帝执政后期的某些错误，实行休养生息的政策，百姓物资充实，四夷臣服，总算过了一段比较太平的日子。然而，汉昭帝二十岁时，却突然驾崩。当时，有人怀疑是霍光不愿交权，害死汉昭帝。这桩糊涂案，众说纷纭，但谁也拿不出真凭实据，只是怀疑而已，一直没有定论。

汉昭帝刚刚二十岁就死了，他还没有儿子，由谁来继任皇帝？

这时汉武帝的六个儿子中只有广陵王刘胥还在。群臣议论，这位刘胥虽劣迹斑斑，不太理想，但没人选了，要不就由他继任。考虑再三，这个方案被否决了。最后决定由汉武帝的第五个儿子昌邑王之子刘贺来继承皇位。

刘贺收到继位诏书后，忘乎所以，带着他的一帮狐朋狗友，狂妄放纵，毫无节制，不顾国丧期间的礼仪，从封地嬉皮笑脸地直奔长安。

刘贺继任皇帝后，不改本性，淫乱无度，把他带来的那些狐朋狗友都安插到重要岗位，而他不理朝政，也不听大臣们的建议。这样下去，汉朝有被颠覆的危险。以霍光为首的群臣们秘密研究，决定废了这个皇帝。

司马光在《资治通鉴》中说：霍光率领群臣一同朝见太后，历数刘贺的种种劣行。太后听后非常气愤，决定废了他。她来到未央宫承明殿，下令一律不准刘贺的朋党进入，并逮捕刘贺从昌邑带来的二百余人。

而后太后召刘贺入见。只见太后威严地坐在武帐之中，数百名侍卫全副武装。文武百官按等级进殿。刘贺进来伏在地上，由尚书令宣读对刘贺的弹劾书。弹劾书历数刘贺的种种不端行为，是一篇极佳的文章。因篇幅限制，这里省略。

太后庄严宣布：废黜皇帝刘贺，解下他身上佩戴的玉玺绶带，仍命他返回昌邑去，并赐给他一块有两千户的汤沐邑，以供他日常生活。

刘贺确实不是当皇帝的料。他返回昌邑前，霍光给刘贺送行，并谢罪道："皇上的行为实属自绝于上天，我宁愿对不起皇上，也不敢对不起国家！诚望皇上从今以后能自重自爱，臣再不能侍奉在皇上的左右了。"

前皇帝刘贺"哼"了一声，扬长而去。他身上的恶习已深入骨髓，想改掉也难。

# 霍氏宗族灭门

国不可一日无君。把不够资格当皇帝的刘贺废了后，谁来当皇帝就成了摆在朝廷大臣面前的头等大事。在汉武帝的六个儿子中，能干的不是自杀了，就是病死了，以霍光为首的大臣们挖空心思地找适合当皇帝的人选。

有位姓史的女子与刘据生过一个儿子，名叫刘进，号称史皇孙。这位史皇孙娶妻，生了个儿子名叫刘病已，号称皇曾孙。这位皇曾孙刚生下来几个月，就碰上"巫蛊之祸"，刘据及其三子一女，连同妻妾全部被杀，只剩下刚出生几个月的刘病已被一位贵人丙吉相救，送往乡间抚养，渐渐长大成人。

正在霍光等大臣发愁物色不到新皇帝人选时，丙吉上书霍光，详细介绍了刘病已的遭遇与优秀品德，请求将其作为第一人选。

经过一番考察，霍光便与丞相杨敞等人上书太后："孝武皇帝曾孙刘病已，年十八岁，从师学习《诗经》《论语》《孝经》，为人节俭，仁慈宽厚，可以作为孝昭皇帝的继承人，继承皇位，治理天下，臣等冒死奏明太后！"太后下诏："准奏。"于是这件大事就这么定了。

刘病已被接回皇宫，进行斋戒，后到未央宫拜见太后，被封为阳武侯。之后，众大臣奉上皇帝玉玺、绶带，刘病已正式登上皇帝宝座，号称汉宣帝。

司马光在《资治通鉴》中有段关于汉宣帝的描写，老夫抄录如下：

> 帝兴于间阎，知民事之艰难。霍光既薨，始亲政事，厉精为治，五日一听事。自丞相以下各奉职奏事，敷奏其言，考试功能。侍中、尚书功劳当迁及有异善，厚加赏赐，至于子孙，终不改易。枢机周密，品式备具，上下相安，莫有苟且之意。及拜刺史、守、相，辄亲见问，观其所由，退而考察所行以质其言，有名实不相应，必知其所必然。常称曰："庶民所以安其田里而亡叹息愁恨之心者，政平讼理也。与我共此者，其唯良二千石乎！"以为太守，吏民之本，数变易则下不安；民知其将久，不可欺罔，乃服从其教化。故二千石有治理效，辄以玺书勉厉，增秩、赐金，或爵至关内侯。公卿缺，则选诸所表，以次用之。是以汉世良吏，于是为盛，称中兴焉。

司马光的这段话，实际上就是讲汉宣帝的施政纲领、工作方法、用人政策、奖励制度。他告诉我们，汉宣帝刘病已登基时已成年，爱读书，善思考，特别是他长期生活在民间，非常清楚民众疾苦。霍光死后，他亲自主持朝政，励精图治，作风民主，每隔五天亲自听取众大臣对朝政的各种不同意见。汉宣帝管得很细，自丞相以下，群臣都要就自己负责的事务分别奏报，陈述见解，汉宣帝从中考核他们的功德才能。侍中、尚书们有功者应晋升，有特别善行的人，要给予丰厚的奖赏，甚至赏及他们的子孙，并始终不改变他们的待遇。机要部门要严密，各种制度要齐备，上下相安，才没有钩心斗角之心。任命刺史、郡太守、丞相时，要亲自接见，询问其政见，考察其行为，与其说的相对照，如有言行不符者，一定要考察其中的原因。汉宣帝常有句话挂在嘴边："老百姓之所以安心生产和生活，而没哀叹、忧愁、怨恨之心，就在于法律公平、判案无冤。同我一起为此而奋斗者，还不是那些优秀的郡太守和丞相吗！"汉宣帝有个看法，郡太守这一级官员特别重要，这是治国之本，对这级干部不要经常更换，不然会使百姓不安。百姓若知道郡太守任期很长，就会服从他们的教化管理。所以郡太守、丞相中有治理地方效果明显者，就用诏书加以奖励，赏其金钱，甚至赐其爵位。公卿职位有了空缺，就从政绩突出且被皇上表扬的地方官员中挑选，按秩序任用。汉宣帝虽然年轻，但主政后提出了许多好的治国理念和方法，并亲自带头执行。所以，汉朝历史上的好官，在这个时期出得最多，号称"中兴"。

霍光去世后不久，就有人揭发霍氏家族的罪行。

霍光是霍去病同父异母的兄弟，不仅辅佐汉武帝有功，而且是托孤大臣，对立刘病已为皇帝立下大功。因他有恩于皇上，霍光患重病期间，汉宣帝亲自探望，并在病榻前流下悲伤之泪。

但汉宣帝不徇私情，既然有人告发霍光，就进行彻底核查。

经过认真调查，霍氏家族凭着霍光的势力，一人得道，鸡犬升天，日益骄奢蛮横，大兴土木，广筑府邸，结党营私，排斥异己，欺压百姓。

一位名叫徐福的人说："霍氏必亡。凡奢侈无度者，必然傲慢不逊；傲慢不逊，必然冒犯主上；冒犯主上就是大逆不道。身居高位的人，必然会受到众人的厌恶。霍氏一家长期把持朝政，遭到很多人的厌恶，被天下人厌恶，又做出大逆不道的事，怎么可能不灭亡呢？"徐福是君子非小人，他在霍光还手握大权时，就上书皇上："霍氏一家的权势太大，陛下既然厚爱他们，就应随时加以约束、限制他们的权力，不要让他们走上灭亡的道路。"

徐福的预言真的应验了，霍光死后不久，霍氏宗族灭门。

# "古来稀"的赵将军

老夫记得自己年轻时，觉得能活到六十岁就不错了，根本不敢想能活到七十岁，因为那是"古来稀"级别的。现在，我国人口的平均寿命已超过"古来稀"，八十多岁的人也很常见。

老夫这个开场白的用意，是把今天要写的人物引出来。这个人就是汉宣帝时期的老将军赵充国。

不知为什么司马光在《资治通鉴》中，对这位赵将军用了相当大的篇幅进行描写。

说的是公元前61年，羌人在边界反叛，杀人放火，攻击官员。朝廷得到禀报后，汉宣帝决定派一位智勇双全的将军率兵讨伐。汉宣帝派人询问七十多岁的赵充国将军派哪位担任大将合适。

你猜猜赵充国怎么回答？他老人家说："派谁去也不如派老臣我去合适。"他毛遂自荐，主动请缨。

汉宣帝又问他："你估计羌人会采取什么方法用兵，咱们应派多少兵去？"

赵充国答："百闻不如一见，这打仗之事很难预测。臣愿前往金城，察看情况，画上地图，拟定好作战方略，回来向陛下禀报。羌人没什么了不起，他们逆天背叛，不久就会灭亡。恳请陛下把这个任务交给我，不必忧虑。"

这么好的大将，汉宣帝怎能不放心！

赵充国带兵十分注重侦察敌情，他从四面八方搜集各种情报，进行综合分析，做到知己知彼。行军时，必定做好一切战备工作；扎营时，必须防备得坚固有力。尤其值得称道的是，这位老人待人诚恳，态度和蔼，体恤士卒，守时守信，从不失言。

在他的率领下，大军克服种种困难，顺利到达与羌人交战的地方。

后来汉军活捉了一个羌人，他招供说，各部首领曾责备主张反叛的那些人："告诉你们不要造反，你们不听，现在天子派赵大将军率兵前来，他已七十多岁了，极善用兵。我们想战胜他，有这个条件吗？"

赵充国将此人放回，让他回去告诉羌人各部首领："汉朝的大军是来讨伐有罪之人的，你们彼此要区分清楚，不要与有罪者一同死去。"

写到此，长话短说。这期间赵充国与朝廷多次产生了意见分歧。一次汉宣帝下诏询问赵充国："如按照将军的计划，羌人叛乱何时平定，战事何时可以结束？"

赵充国上奏说："凡帝王的军队，应不受大的损失就取得胜利，所以重谋略、轻拼杀。《孙子兵法》上说，百战百胜，并非高手中的高手，所以应先使自己立于不败之地，再等待可以战胜敌人的机会。羌人的习俗虽与我们汉族不同，但他们希望躲避危害，争取有利，爱护亲属，惧怕死亡，则与我们汉人一样。现在羌人丧失了他们肥美的土地和茂盛的牧草，逃到遥远的荒山野地，为自己寄身之地而发愁，骨肉离心，人人都产生了背叛之念。而此时陛下班师罢兵，留下万人屯田，顺应天时，利用地利，等待战胜羌人的机会，羌人虽未立即剿灭，然可望于一年之内结束战事。羌人各部已在迅速瓦解之中，前后共有一万七百余人投降，接受我方劝告，回去说服自己的同胞，不再与朝廷为敌者共有七十批，这些人都成了瓦解羌人的工具。"

当时的主要分歧是，朝廷主张马上对羌人发起进攻，而赵充国主张先屯田后进攻。

赵充国向皇上陈述其主张的好处：

其一，九位步兵指挥官和万名官兵留此屯田，进行战备，耕田积粮，威德并行；

其二，因屯田而排挤羌人，不让他们回到肥沃的土地上去，使其部众破败，以促成羌人相互背叛的趋势；

其三，居民得以一同耕作，不破坏农业；

其四，骑兵，包括战马一个月的食用，能够屯田士兵维持一年，撤除骑兵可节省大量费用；

其五，春天来临，调集士卒，顺黄河和湟水将粮食运到临羌，向羌人显示威力，这是为后世积累御敌资本；

其六，农闲时将以前砍伐的木材运来，修缮驿站，将物资输入金城；

其七，如果现在出兵，冒险而无取胜把握；暂缓出兵，则使羌人流窜到风寒之地；

其八，可以避免遭遇险阻、深入追击和将士死伤的损害；

其九，对内不使朝廷的威严受到损害，对外不给羌人以可乘之机；

其十，不会惊动黄河南岸的某些部落而产生新的事变，增加陛下之忧；

其十一，修建隍陜中的桥梁，使至鲜水的道路畅通，从而控制西域，扬威千里之外，使军队经过时如同经过自己的床边那么容易；

其十二，大费用既已节省，便可不征发徭役，以防出现预料不到的变故。

最后赵充国说："留兵屯田可得上述十二项好处；否则得十二项坏处，请陛下英明抉择。"

据司马光在《资治通鉴》中记载，每次赵充国的奏折一到，汉宣帝都让大臣们讨论表态，开始赞成赵充国意见者只有十分之三，后来增加到十分之五，再往后增加到十分之八了。

汉宣帝问他们为什么改变态度，魏丞相说："过去好多事实均证明，赵充国的意见是正确的。"

过了一段时间，羌人的造反彻底被平息，赵充国率领的军队大获全胜，汉宣帝下令班师回朝！

在面见汉宣帝前，有朋友劝赵充国说点假话。赵充国却说："我已老了，爵位已很高了，难道能在陛下面前说假话吗？打仗乃国家大事，应该为后代留下深刻的经验教训。我若不在有生之年为陛下如实阐明军事上的利害关系，如果某一天突然死去，有谁还会向皇上谈这些作战的经验教训呢？"

赵充国将军，真的名垂千古。

# 五十六族兄弟姐妹是一家

只要一说到乔羽老先生，老夫的钦佩之情总是从心底发出。老夫首先喜欢他这位正直的爱喝酒的好人；其次，喜欢他创作的那么多经得起时间考验的优美歌词。例如《爱我中华》中的那几句歌词：五十六个星座五十六枝花，五十六族兄弟姐妹是一家，五十六种语言汇成一句话，爱我中华，爱我中华，爱我中华……

在《资治通鉴》中，司马光有这么一段描述，老夫抄录原文如下：

> 匈奴呼韩邪单于来朝，赞谒称藩臣而不名；赐以冠带、衣裳，黄金玺、盭绶，玉具剑、佩刀，弓一张，矢四发，棨戟十，安车一乘，鞍勒一具，马十五匹，黄金二十斤，钱二十万，衣被七十七袭，锦绣、绮縠、杂帛八千匹，絮六千斤。礼毕，使使者道单于先行宿长平。上自甘泉宿池阳宫。上登长平阪，诏单于毋谒，其左右当户皆得列观，及诸蛮夷君长、王、侯数万，咸迎于渭桥下，夹道陈。上登渭桥，咸称万岁。单于就邸长安。置酒建章宫，飨赐单于，观以珍宝。二月，遣单于归国。单于自请"愿留居幕南光禄塞下；有急，保汉受降城"。汉遣长乐卫

尉、高昌侯董忠、车骑都尉韩昌将骑万六千，又发边郡士马以千数，送单于出钥方鸡鹿塞。诏忠等留卫单于，助诛不服，又转边谷米糒，前后三万四千斛，给赡其食。先是，自乌孙以西至安息诸国近匈奴者，皆畏匈奴而轻汉，及呼韩邪朝汉后，咸尊汉矣。

司马光的这段话是说：匈奴呼韩邪单于前来汉朝拜见汉宣帝。在朝见仪式中自称藩臣而不称名字。汉宣帝很高兴，赐给他冠带、衣裳、黄金玺、绿色绶带、玉饰剑、佩刀、一张弓、四支箭、十支戟、安车一辆、鞍辔一套、马十五匹、黄金二十斤、钱二十万、衣被七十七套、各种布帛八千匹、丝絮六千斤。朝见仪式结束后，汉宣帝又派使臣引导单于先到长平阪休息。汉宣帝从甘泉前往池阳宫住宿。汉宣帝登上长平阪，令单于不必行拜见礼，单于手下的大臣都可以在场。另外，各蛮夷国的君主、诸侯王、列侯数万人，都在渭桥下，夹道列队迎接。汉宣帝登上渭桥，下面的人高呼"万岁"。单于在长安居住。汉宣帝在建章宫设宴招待单于，并向他展示珍宝。二月，送单于回国。单于提出要求："希望留住在漠南光禄塞下，一旦有紧急情况，可以进入汉朝的受降城，求得保护。"汉朝派遣长乐卫尉、高昌侯董忠和车骑都尉韩昌率领一万六千骑兵，又从边疆各郡征集战士和马匹，护送单于出朔方郡鸡鹿塞。汉宣帝命令董忠留下保护单于，帮助单于讨伐不臣服者，又先后把边疆的粮食三万四千斛，转运给匈奴食用。汉宣帝通过这些宽厚的条件，使原来反汉的人，开始尊崇汉朝。这个效果极好！

又过了几年，汉宣帝驾崩，汉元帝继位。单于又来朝拜。这次单于主动提出联姻，他想当汉朝的女婿。汉元帝认为这有利于拉近彼此关系，钦准将宫女王昭君赐给单于。这就是史上有名的"昭君出塞"的故事。

据载，王昭君长得非常漂亮。她和西施、貂蝉、杨玉环并称我国古代"四大美女"。单于提出想当汉朝的女婿，本想与公主结婚。然而皇帝和皇后怎么舍得！公主也不愿意。在发愁之际，王昭君主动站出来，表示愿完成这一特殊使命。经汉元帝钦准，王昭君与单于完婚。

王昭君到匈奴地域后，耐心地教他们说汉语、写汉字，讲汉朝的各种有趣的故事与风俗习惯，讲两家友好的极端重要性，对传播中华文化起了重大作用。

按照匈奴的习俗，老单于死后，其儿子、孙子都可以与王昭君结婚。这样，王昭君先后嫁给匈奴三代人，都为他们生下儿女。

在王昭君嫁给单于之后，在数十年的时间里，匈奴再也没有发动战争，进入中原。

王昭君出塞的故事，被世代歌颂，传为佳话。

老夫常常想，我国这些少数民族，在历史上发生过许多美妙的故事。但经过历朝历代的磨炼，我们终于：

五十六个星座五十六枝花，

五十六族兄弟姐妹是一家，

五十六种语言汇成一句话，

爱我中华，爱我中华，爱我中华。

# 断袖之癖

司马光在《资治通鉴》第三十四卷中，记载了汉哀帝的一段奇事。

公元前 3 年，驸马都尉、侍中、云阳人董贤得到汉哀帝的宠幸。汉哀帝与董贤好到什么程度？汉哀帝出宫，陪同乘车者准是董贤；入宫后身边陪伴的，也是董贤。董贤权倾朝野，震动了朝廷上下。更令人难以置信的是，董贤经常与汉哀帝同床睡卧。一次白天，两人同睡一床，董贤睡着了，压住汉哀帝的衣袖，汉哀帝想要起来，但怕惊动董贤，为了让他多睡会儿，竟剪断了自己的衣袖，然后轻轻地起来。汉哀帝允许董贤的妻子可以经向门使通报姓名记录在案后进入皇宫，住在董贤在宫中的住所。还把董贤的妹妹召进宫，封为昭仪，地位仅次于皇后。董贤带着他的妻子和妹妹，整天围着汉哀帝转，寸步不离。汉哀帝还任命董贤的父亲为少府，封为关内侯，并下令在北宫门外为董贤建一座大府邸，赐其兵器和珍宝，供其珍藏。此外，汉哀帝还下令在自己的陵墓旁修一座董贤的墓园，非常壮观。

汉哀帝与董贤的关系太不一般了，朝廷内外议论纷纷，但大多敢怒而不敢言。勇敢之人总是有的。有位姓郑名崇的人，上书汉哀帝，认为他对董贤的宠爱太过分了，希望可以收敛。这下得罪了汉哀帝。正在此时，有人见风使舵，告了郑崇一状，说郑崇家人来人往，门庭若市，有不法活动。

一次汉哀帝就对郑崇说："你家门庭若市，为什么你却反对我与他人交往？"

郑崇说："我家虽门庭若市，但我的内心却清静如水，一切光明正大，望皇上审察。"

汉哀帝大怒，将郑崇打入监狱。郑崇为此死在狱中。

另外，有位名叫鲍宣的人，上书汉哀帝："我看到孝成皇帝时，由外戚掌权，人人提拔自己的亲信，这些人充塞朝廷，妨碍贤人前进之路，天下污浊混乱，奢侈无度，百姓穷困。"

鲍宣概括了当时人民生活有"七失"：

阴阳不和，出现水旱灾，是一失；

国家加重征收租税，是二失；

贪官借口为公，勒索人民，是三失；

豪强大姓蚕食兼并小民土地，贪得无厌，是四失；

苛吏横征滥发徭役，延误种田的农时，是五失；

发现盗贼，村落鸣鼓示警，男女追捕清剿，是六失；

盗贼抢劫，夺民财产，是七失。

鲍宣说，"七失"尚可勉强忍受，然而还有"七死"：

被酷吏殴打致死，为一死；

入狱被虐致死，为二死；

无辜被冤枉陷害而死，为三死；

盗贼窃财残杀致死，为四死；

怨仇相报残杀而死，为五死；

荒年饥馑活活饿死，为六死；

瘟疫流行染病而死，为七死。

鲍宣一口气向汉哀帝历数了当时老百姓的"七失"与"七死"后说："百姓的生活有七失而无一得，想让国家安定，实在困难；百姓有七条死路而没有一条活路，想要无人犯法，废弃刑罚，也实在困难。这难道不是公卿、丞相贪婪残忍成风而造成的后果吗？群臣有幸能身居高位，享受丰厚的俸禄，哪里还有人肯为小民发恻隐之心，帮您推行教化呢？他们整天想的是如何经营自己的私产，图谋私利而已。他们以苟且之姿迎合时势以求容身，将拱手沉默、尸位素餐当作明智。"

最后，鲍宣说："治理天下的人，就应该以天下人的心意为自己的心意，不能仅凭自己的心情而独断行事。"因为鲍宣是有名的大儒，话说得虽然很尖锐，汉哀帝还是容忍了他。

不管多少人明着还是暗着反对，汉哀帝还是执意任命董贤做大司马，并让他成为汉朝的辅臣。

汉朝从刘邦开国以来，中间也出过文帝、武帝、宣帝等几位比较好的明君，但后来一代不如一代，逐渐走上灭亡之路。

# 班彪的哲学

老夫一开始就说了，司马光的巨著《资治通鉴》是一部编年体的史书，它以时间为"经"，以各个时期的重要事件为"纬"。由于老夫不是研究通史的，加上快九十岁了，放在身边的与《资治通鉴》有关的各种版本的图书足足有半人高，不可能也没必要在"经"中做文章，所以老夫把重点放在"纬"中，从这里边寻找经验教训，寻找智慧，实现向古今中外的名人"借脑子"的誓言。因为现代社会生活节奏太快，几乎一人一部手机，各种信息百米赛跑般地向你冲来，真正静下心来读点书的人少之又少，读点古代文言文巨著的人更少。恰好，老夫虽向九十岁迈进，但现在耳不聋、眼不花，加上离休多年，闲在家没事干，有很多时间可用。老夫下了决心，根据自己的水平，将《资治通鉴》中自认为是金子的内容摘出来，用手写板写给大家，特别是写给晚辈们，使大家对这一部历史巨著有所了解，从而引起读原著的兴趣。在那么厚重的历史书中淘金真不容易，这需要眼力和毅力。老夫真不敢保证，淘出来的全是金子。老夫自知无雄才大略，但有雄心壮志，老夫的雄心壮志就是当个"淘金老人"。

有人说，费这么大劲儿写这些东西干什么？老夫坦诚地告诉大家，写这些东西的目的，首先是让自己学习，让自己不要在离开这个世界之前对我国悠久的历史仍不了解；其次是以李世民那句话为宗旨：以铜为镜，可以正衣冠；以古为镜，可以知兴替；以人为镜，可以知得失。

至于说到对号入座，老夫有个独特的观点：学历史的人，都应对号入座。要有对号入座的勇气，要有对号入座的方法，要有对号入座的效果。想一想，这件事若让我办，我该怎么办好；想一想，这句话若让我说，我该怎么说。连对号入座的胆量都没有的人，老夫劝你们不要学历史，最好去看童话。

为什么写这么长的一个开场白？因为汉朝发展到最后阶段，实在没什么可写的了。像王莽篡权这些内容，老夫都有意跳过去了。接下来老夫向大家介绍有位名叫班彪的智者论天下大势，从中我们可以学习古人分析形势的方法。

司马光在《资治通鉴》中，专门记载了公元 29 年，有位名叫隗嚣的人问班彪："从前周朝灭亡，战国时期群雄争战，过了几代后天下统一。您认为合纵连横的事在今天还会重演吗？会不会由一人承受天命，再度兴起呢？"

班彪说："周朝的兴亡与汉朝完全不同。过去周朝把爵位分为五等，诸侯们各自为政。周朝衰落之后，其枝叶强大，所以到了后期有条件出现合纵连横的事。这是形势发展的必然结果。汉朝的情况就不同了，它继承的是秦朝的政治制度，改设郡县，君主有专制独裁的威严，臣下没了百年不变的权力。到了汉成帝时期，皇帝将威严让给外戚。汉哀帝与汉平帝在位时间很短，皇位的合法继承人有三次都找不出来了，所以王莽篡权。许多历史事实都告诉人们，国家的危机来自最上层，没有伤害到百姓。所以王莽篡权之后，天下人无不伸长脖子叹息。在十多年时间里，内扰外乱，远近动乱一起爆发。各路人马风起云涌，全都假借刘氏宗室的名号，大家不谋而合。当今拥有州郡的英雄，都没有六国那种世代积累下的资本，老百姓讴歌、吟咏、思念、仰慕的是汉朝，汉朝肯定还会复兴，这是不言而喻的事情。"

隗嚣说："先生您说的周朝、汉朝形势不同，我是赞同的，但您说百姓已习惯刘氏政权，就得出汉朝还会复兴的结论，是否太简单了？"

班彪为隗嚣撰写了《王命论》，劝说道："从前尧把王位禅让给舜时说过，天命的运转就在你身上了。后来舜也把这句话告诉禹。刘邦继承了尧的大业，尧是火德，而汉朝把其承袭下来，所以刘邦拥有赤帝之子的符命，因此被鬼神所保佑，天下人都归顺他。我从未见过朝代的运转没有根源，功劳恩德不被世人铭记而能突然升到天子之位的事情！贫贱富贵由命运安排，吉凶由自己掌握。刘邦当皇帝除了神授，还有他个人的原因，他忠厚英明，仁爱忠恕，知人善任。例如，刘邦正在吃饭的时候，能吐出口中的饭，听取张良提出的策略；正在洗脚的时候，能够拔出脚，为郦食其的话而作揖；能在军队的行列中选择韩信，在逃亡奔命后任用陈平。各路英雄献计献策，刘邦都采纳，这就是他的雄才大略，因此成就了帝王大业。"

用今天的眼光看，班彪谈论天下大势时，具有一定的迷信色彩，如他认为皇帝至高无上的权力是上天授予的。不过，很多观点都是很辩证的：

第一，要根据当时的国情分析问题。国情不同，得出的结论也不同，不可一概而论；

第二，国家的危机来自最上层，只要不伤害到百姓，问题就好解决，一旦伤害到百姓，麻烦就大了；

第三，朝代的更替都有根源，从来没有什么功德的人，很难升到天子之位；

第四，贫贱富贵由命运安排，只有吉凶可以由自己掌握；

第五，有雄才大略的人，都是那些善于听取各种高见的人，都是礼贤下士的人，都是知人善任的人。

学习时，应把主要精力用在掌握分析问题和解决问题的方法上。我们要学习古代哲人分析问题的方法。

# 谁说女子不如男

在历史上出了个吕后，后来又出了个慈禧太后，她们给太后脸上抹了不少黑。其实，什么事都不能一概而论，在《资治通鉴》第四十六卷中，就记载了两位相当不错的太后。

一位是马太后。

公元 77 年，天下遭遇大旱。为什么久旱无雨呢？有些官员说，是因为不封外戚的缘故。当时汉章帝耳朵软，以为真是这么回事，便要封他的几位舅舅为侯。此事让马太后知道了，毫不客气、毫不犹豫、毫无商量余地地制止了。

这位马太后看问题尖锐极了，她说："这些谈论因旱灾要给马家人封侯的人，都是为了向我献媚、巴结我，以达到他们个人升官发财的目的。从前，外戚王氏家族一日之内有五人一起封侯，封侯后黄雾漫天，并未下及时雨。历史一再证明，外戚过盛，很少有不颠覆朝廷的。正因为如此，先帝注意预防此类事件发生，谨慎对待舅父，不让他们处在朝廷要位。"

马太后又说："我现在身为太后，也就是天下之母，但我衣着朴素，吃着粗茶淡饭，在我身边的人也不准过分打扮，我让他们穿帛布衣服，不准用熏香饰物，这又是为什么？我是以身作则，树立榜样。前些天我路过娘家，发现去那里拜访的马车如流水一般，那儿的仆人们穿着绿色单衣，衣袖洁白。我再看看我的仆人，简直寒酸极了。我除了责备娘家人之外，还减少了他们的开支费用。但他们仍我行我素，只顾自己享受。我怎么能违背先帝的旨意，让你给我的亲属封侯呢？"

汉章帝仍不死心，再次陈述各种理由，要给他的三个舅舅封侯。

马太后说："这件事我反复考虑过了，不封对国家和马家双方都有利；封了对双方都有害。我曾经观察过那些富贵之家，官位爵位重叠，这就像要让一棵树结好几次果一样，它的根基能受得了吗？人们愿意被封官，不过是为了上能祭祀祖先，下能求得温饱罢了。如今皇后家的祭祀由太官供给，衣食则享受御府剩余之物，这难道还不够吗？我已深思熟虑，你不要再有疑问。"

这位马太后为百姓树立了好榜样，被世代人铭记于心。

司马光在《资治通鉴》中还记载了一位后来成为太后的邓绥的高尚品德。

邓绥是一位领兵打仗的将军的孙女，从小品行就好，酷爱读书，端庄大方，为人和气。邓绥被选入后宫当了贵人。她当了贵人后，并未盛气凌人，而是谦恭小心，举止得当，在侍奉皇后时，总是克制自己，居人之下，低调做人。即使是对做杂役的奴仆们，她也给予恩惠和帮助。有段时间邓绥病了，汉和帝恩准她的家人可以进宫进行照顾，而邓绥却说："皇宫乃最重要的地方，若让我的亲人进来住，会给皇上造成不好的影响，也会使我遭到别人的非议。这样上下俱损，我实在不愿如此。"汉和帝说："别人都以亲人进宫为荣耀，而你却加以谢绝，太难得了。"每次参加宴会，别人都打扮得花枝招展，而邓绥总是朴素无华。因为汉和帝的厚爱，皇后非常嫉妒她，曾对人恶狠狠地说，只要皇上驾崩，绝对不会让邓家人留下一个活口。后来皇后因搞巫蛊活动被废黜，邓绥被封为皇后。

公元 105 年，汉和帝驾崩。当初汉和帝前后失去了十几个皇子，在群臣不知道的情况下，皇后把生下的一个皇子偷偷送到民间抚养，以保其平安。汉和帝去世后，邓绥把这个皇子从民间抱回，立为皇帝。因这位叫刘隆的皇帝出生才一百多天，由邓绥临朝执政，她也被尊为邓太后。当时发生了三件事，邓绥处理得相当漂亮。一是有人告发曾侍奉先帝的吉成搞巫蛊害人。邓绥认为这可能是诬告。她亲自调查此事，最后证明确实是陷害，从而保护了吉成。二是宫中丢失了一箱珍宝，有人主张搜身抄家，找出偷盗之人。邓绥认为那样容易弄得人人自危。她通过了解案情，确定了嫌疑人。一审问，此人果然招了，并退还了东西。三是有位高官名叫王涣，此人办事公正，爱护百姓，为百姓办了许多好事。听说王涣去世的消息，百姓自发地走上街头，为他叹息流泪，并为他建了祠庙，作诗悼念。邓绥顺应民心，下诏说："有了这样忠良的官吏，国家才能得到治理。朝廷殷切地寻求像王涣这样的好官吏，却极难得到。现任命王涣的儿子王石为郎中，以此勉励那些任职劳苦、办事公道、廉洁奉公的官吏。"对这项任命人人心服口服。

司马光虽然写了吕后的狠毒，但也以饱满的热情歌颂了马太后与邓太后。

在本文收尾之前，老夫想起一句豫剧唱词：谁说女子不如男！

第四篇

三国博弈

# 群雄四起

谁也没有想到，曾经风光无限的汉朝，发展到最后亦成为千疮百孔的烂摊子了。不过，瘦死的骆驼比马大，汉朝在"咽气"之前，还要折腾好多年呢！

《资治通鉴》第五十八卷中，开始出现曹操了。老夫在这里说明一下，《资治通鉴》中的曹操、董卓、袁绍、孙权、刘备、关羽、张飞、诸葛亮等历史人物，与《三国演义》等小说中的形象是不完全一样的。老夫写的完全以《资治通鉴》提供的历史事实为依据，没有艺术加工成分，给大家呈现比较真实的人物形象。

司马光说，曹操的父亲名叫曹嵩，是中常侍曹腾的养子。曹操这个人从小机智，有权谋，喜欢行侠仗义，但行为放荡，不经营家业。可是，当时有两个人看这小子不一般，其中一人对曹操说："天下将大乱，不是掌握时代命运的杰出人才不能拯救危局，能平息大乱的人，恐怕就是你。"另一人也对曹操说："汉室将要灭亡，安定天下的人一定是你吧！"他们还告诉曹操："你现在还是无名之辈，有个名叫许劭的人很有名，他看人很准，你去拜访他吧。"

曹操去拜访许劭，开门见山地问："请许先生告诉我，我是一个什么样的人？"许劭笑而不答。

曹操死皮赖脸地请人家一定说，许劭只好说了十个字："治世之能臣，乱世之奸雄。"

听见许劭说出这十个字，司马光的原话是："操大喜而去。"

看来，曹操奋斗了一辈子，都没跑出这十个字。许劭这个人看人为何如此准？

过了一段时期就出现了董卓篡权之乱。

有一天，董卓对袁绍说："天下的君主应由贤明的人来担任。现在汉灵帝实在不行，需要换皇帝了。"

袁绍说："换帝之事可不是闹着玩的，汉朝已统治几百年了，恩德深厚，万民拥戴。现在汉灵帝年幼，又无过失传布天下，要废帝换人，恐怕没多少人赞同。"

董卓按住剑柄说："你小子竟敢反对我的意见！天下大事难道不是由我决定吗？"

袁绍也不甘示弱："天下的英雄豪杰，难道只有你一人？"说完扬长而去。

接下来董卓宣布废掉汉灵帝，遭到不少人反对。他又威逼何太后下诏废皇帝，何太后不从，他毒杀了何太后。董卓凭着他手中的军权无法无天、胡作非为。物极必反，最后袁绍和曹操等各路人马联合起来讨伐董卓。

在朝廷中智勇双全的老臣王允，设下除掉董卓之计。他把力大无比、武艺高强的吕布拉过来，双方打算联合除掉董卓。在董卓上朝时，由吕布亲手刺杀了董卓。

矛盾总是在不断转化。后来曹操与吕布又打了起来。双方打得难分难解。最后，基本上谁也"吃"不掉谁，以平局收场。

吕布有勇少谋，而曹操不仅是军事家，而且是政治家。他有一步大棋走得十分漂亮。

曹操想把汉献帝请到他自己的所在地许县（今许昌市）。大家不要天真地以为曹操对汉献帝有多么爱护和崇敬，他是多么想维护汉朝的江山。说白了，他是"拉大旗作虎皮"，为了自己。或者更确切地说，他是"为了打鬼，借助钟馗"。

在决定这件大事之前，有个人给曹操出主意说："从前，晋文帝接回周襄王使各诸侯服从，汉高祖刘邦为义父服丧，都很得人心。自从汉献帝流亡在外，将军们曾提倡举义兵，把天子迎回，只因战乱，这一计划没有实现。如今汉献帝已返回洛阳，但洛阳早已荒废，不适合居住。忠义之士有保存汉朝之根的愿望，黎民百姓也有感怀旧王室的悲伤。真该趁此机会，将汉献帝接来许县，以顺应黎民百姓之心，这是最得人心的行动。大公无私使天下人归顺，这是最正确的策略；坚守君臣大义，招纳四方的俊才，这是最大的德行。这个大事要立即决定，不然让别人捷足先登，后悔晚矣！"

曹操听从谋士的高见，虽费了九牛二虎之力，但还是把汉献帝从洛阳迎接到他的所在地。从此就可以名正言顺地"挟天子以令诸侯"了！汉献帝已经成了曹操手中的工具，自己还不知道，任命曹操为大将军，封为武平侯。

凡是乱世，群雄四起，八仙过海，各显神通。《资治通鉴》中说，刘备是中山靖王之后，因儿时父亲去世，家道贫寒，和母亲以卖鞋为生。刘备这个人长相不凡，身长七尺五寸，手垂下来可以超过膝盖，耳朵大得出奇，大到什么程度呢？自己的眼睛都能看到自己的耳朵。老夫试了无数次，实在看不到自己的耳朵。还说，刘备胸有大志，但沉默寡言，喜怒不形于色。刘备曾和公孙瓒一起拜卢植为师，因此，他投奔了公孙瓒。

公孙瓒派刘备攻打青州，因立下战功，被任命为平原国相。

刘备年轻时与关羽结识，还与张飞交情深厚。由于刘备在公孙瓒这里有了官职，就让关羽、张飞为别部司马，分别统领军队。

刘备、关羽、张飞好到什么程度呢？司马光说，三人同床而眠，情同手足，在有人的地方，刘备坐着，关羽与张飞总是规规矩矩站立两旁，护着刘备。但是我反复翻阅《资治通鉴》，也找不到"桃园三结义"的影子，难道这话是罗贯中写《三国演义》时的艺术加工？

赵云也来投奔公孙瓒。公孙瓒问他："听说你们那儿的人，都投奔了袁氏，你怎么来投奔我呢？"赵云说："天下人议论纷纷，也弄不清跟随谁是对的。百姓有危难，而我愿追寻施行仁政的人，所以我远道而来追随你。"公孙瓒收留了赵云。经过一段时间的交往，刘备很喜欢赵云的德与才，就与赵云成为好友。赵云从此再未离开过刘备，为刘备统领骑兵。

这样，在这篇文章中，刘备、关羽、张飞、赵云、曹操、董卓、袁绍、吕布等大人物都出场了。大戏、好戏都在后边。

# 煮酒论英雄

写作这本书以来，老夫感觉《资治通鉴》实际上是一部帝王将相史。虽然这里边涉及的人，有好人，有坏人；有聪慧的人，有愚蠢的人，但他们都是有头有脸的人。每个时期，就是这些人围绕着"权"和"利"这两个字，进行着你死我活的斗争。他们吃肉啃骨头，百姓顶多跟着喝点汤，有时连汤也喝不上。太平盛世不是没有，但时间很短，刚刚安稳了一阵，又开始了恶斗，百姓只能在夹缝中求生存。许多情况下，真正倒霉的还是老百姓。

从《资治通鉴》上看，刘备是位胸有大志的人。但他很善于隐藏自己的才能，为人低调，大智若愚，藏巧露拙。

司马光写了这么一段：

> 初，车骑将军董承称受帝衣带中密诏，与刘备谋诛曹操。操从容谓备曰："今天下英雄，惟使君与操耳，本初之徒，不足数也！"备方食，失匕箸，值天雷震，备因曰："圣人云'迅雷风烈必变'，良有以也。"遂与承及长水校尉种辑、将军吴子兰、王服等同谋。会操遣备与朱灵邀袁术，程昱、郭嘉、董昭皆谏曰："备不可遣也！"操悔，追之，不及。术既南走，朱灵等还。备遂杀徐州刺史车胄，留关羽守下邳，行太守事，身还小沛。东海贼昌豨及郡县多叛操为备。备众数万人，遣使与袁绍连兵。操遣司空长史沛国刘岱、中郎将扶风王忠击之，不克。备谓岱等曰："使汝百人来，无如我何；曹公自来，未可知耳！"

因为这段话比较重要，老夫抄录了一段白话文，大家可对照着看，顺便也学点文言文：

公元199年，车骑将军董承自称他接受汉献帝的密诏，与刘备一起密谋杀曹操。一天，曹操请刘备喝酒，从容地对刘备说："天下的英雄，如今只剩你和我了，袁绍之流算不上英雄。"刘备正在吃饭，听闻此言，吓得手中的筷子都掉在地上了。正好天上打了个特响的雷，刘备为了掩盖自己惊慌的神情，趁打雷之机赶快说："圣人曾说过，迅雷和狂风会使人改变脸色，这话实在有理呀！"事后，便和董承以及长水校尉种辑、将军吴子兰、王服等一起谋划。正逢曹操派刘备和朱灵拦阻袁术，程昱、郭嘉、董昭都劝阻曹操，说："不可派刘备！"曹操也后悔了，赶快去追刘备，但来不及了。袁术向南逃走后，朱灵等率军返回。刘备就杀死徐州刺史车胄，留下关羽驻守下邳，代管太守事务，自己返回小沛。东海贼人昌豨以及附近的郡县大多背叛曹操投靠刘备。这时刘备已有几万人马，于是与袁术联合。曹操派司空长史、沛国人刘岱和中郎将、扶风人王忠进攻，失败。刘备对刘岱等人说："像你们这样的人来上一百个，也拿我没有办法，如果曹操亲自来就不得而知了！"

这段话后来演绎成"煮酒论英雄"的故事。当曹操说出：现在天下的英雄，没别人了，只有你和我两个人了！通常情况下，刘备应高兴得不得了，定会端起杯来，连敬曹操三杯，感谢知遇之恩——能与"挟天子以令诸侯"的曹操并列为两大英雄，简直是莫大的荣耀！而刘备却吓得手发抖，连筷子都吓得掉在地上。为了不被曹操察觉他的惊恐之情，还以打雷声当掩护。刘备太有智慧了，不是一般的聪明，而是有大智慧。这个例子为什么世世代代流传？因为它告诫人们：胸有大志者，千万不可锋芒毕露，千万要警惕他人的忽悠。

成就大业的人，往往是那些大智若愚、藏而不露、埋头苦干、以事业的成就赢得人心之人。

# 乱世多枭雄

司马光在《资治通鉴》中说，公元 200 年春季，曹操准备亲自率大军讨伐刘备。这时有人说："当前与您争天下的是袁绍。如向东讨伐刘备，而袁绍从背后进行攻击，就不好办了，应先把袁绍收拾了，再反过头来收拾刘备。"

曹操说："刘备是人中豪杰，如今若不进攻他，后患无穷。"

郭嘉说话了："袁绍这个人脑子反应迟钝，且多疑不定，即使他来进攻，动作也不会很快。刘备刚刚起步，人心尚未完全归附，咱们趁早下手，一定会把刘备击败。"

郭嘉的话坚定了曹操的决心，他马上挥师东征刘备。

这时，有位名叫田丰的人对袁绍说："曹操与刘备交战，一时难分胜负，袁将军趁机袭击曹操的后方，可以一举成功。"

袁绍果然如郭嘉所说，以他儿子生病为由而推辞，未能出兵。气得田丰拿着拐杖直击地面，气愤地说："唉，这么好的机会，却因为一个小孩子生病而丧失，可惜啊，大事完了！"

曹操毫无后顾之忧地击败了刘备，并俘获了他的妻儿。刘备只好去归附了袁绍。听说刘备到了，袁绍出城二百里迎接。

过了一阵子，刘备之前被打散的人马又聚集在他的身边。刘备拉着自己的人马另起炉灶。

至于关羽被曹操俘获一事，老夫有一些不成熟的分析：按关羽的实力，曹操是活捉不了他的，他是否是为了掩护刘备脱险而被俘的？关羽知道曹操不会害他，因为曹操早就想让他成为自己的一员战将。即使被俘，曹操对关羽的态度也不会差。此外，关羽留在曹营，还可以对刘备的妻儿起到保护作用。

曹操非常欣赏关羽的武功与为人。但曹操是个极聪明的人，经过一段时间的观察，他知道关羽没有久留之意。曹操派张辽去打探关羽的想法，关羽叹息说："我非常清楚曹公待我不薄，但我受刘将军的厚恩，并发誓与其同生死、共患难，我不能背叛我的誓言。但我要立功报答曹公后再离去。"张辽把关羽的原话转告给曹操。曹操十分钦佩这种讲义气的人。后来关羽斩杀了颜良，实现了为曹操立功的诺言，然后投奔刘备。

《资治通鉴》中的原文如下：

> 初，操壮关羽之为人，而察其心神无久留之意，使张辽以其情问之，羽叹曰："吾极知曹公待我厚，然吾受刘将军恩，誓以共死，不可背之。吾终不留，要当立效以报曹公乃去耳。"辽以羽言报操，操义之，及羽杀颜良，操知其必去，重加赏赐。羽尽封其所赐，拜书告辞，而奔刘备于袁军。左右欲追之，操曰："彼各为其主，勿追也。"

从《资治通鉴》上看，有两点让老夫不明白：一是关羽从曹操处离开时，刘备的老婆孩子是否和他一起离开？二是关羽杀了袁绍的大将颜良，他去袁绍处投奔刘备，袁绍就能宽恕了他？

不过老夫从《资治通鉴》中悟出一个规律：战乱时期就像竞技体育比赛，小组赛阶段进行混战。进入决赛阶段，就实行淘汰制。输者退出比赛，赢家接着对垒。

接下来就是有名的官渡之战。

袁绍这个人，不善于听高明之见，指挥起来又优柔寡断。许攸曾给他出主意："曹操兵少，他倾巢出动来打我们，许都防守定会空虚，我们可以派军队夜袭，攻占许都后，还可以把汉献帝接到咱们这儿来，我们就可以以天子之名讨伐曹操。"这么好的建议袁绍根本不听，许攸一气之下，投奔了曹操。

曹操听说许攸来了，兴奋之至，连鞋都没来得及穿，光着脚丫子就外出迎接，见面后就说："许兄，你远道而来，我的大事可以成功了！"

两人喝酒时，许攸问曹操："您现在的粮草还能支撑多长时间？"

曹操答："还能支撑一年。"

许攸说："支撑不了那么长时间了吧！"

曹操说："还能支撑半年。"

许攸说："难道您不想击败袁绍吗？怎么不对我说真话呢！"

曹操红着脸说："我实话告诉你，我的粮草只能支撑一个月了。"

许攸说："您孤军独守，既无外援，粮草将尽，已到最危险的时候。而袁绍有一万辆辎重车，目前停在故市和乌巢一带，防守不严，如果您派一支轻装部队，出其不意地对其袭击，焚毁他们的粮草与军用物资，出不了三天，袁绍大军就会自行溃散。"

曹操听后大喜，按计行事。曹操可与袁绍不同，他是当机立断之人，亲自率领五千人马，一律换上袁绍军队的服装，神不知鬼不觉地把袁绍的一万辆辎重车付之一炬。袁绍发现后，知道大势已去，只好带着几百骑兵渡过黄河逃命去了。

官渡之战是著名的以少胜多的战争，其战斗过程，老夫就省略了。

# 卧龙出山

自从秦始皇称帝之后，他很想长命百岁，甚至想永远当皇帝。但不幸只活了四十九岁就与世长辞了。他的儿子胡亥继承了帝位，没过几年就被人杀害。后来继位的子婴，还未站稳脚跟，就向刘邦交印投降了，最后又死于项羽的刀下。

接下来谁当皇帝？想当的人真不少，这些人争来争去，杀得天昏地暗、血流成河、白骨成堆。争到最后，只剩下刘邦和项羽两个人了。最后以刘邦的胜利终结了这场恶斗。刘邦建立了汉朝，当上开国皇帝。从这之后，汉朝的统治维持了几百年，这中间经过了惠帝、文帝、景帝、武帝、昭帝、宣帝、元帝、成帝、哀帝、平帝、更始帝、光武帝、明帝、章帝、和帝、殇帝、安帝、顺帝、冲帝、质帝、桓帝、灵帝、献帝等皇帝，中间还有几个掌权者，就不值一提了。

老夫觉得，刘邦的这个头开得还算不错。他的曾孙汉武帝也真够厉害，为中华民族的统一大业，立下了汗马功劳。

汉朝的末代皇帝，就是汉献帝刘协了。他沦为傀儡皇帝，最后又被曹操的儿子曹丕取而代之。但老夫有个感觉，汉献帝在位的几十年，虽然在其位而不谋其政，只是让曹操父子当工具，然而，这一段历史似乎是汉朝临死前的"回光返照"，真出了一批值得书写的历史人物。

现在，轮到诸葛亮出场了。

希望大家不要怕难懂，老夫不辞辛劳，将《资治通鉴》中的原文抄录如下：

> 刘备在荆州，访士于襄阳司马徽。徽曰："儒生俗士，岂识时务，识时务者在乎俊杰。此间自有伏龙、凤雏。"备问为谁，曰："诸葛孔明、庞士元也。"徐庶见备于新野，备器之。庶谓备曰："诸葛孔明，卧龙也，将军岂愿见之乎？"备曰："君与俱来。"庶曰："此人可就见，不可屈致也，将军宜枉驾顾之。"
>
> 备由是诣亮，凡三往，乃见。因屏人曰："汉室倾颓，奸臣窃命，孤不度德量力，欲信大义于天下，而智术浅短，遂用猖獗，至于今日。然志犹未已，君谓计将安出？"亮曰："今曹操已拥百万之众，挟天子而令诸侯，此诚不可与争锋。孙权据有江东，已历三世，国险而民附，贤能为之用，此可与为援而不可图也。荆州北据汉、沔，利尽南海，东连吴会，西通巴、蜀，此用武之国，而其主不能守，此殆天所以资将军也。益州险塞，沃野千里，天府之土；刘璋闇弱，张鲁在北，民殷国富而不知存恤，智能之士思得明君。将军既帝室之胄，信义著于四海，若跨有荆、益，保其岩阻，抚和戎、越，结好孙权，内修政治，外观时变，则霸业可成，汉室可兴矣。"备曰："善！"于是与亮情好日密。关羽、张飞不悦，备解之曰："孤之有孔明，犹鱼之有水也。愿诸君勿复言。"羽、飞乃止。

　　上文是说，刘备请司马徽向自己举荐高明之士。司马徽说："在一般人中怎么会有高明之人，识时务的人都是俊杰。在我们这个地方的俊杰就是卧龙、凤雏了。"刘备又问："卧龙和凤雏到底是什么样的人？"司马徽说："就是诸葛亮与庞统。"后来，徐庶也对刘备说："诸葛亮是卧龙，将军难道不想见他吗？"刘备说："我想见，你与诸葛亮一起来吧！"徐庶说："诸葛亮这个人，只能您屈尊亲自拜见，随便请一下，他是不会来的。"

　　刘备求贤若渴，他带着关羽和张飞前后去了三次才见到诸葛亮本人。

　　在这个地方，文学家们展开了想象的翅膀，进行了艺术创作：第一次，刘备和关羽、张飞带着礼物去拜访诸葛亮。谁知诸葛亮刚好出游去了，书童也说不知什么时候回来。刘备他们只好回去了。第二次，刘备和关羽、张飞冒着大雪又来到诸葛亮的家。刘备看见一个青年正在读书，急忙过去行礼。可那个青年是诸葛亮的弟弟。他告诉刘备，哥哥被朋友邀走了。刘备非常失望，只好留下一封信，说渴望得到诸葛亮的帮助，平定天下。第三次，诸葛亮正好在睡觉。刘备让关羽、张飞在门外等候，自己在台阶下静静地站着。过了很长时间，诸葛亮才醒来，刘备向他请教平定天下的办法。在《资治通鉴》中，其实只有五个字形容这一段故事："凡三往，乃见"。

　　跑了三趟，总算见到诸葛亮了。刘备让左右的人都出去，两人单独会谈。

　　刘备说："汉朝王室已经衰败，奸臣窃据朝政大权，我不顾自己德才欠缺，立志伸张正义于天下，但因智谋短浅，连遭挫败，走到今天这步田地。但我雄心壮志还在，请先生告诉我，我应该如何去做？"

　　诸葛亮终于开口了，向刘备分析了形势，指明了方向。

　　诸葛亮先分析曹操："如今曹操拥兵百万，又挟天子以令诸侯，此人你不能与之交锋。"

　　诸葛亮又分析孙权："孙权占据着江东，已经历了三代，地势险要，民心归附，聚集了不少贤能之人，对孙权只可以与之联盟，不能算计他。上天赐给将军一块好地方，这就是荆州地区。这块地方好啊，北有汉水、沔水为屏障，南可直通南海，东边连接吴郡、会稽，西方可通巴郡、蜀郡，正是一块用武之地，但主人刘表却没本事守这块地方，这恐怕是上天留给将军的宝地。益州四边地势险峻，中有沃野千里，是天府之地，而益州的刘璋昏庸懦弱，北边还有张鲁相邻，虽百姓富裕，官府财力充足，却不知道珍惜。在这种情况下，智士贤才都盼望能有一位圣明的君主。将军既是汉室的后裔，信义又闻名天下，如果能占有荆州与益州，据守险要，安抚戎、越等族，与孙权结盟，对内修明政治，对外观察时局变化，这样就可建成霸业，恢复汉朝王室了。"

刘备认认真真听了后立即表示："很好！"从此与诸葛亮关系十分亲密。关羽和张飞对此感到不满。刘备说："你们还不理解，我得到诸葛亮，如鱼得水，希望两位贤弟不要再说三道四了。"关羽和张飞才停止埋怨。

过去有句话：秀才不出门，全知天下事。当时诸葛亮也就是个二十几岁的年轻人。你看人家谈问题，没说一句豪言壮语，全是一层层分析，分析曹操，分析孙权，分析以荆州和益州为中心的周围地区。在几百个字中，就把刘备的根据地应扎在哪里指出来了，从而明确了三足鼎立局势的形成，并指出应联合孙权对抗曹操。

这是千金难买的大智慧。这种分析问题的方法永不过时，值得借鉴。

# 长坂坡之战

三国时期出现了众多杰出人物，发生过不少气壮山河的事件，因此文学家进行了不少艺术创作。特别是罗贯中的那部《三国演义》，更是名扬四海、家喻户晓。他把想象力发挥到极致，故事写得有声有色，人物塑造得有血有肉。刘备、关羽、张飞、诸葛亮、赵云、孙权、周瑜、曹操等人就不用说了，连小人物的故事都写得非常生动。其实，在《资治通鉴》这部史书中，有许多故事是找不到的。那些都是艺术创作，并非历史。因此，我的这本书必须按《资治通鉴》提供的史料来写。大家熟悉的许多极为生动的典型故事，这里面是没有的。

刘备采纳诸葛亮的高见，就在荆州待下来了，但脚跟并未站稳。这时有人劝刘琮投降曹操。他们说："逆与顺有一定的道理，强与弱有一定的形势。以臣子的身份去抗拒天子，是对国家的背叛；以刚接手的荆州去抵抗朝廷大军，必然陷入危险；依靠刘备去对抗曹操，肯定失败。这三个方面如果都不行，拿什么去对付曹操的大军？将军您比不上刘备，如果刘备都抵挡不住曹操的大军，即使投入荆州的全部力量也不能自保；如果刘备把曹操的大军抵挡住了，他就不会居于您之下了。"

刘琮真的向曹操投降了，并准备迎接曹操进荆州。

刘备驻军樊城，刘琮并未向刘备透露投降曹操之事。后来，刘备觉得情况可疑，派人去问刘琮。这时刘琮才派宋忠去向刘备传达了已向曹操投降的实情。刘备愤怒地说："你们这些人怎么能这么做事呢？事先一点儿风声也不透露，大祸临头了才告诉我！"

刘备赶快率领人马撤离，临走前还去刘表的坟上拜了三拜，挥泪而去。跟随刘备撤离的人有十余万，辎重车有数千辆。因为人太多，每天只能行进十余里。

刘备派关羽率部乘几百艘船顺水而下，决定在江陵会师。

因为有许多百姓追随刘备，行军速度很慢。有人主张把这些人丢弃掉。而刘备却说："一个成大事的人，一定要以人为本。现在百姓都归附于我，我怎能忍心抛下他们而去呢？"

曹操知道江陵物产丰厚，怕刘备占领，就留下辎重车，轻装赶到襄阳。曹操发现刘备的军队已离去，就率五千精锐骑兵急速追击，一日竟行军三百多里，赶到当阳长坂。

刘备抛下妻儿，和诸葛亮、张飞、赵云等几十人骑马逃走。曹操抓获了刘备的大量人马。

徐庶的母亲被曹操抓住。徐庶是位大孝子，他对刘备说："本想与将军共谋霸业，但我母亲已经落到曹操手里，我的心已乱了套，留下来对你完成大业已没什么用处，原谅我随母而去。"

张飞率领二十多名骑兵断后，他据守河岸，拆去桥梁，横握长矛，怒目而视，对曹军大吼："我就是张翼德，有谁敢来决一死战！"吓得曹军人人发抖，没人敢向前一步。

忽然有人向刘备报告："赵云已向北逃跑了！"刘备对说此话的人怒吼："赵子龙绝对不会丢下我逃跑！"果然，不一会儿，赵云抱着刘备的儿子刘禅回来了。

最后，刘备等人与关羽的船只会合，渡过沔水，又遇到刘琦及其所率领的一万多人，他们一起到达夏口，从而摆脱了曹操的追击。

这一段历史，大家千万不要小看，京剧《龙凤呈祥》中《甘露寺》一折的部分唱词，就出自上面这段故事：

> 劝千岁杀字休出口，
> 老臣与主说从头。
> 刘备本是靖王后，
> 汉帝玄孙一脉留。
> 他有个二弟汉寿亭侯，
> 青龙偃月神鬼皆愁。
> 白马坡前诛文丑，
> 在古城曾斩过老蔡阳的头。
> 他三弟翼德威风有，
> 丈八蛇矛惯取咽喉。
> 鞭打督邮他气冲牛斗，
> 虎牢关前战温侯。
> 当阳桥前一声吼，
> 喝断了桥梁水倒流。
> 他四弟子龙常山将，
> 盖世英雄冠九州。
> 长坂坡救阿斗，
> 杀得曹兵个个愁。
> 这一班武将哪个有？
> 还有诸葛用计谋。
> 你杀刘备不要紧，
> 他弟兄闻知怎肯罢休！
> 若是兴兵来争斗，
> 曹操坐把渔利收。
> 我扭转回身奏太后，
> 将计就计结鸾俦。

喜欢京剧的朋友，看到这儿可以轻松一下。这些唱词，就是从《资治通鉴》记载的故事中派生出来的。

# 谋士鲁肃

不知道你喜欢鲁肃这个人吗？我挺喜欢他的。他是东汉末年杰出的战略家、外交家，既有战略头脑，又有策略手段，而且德高望重，说话有分量。

司马光在《资治通鉴》中说，当听到荆州的刘表去世的消息后，鲁肃就对孙权说："荆州和咱们国土相连，江山险固，沃野万里，百姓富裕，如果我们拥有它，就拥有了成为帝王的资本。如今刘表已死，听说他的两个儿子不和，众将领亦分为两派。刘备虽是天下的英雄，但刘表嫉妒他的才能而不重用他。我请求去荆州，一方面为刘表吊丧，另一方面与刘备进行接触，争取与其联盟，共同对抗曹操。如果此事办成，天下便可安定。此事宜早不宜迟，以防止曹操捷足先登。"

孙权表示同意，立即派鲁肃去荆州。

鲁肃到达夏口后，听说曹操率大军正在向荆州进发，便日夜兼程赶路。等他到达南郡时，听说刘琮已向曹操投降，刘备正向南撤退，鲁肃便直接去见刘备。

刘备与鲁肃在当阳的长坂相会，二人一见如故。鲁肃向刘备转达了孙权的意图，二人在开诚布公的热烈气氛中，纵谈天下大事。

鲁肃问："刘兄如今打算去什么地方？"

刘备答："苍梧郡太守吴巨与我有旧交，我打算先去投奔他。"

鲁肃说："孙将军聪明仁惠，非常敬重贤能之人，江南许多英雄豪杰都归附了他。孙将军已占有六郡之地，兵精粮多，足以成就一番大事业。如今为您打算，最好派心腹到江东与孙将军取得联系，可以联合起来共建大业。我觉得投奔吴巨不是最好的选择，因为吴巨本人不过是个凡夫俗子，而且他的地盘很小，随时有被人吞并的可能，托身于他太危险了。"

刘备非常赞成，与鲁肃结为好友，并进驻樊口。

过了一段时间，曹操要从江陵出发，顺着长江向东进军。诸葛亮对刘备说："形势危急，请派我到江东孙将军那里求援吧。"于是诸葛亮在鲁肃的陪同下去拜见孙权。

见到孙权后，诸葛亮说："自从天下大乱以来，将军在江东起兵，刘备也在汉水以南聚集军队，与曹操争天下。如今曹操基本消灭北方的强敌，又由北南下，攻取了荆州，震动了四海。他的野心是要夺取整个天下。在此形势下，将军要么与刘备联合共同抗曹，要么向曹操投降。事情如此紧迫，必须当机立断，否则大祸就要临头了！"

孙权说："照你这么说，刘备为什么不向曹操投降呢？"

诸葛亮说："刘备是王室的后代，有盖世无双的才能，民心归附，就像江河归向大海一样。万一事情不能成功，这是天意，怎能向曹操投降呢？"

孙权说："我的主意已定，绝对不会向曹操投降。我也有意与刘备联合，但刘备刚吃了败仗，怎能抵抗这么强大的敌人呢？"

诸葛亮说："刘备虽在长坂吃了败仗，但现在还有精兵一万多人，再加上刘琦手下的一万多人，仍是一支不可小觑的力量。曹操的人马虽多，但他们是从北方远道而来，疲惫不堪。况且北方人大多是'旱鸭子'，不熟悉水战。假如将军能派勇猛之将，统率几万大军，和刘备联合起来抵抗曹军，定能大败曹操。曹操吃了败仗，一定会退回北方。这样，东吴与荆州的势力就会大大增强，三分天下的局面就形成了。成败的关键，就在今天。"

孙权听诸葛亮这么一说，非常高兴，立即与他的部属们商议。

恰在此时，曹操给孙权来信说："最近，我奉天子之命讨伐叛臣，军旗向南一指，刘琮就投降。我率领水军八十万人，将与你在吴地决一死战。"孙权看到曹操的来信，气不打一处来。他把信交给大家看。

在议论中，有人感到曹操挟天子以令诸侯，欺人太甚，必须与其决一死战；也有不少人吞吞吐吐，态度不明，还有人主张干脆归附了曹操。

只有鲁肃一言不发，趁与孙权一起上厕所的机会，告诉孙权，必须坚决抵抗，并劝孙权赶快把周瑜从番阳召回来。

周瑜是位英雄，在他的字典里岂有"投降"二字？他从番阳回来，看了曹操的信后说："曹操名义上是汉朝的丞相，实际上是汉朝的贼臣。孙将军以神武英雄的才略，又凭父兄的基业，割据江东，统治的地区有几千里之广，精兵足够调用，英雄们都乐于效力，应横行天下，为汉朝清除邪恶的贼臣。何况曹操是来送死，我们怎能向他投降？"

千万不要小看了周瑜，他是位思想家、政治家。他向孙权从几个方面分析了曹操：第一，如今北方尚未完全平定，马超和韩遂还驻兵函谷关，此乃曹操的心腹大患；第二，曹操舍弃鞍马，改用舰船，与从小就生长在江东水乡的人作战，这不是找死吗？第三，现在正值寒冬，战马缺乏粮草，后方供应线太长，难以持久；第四，驱使北方的士兵来南方，士兵水土不服，必然生病，大大影响战斗力。这四个方面都是用兵之大忌，而曹操被胜利冲昏了头脑，才会贸然行事。

听了周瑜的分析，可把孙权高兴坏了。他马上说："曹操这个老贼早就想废掉汉献帝，自己篡位了，只是顾忌袁绍、袁术、吕布、刘表和我。现在那几个英雄都一个个被消灭或死亡，只有我还在。我与曹贼势不两立！你的主张正合我意。这是上天把你赐给我！"

接着孙权拔出剑来，砍向面前的奏案，厉声说："各位将领和官吏们，从现在起，有敢说投降曹操者，命运就与这个奏案一样！"

既然周瑜已经亮相，赤壁之战也要马上登场了。

# 细品赤壁之战

一提起赤壁之战，不由得就让老夫想起苏轼的那首《念奴娇·赤壁怀古》：

大江东去，浪淘尽，千古风流人物。故垒西边，人道是，三国周郎赤壁。乱石穿空，惊涛拍岸，卷起千堆雪。江山如画，一时多少豪杰。

遥想公瑾当年，小乔初嫁了，雄姿英发。羽扇纶巾，谈笑间，樯橹灰飞烟灭。故国神游，多情应笑我，早生华发。人生如梦，一樽还酹江月。

更有意思的是，苏轼与司马光同是宋朝人。二人在政治见解上虽有分歧，但私交颇深，经常在一起品茶闲聊。

一天，苏轼带去的茶品质好，占了上风。司马光不服气，就说："茶欲白，墨欲黑；茶欲新，墨欲陈；茶欲重，墨欲轻。君何以同爱二物？"

苏轼立即察觉，这是司马光给他出难题呢！于是马上说："二物之质诚然矣，然亦有同者。"司马光问："何意？"苏轼说："奇茶妙墨俱香，是其德同也；皆坚，是其操同也。譬如贤人君子，黔皙美恶之不同，其德操一也。公以为然否？"苏轼的回答语惊四座，传为佳话。

苏轼的《念奴娇·赤壁怀古》是文学作品。那么，在《资治通鉴》中，司马光是如何记载赤壁之战的呢？老夫将原文抄录如下：

> 进，与操遇于赤壁。
>
> 时操军众，已有疾疫，初一交战，操军不利，引次江北。瑜等在南岸，瑜部将黄盖曰："今寇众我寡，难以持久。操军方连船舰，首尾相接，可烧而走也。"乃取蒙冲斗舰十艘，载燥荻、枯柴，灌油其中，裹以帷幕，上建旌旗，豫备走舸，系于其尾。先以书遗操，诈云欲降。时东南风急，盖以十舰最著前，中江举帆，馀船以次俱进。操军吏士皆出营立观，指言盖降。去北军二里馀，同时发火，火烈风猛，船往如箭，烧尽北船，延及岸上营落。顷之，烟炎张天，人马烧溺死者甚众。瑜等率轻锐继其后，雷鼓大震，北军大坏。操引军从华容道步走，遇泥泞，道不通，天又大风，悉使羸兵负草填之，骑乃得过。羸兵为人马所蹈藉，陷泥中，死者甚众。刘备、周瑜水陆并进，追操至南郡。时操军兼以饥疫，死者太半。操乃留征南将军曹仁、横野将军徐晃守江陵，折冲将军乐进守襄阳，引军北还。

以上就是《资治通鉴》中记载的赤壁之战。

什么意思呢？说的是：周瑜率部继续前进，与曹操的大军在赤壁相遇。当时曹军中已经有不少人因不服南方水土而生病。刚一开战，曹军就失利，退到长江北岸。周瑜的军队驻扎在长江南岸。这时，周瑜军中的一位名叫黄盖的将军对周瑜说："如今敌众我寡，这样难以持久。曹操的军队正在把战船用铁链子连在一起，首尾相接。我看可用火攻，放火烧了它们。"周瑜采纳了黄盖的建议，选取蒙冲战船十艘，装满干柴，在柴上浇满油，外面用帷幕掩护，插上旌旗，准备好快船，系在船尾。由黄盖写信给曹操，谎称他要向曹操投降。曹操信以为真。正好这时，又刮起了东南风，黄盖率十艘蒙冲战船驶在最前面，到江心时升起船帆，其余的船依次前行。曹操的官兵都出营来看，指着船说："黄盖来投降了。"离曹军船只还有二里时，那十艘船同时点火，风助火势，火船似箭一样驶过去，曹军的船都连在一起，想跑都跑不了，顷刻之间全被烧光了。大火直烧到岸上的军营，曹军的人马烧死和淹死的不计其数，乱成一团。周瑜率领的精锐部队紧追其后，战鼓齐鸣，曹军大败。曹操率军从华容道逃走。因道路泥泞，难以通过，老弱残兵被人踩踏，陷入泥潭，死伤无数。刘备和周瑜的部队水陆并进，追击曹操到南郡。曹操留曹仁、徐晃镇守江陵，命乐进镇守襄阳，他率残军退回北方。

这就是历史上著名的赤壁之战。

这里面，没有草船借箭，没有关羽在华容道放走曹操之说。看来那都是文学家创作的故事。当然，《资治通鉴》中没有的，其他书中也可以有；其他书中有的，《资治通鉴》中也可以没有。但是请大家特别注意，不管司马光与苏轼在政见上有多大分歧，我们可以清楚地看到，这两位文学家都歌颂了周瑜。老夫认为这十分公道，因为这是真实的历史情况。

周瑜确实是赤壁之战的一号主角。首先，他是主战派，而非主降派；其次，他主动请缨率领大军与曹操决战；最后，他善于采纳下属的高见，以火攻击败曹操。过去为了突出诸葛亮的形象，人为地让他抢了周瑜的不少戏。这是不公道的，应该还原历史真相。

遗憾的是，周瑜只活了三十六岁就暴病而亡。但可以肯定地说，他绝对不是被诸葛亮气死的。据载，周瑜文武双全，胸怀开阔，绝非小心眼之人。

# 定军山之战

矛盾双方在一定条件下可以相互转化。当与曹操的矛盾成为主要矛盾

时，孙权与刘备就联合起来共同对抗曹操。而曹操在赤壁之战中大败撤退之后，孙权和刘备的矛盾，就上升为主要矛盾。

刘备的人马越来越多，而周瑜给他划分的地盘很小，他施展不开，就亲自去拜见孙权，请求孙权把荆州给他。

聪明的周瑜给孙权出主意："以刘备的才能，加上他有关羽、张飞这几位猛将辅佐，绝对不会长久屈尊于人，听别人调遣。我认为应把刘备安排在吴郡，为他建造一座华丽的宫殿，多赐给他一些美女，腐化他的思想；同时把关羽和张飞从他身边调开，在别处安置。只要把他们三人分开，一切事情都好办了。如果现在扩大刘备的地盘，又不将刘备、关羽、张飞分开，刘备将如同蛟龙得到云雨，那就不是池中之物了。"

除周瑜外，其他人也劝孙权把刘备留下。但孙权考虑到曹操还在北方，正到处招揽人才，就没听众人的话。

刘备回来后，过了好久才听说这些内幕，叹息说："可见天下有智谋之人看法都差不多。当时诸葛亮就劝我不要去，我没听。真是危险，差一点儿就没逃出周瑜的手掌心。"

后来，刘备入蜀，成为益州之主。

刘备入蜀后，孙权就派诸葛亮的哥哥诸葛瑾去向刘备索要荆州各郡。刘备不同意。孙权甚为恼火，因此任命了长沙、零陵、桂阳三郡的地方长官。关羽全部加以驱逐。孙权派吕蒙率领两万人对抗关羽。

同时，孙权又派鲁肃率领一万人也来对抗关羽。鲁肃这个人有智谋，他决定先礼后兵，准备与关羽会谈。许多人都劝鲁肃不要去，太危险了。鲁肃却说："事到如今，最好的办法还是开导、劝说。刘备忘恩负义，是非还未有定论，我估计关羽不会谋害我的性命。"

鲁肃邀请关羽与他会面，商定各自的部队都停在百米之外，只有双方的将领带佩刀相见。这就是所谓的"单刀会"。

鲁肃责备关羽不应该不归还三郡。关羽却说："在乌林战役中，刘将军直接参战，竭尽全力打败了敌人，难道要白白辛苦，不拥有一块地盘吗？"

鲁肃则说："你说得不对。我一开始与刘备在长坂会面时，他的部队实力很弱，智竭计穷，士气低落，本打算远逃。是我们主公可怜刘备无处安身，不吝惜土地，才使刘备有了落脚之地。而如今他却不还土地，辜负恩德，破坏我们的友好关系。现在他已入蜀得了益州，有了自己的地盘，却不还荆州，这种事连普通人都不会做，何况领袖人物！"

关羽无言以对。

正在此时，消息传来，曹操要进攻汉中。刘备担心益州失守，又派人向孙权求和。孙权派诸葛瑾向刘备转告了同意和好的决定。最后双方以湘水为界，分割了荆州：长沙、江夏、桂阳以东地区归孙权；南郡、零陵、武陵以西地区归刘备。

公元218年，刘备驻军阳平关，曹军大将夏侯渊等率部与刘备对峙。经过多次交战，双方难分伯仲，相持了许久。

夏侯渊打仗非常勇猛，但曹操多次告诫他："一个将领不能只有勇猛，也应该有害怕并示弱的时候。将领当然应以勇猛为本，但在行动中要有智慧和谋略。仅靠勇猛只能对付一个人而已。"但是这个夏侯渊就是个有勇少谋之人，不管曹操如何苦口婆心地教导，他也难改本性。

刘备从阳平向南渡过沔水，沿山悄悄向前行进，在定军山扎营。夏侯渊得知后，不顾一切就来抢夺定军山。刘备派黄忠站在高处擂响战鼓，呐喊着反击，把夏侯渊的军队打得落花流水，在激战中夏侯渊掉了脑袋。

关于定军山之战，司马光在《资治通鉴》中的描述如下：

> 初，夏侯渊战虽数胜，魏王操常戒之曰："为将当有怯弱时，不可但恃勇也。将当以勇为本，行之以智计；但知任勇，一匹夫敌耳。"及渊与刘备相拒逾年，备自阳平南渡沔水，缘山稍前，营于定军山。渊引兵争之。法正曰："可击矣！"备使讨虏将军黄忠乘高鼓噪攻之，渊军大败，斩渊及益州刺史赵颙。

老夫将《资治通鉴》上的这段原文抄录下来，一方面是让大家多接触文言文，从而提高阅读能力；另一方面是要使大家知道，我国第一部电影就是《定军山》。它是1905年由北京丰泰照相馆老板任庆泰执导、著名京剧表演艺术家谭鑫培主演的一部无声电影。虽然故事内容不太多，但它开创了我国拍摄电影的先河。

因此，老夫敬请大家记住《定军山》，记住任庆泰，记住谭鑫培。

# 千古遗恨

你想知道关羽和曹操最后是怎么死的吗？这两个人在我国的戏剧中，前者为红脸，表示忠；后者为白脸，表示奸。戏剧是艺术加工作品，请看《资治通鉴》中是怎么说的。

先说关羽。在孙权的心目中，关羽的分量是不轻的。他曾想与关羽结成亲家，派人向关羽说亲，关羽不同意。不同意就不同意吧，用好话谢绝就是了，可关羽还把孙权派来的使者骂了一顿。为此，伤了孙权的自尊心，孙权非常气愤，从此与关羽结下私仇。

孙权打算先攻取徐州，然后进攻关羽。吕蒙对孙权说："曹操远在黄河以北，当前对我们没有直接威胁。即使我们夺下徐州，曹操十天之内就会派大军来夺，我们很难守住。而关羽就在我们眼皮子底下，此人反复无常，他现在之所以没有攻击我们，是因为您圣贤英明，以及我们这些将领都在。一旦我们这些人死去，谁还能收拾他？不如趁我们健在时把关羽除掉，否则后患无穷。"

吕蒙把孙权说动了，于是孙权下定决心先除掉关羽。因为关羽不是一般人，要除掉他必须智取，不可力夺。为此，孙权进行了一番谋划。

第一招：吕蒙提议以病重为由，带领一部分人马回到建业养病，并对外宣称病得很重。如果关羽听到吕蒙养病的消息，一定会撤掉防守部队，全部赶赴襄阳。这样，吕蒙的大军就可以乘船不分昼夜地奔向长江上游，突袭关羽防守空虚的后方，从而攻下南郡，活捉关羽。

第二招：任命陆逊代替吕蒙的职位，要陆逊进驻陆口。陆逊在外表上隐藏自己的打算，心中观察形势的发展。到达陆口后，为了迷惑关羽，陆逊还以十分亲切友好的言辞给关羽写了封信，称赞了关羽的功劳与美德，以十分谦卑的口吻，向关羽表忠心。关羽看到这封信，心中大为安定，抽调大批兵力去樊城。

第三招：吕蒙率军到达寻阳，把精兵全部埋伏在船中，让百姓摇橹，士兵则换上商人穿的衣服，昼夜兼程。关羽设置在江边守望的士兵，全部被俘，关羽一点儿消息也没有收到。吕蒙进入江陵，抓获了关羽及其将士的家属。吕蒙下令要求部队严格遵守纪律，不准为害百姓，不准抢夺财物。

关羽得知南郡失守后，立即向南回撤。直到这时，关羽才知道自己完全被孤立，便向西退守麦城。孙权派人诱降，关羽伪装投降，把幡旗做成人像立在城墙上，然后逃跑。这时跟随关羽的只有十余名骑兵了。孙权已令人切断了关羽的去路。后来，潘璋手下的马忠在章乡擒获了关羽及其儿子关平，予以斩首。

《资治通鉴》中的描述如下：

> 关羽自知孤穷，乃西保麦城。孙权使诱之，羽伪降，立幡旗为象人于城上，因遁走，兵皆解散，才十馀骑。权先使朱然、潘璋断其径路，十二月，璋司马马忠获羽及其子平于章乡，斩之，遂定荆州。

公元220年，曹操病故于洛阳。他是患什么病死的，《资治通鉴》上没说，然而司马光刚说了曹操之死，马上就对曹操进行了高度评价。老夫先将原文抄在下面：

> 春，正月，武王至洛阳；庚子，薨。王知人善察，难眩以伪。识拔奇才，不拘微贱，随能任使，皆获其用。与敌对陈，意思安闲，如不欲战然；及至决机乘胜，气势盈溢。勋劳宜赏，不吝千金；无功望施，分毫不与。用法峻急，有犯必戮，或对之流涕，然终无所赦。雅性节俭，不好华丽。故能芟刈群雄，几平海内。

大意是说：春季，正月，魏武王曹操到达洛阳；庚子（二十三日）逝世。曹操生前知人善任，可以洞察一切，有人在他面前伪装，他一眼就能看出。曹操善于识别提拔奇才，只要有特殊本事的人，不分贵贱，都可以任用。他与敌人对决时，心态特别好，任凭风浪起，稳坐钓鱼台，好像不想战斗一样；等到时机到了，可以获胜时，他又气势汹汹，立即投入战斗。他赏罚分明，将士有了功劳和贡献，他不惜用千金重赏；然而对那些没有建立功勋却想要奖励的人，他一毛不拔。他执法时严峻急切，有人犯了重罪，该杀的必杀。有时面对罪犯伤心地掉泪，但绝对不赦免。他提倡节俭，讨厌奢侈，以身作则。正因为曹操有这么多的优良品德和才能，所以能消灭各个强大的割据势力，几乎安定了全天下。

司马光对曹操的评价相当高。从眼光、用人、作战、赏罚、立法、节俭诸多方面，给曹操打了高分，没谈一条缺点。

这样的历史人物，怎么能在舞台上一直扮演着白脸奸臣的角色？

还有个有意思的事。汉朝"开张"前，杀了一位大英雄名叫项羽；汉朝要"收摊"了，杀了另一位大英雄名叫关羽。两位大英雄的名字里，都有一个"羽"字，是巧合？这确实是个有意思的问题。

# 肩扛大任的诸葛亮

关于刘备之死，《资治通鉴》有如下记载：

> 汉主病笃，命丞相亮辅太子，以尚书令李严为副。汉主谓亮曰："君才十倍曹丕，必能安国，终定大事。若嗣子可辅，辅之；如其不才，君可自取。"亮涕泣曰："臣敢不竭股肱之力，效忠贞之节，继之以死！"汉主又为诏敕太子曰："人五十不称夭，吾年已六十有馀，何所复恨，但以卿兄弟为念耳。勉之，勉之！勿以恶小而为之，勿以善小而不为！惟贤惟德，可以服人。汝父德薄，不足效也。汝与丞相从事，事之如父。"夏，四月，癸巳，汉主殂于永安，谥曰昭烈。

这段文言文的意思是：汉王刘备病重，令丞相诸葛亮辅佐太子，让尚书令李严当诸葛亮的副手。刘备语重心长地对诸葛亮说："论才能，你高出曹丕十倍，你一定能安定国家，最终成就大业。假如我的儿子刘禅值得辅佐，你就辅佐他；如果他没有才德，你可以自己取而代之！"听此言，诸葛亮哭泣着说："我怎敢不竭尽全力，必定以忠贞的节操报效国家，至死不渝！"刘备又下诏给太子："人在五十岁时死，就不算夭折了，我已经六十多岁了，没什么可遗憾的了，只担心你们兄弟，要加油，再加油呀！切不可因为坏事小就去做，也不要因为善事小就不去做啊！只有贤明和德行，才能让人臣服。父亲德浅，不值得你们效法。与丞相共事，要把他当成自己的父亲一样。"夏季，四月，癸巳，汉主刘备在永安病逝，谥号为昭烈。

刘备一死，他的儿子刘禅又不太争气，蜀国的担子全压在诸葛亮的身上，大事小事全由诸葛亮决定。

诸葛亮主政后，精简官僚机构，修订法制，向群臣发布公告："从事政治，关键是集思广益，从多方面听取对国家有益的意见。不能因为一些小的隔阂而相互疏远。听到各种不同的声音后，要进行正确的判断，从而得出正确的结论，就好像扔掉破草鞋而获得珠宝一样。但是人心难以做到这一点。据我观察，徐庶在这方面做得好。还有董和做得也好，他参政七年，某项措施若有不稳妥之处，他就反复听取不同意见达十次之多，考虑好了再向我报告。若大家能学到徐庶的十分之一，学到董和的勤奋与忠诚，才会少犯错误。"

诸葛亮又说："过去我结交崔州平，他多次指出我的优缺点；后来我又结交徐庶，得到他的许多教诲；先前我与董和商议事情，他每次都是知无不言，言无不尽；随后我与胡伟度共事，他的多次劝谏使我避免了不少失误。我虽然生性愚昧，见识浅陋，对他们给我的教诲难以全部吸取，然而我与这四人的关系始终非常亲密，也可表明我对直言是不会猜疑的。"

以上这段话，在《资治通鉴》中的原文如下：

亮乃约官职，修法制，发教与群下曰："夫参署者，集众思，广忠益也。若远小嫌，难相违覆，旷阙损矣。违覆而得中，犹弃敝跻而获珠玉。然人心苦不能尽，惟徐元直处兹不惑。又，董幼宰参署七年，事有不至，至于十反，来相启告。苟能慕元直之十一，幼宰之勤渠，有忠于国，则亮可以少过矣。"又曰："昔初交州平，屡闻得失；后交元直，勤见启诲；前参事于幼宰，每言则尽；后从事于伟度，数有谏止。虽资性鄙暗，不能悉纳，然与此四子终始好合，亦足以明其不疑于直言也。"

请看，诸葛亮如此聪慧之人，还认为自己生性愚昧，见识浅陋，需要周围的人对他直言，多指出他的错误，对他进行教诲，他绝对不会记仇，更不会打击报复。这实际上是刘备去世后，诸葛亮向大家表明的施政方略。让大家打消顾虑，广开言路，以避免犯错误，把国家的事情办好。

有一天，诸葛亮亲自校对公文，累得满头大汗。一位姓杨的下属看到后对诸葛亮说："治理国家是有制度的，上下级的工作不能混淆。校对公文这种事务性的工作，应该让别人去干，您应以主要精力考虑国家大事。现在我用治家的方法来作比喻：有一个主人，命奴仆管耕种，婢女管做饭，公鸡管报晓，公狗管防盗，牛拉车负重，马代步走远路。家中的事务都安排妥当，需要什么都可得到满足，他从容不迫，高枕无忧，自己尽管喝酒吃肉。忽然有一天，这位主人打算自己做所有的事情，不再任用奴仆、鸡、狗、牛、马。结果手忙脚乱，累得要死，还一事无成。难道是他的智力不行吗？不是，是他忘记了一家之主的职责。因而古人说，坐着讨论问题，做出决定的人是王公；做实事的人，称作士大夫。正因为这样，丙吉不问路上的死人是怎么回事，而担心耕牛受热喘气；陈平也不了解国库存了多少钱粮，因为这都有专人分管，他只管出主意。这就是各司其职的道理。丞相如今管理全国的大事，亲自校对公文，终日汗流浃背，不是太劳累了吗？"诸葛亮非常感谢这位姓杨的部下经常向他直言，此人死后，诸葛亮哭泣了三天。

看到这儿，你一定会怀疑这位姓杨的人是否吃了熊心豹子胆，竟敢以这种教训的口吻对诸葛亮说话、提意见。我的回答是：千真万确。不信你查一查《资治通鉴》第七十卷。

诸葛亮被塑造成智慧的化身。不过，从这段史料看，他除了天赋外，最重要的是善于向别人"借脑子"，倾听各种不同的声音，集思广益。所以有句话叫：三个臭皮匠，赛过诸葛亮。

# 出师一表真名士

有句话经常见到："诸葛一生唯谨慎，吕端大事不糊涂。"刘备去世后，诸葛亮在蜀国以丞相之职主政，辅佐天子，办事谨慎，广开言路，各项工作

进行得有条不紊。当他准备率军北上伐魏、夺取长安时,向皇帝刘禅呈上《出师表》,大意如下:

"先帝创业还未完成一半,就中途过世了。目前天下分成三国,而我们蜀国最为贫穷困乏,这实在是处在生死存亡的时刻啊!但是身旁的臣子在内兢兢业业,忠诚的将士在外舍身奋战的原因,不外乎是思念先帝的深厚恩惠,以此报答陛下。陛下确实应该多听多闻,把先帝的遗德发扬光大,提升有志之士的信心;不应妄自菲薄,讲出不合理的话,堵塞了忠臣们劝谏的道路啊!

"皇宫与丞相府的官员都是一个整体,赏罚褒贬,不应有别。若有干坏事触犯法律的,或者尽忠行善的,应让有关部门论定罚赏,从而表明陛下的公允,不要使宫内外执法不一。

"郭攸之、费祎、董允等人,都是善良诚实、思想纯正的官员,因而先帝选择他们来辅佐陛下。臣认为宫中的事情,无论大小,都需要和他们商议,然后再施行,这样才能弥补遗缺,得到更多的益处。将军向宠,生性善良而不偏激,精通军事,经过考验,先帝称他有才能,因而众人推举他担任掌管禁军的中部督。臣认为军事上的事情,都可征求他的意见。这样一定能使将士和谐,使能力强与能力差的人,各得其所。

"亲近贤臣,远离小人,这是前汉兴盛的原因;亲近小人,远离贤臣,这是后汉衰败的原因。先帝在世时,每每与臣谈起此事,没有一次不为桓帝、灵帝时代的政治感到痛心疾首。郭攸之、费祎、陈震、张裔、蒋琬,这些都是能为国捐躯的臣子,希望陛下亲近他们、信任他们,这样,汉室兴盛将指日可待。

"臣原是平民百姓,在南阳耕作,只求在乱世中能保全性命,不求闻达于诸侯。先帝不嫌弃臣卑下鄙陋,三次到茅庐中拜访,向臣咨询当今时事,因而使臣感激涕零,终于为先帝奔走效命。后遇失败,在兵败时承担重任,在危难时受命,自那时以来,已有二十一年了。先帝知道臣办事谨慎,因而临终时将辅佐大事托付给臣。

"臣接受先帝遗命以来,日夜忧虑叹息,只怕辜负重托,有损先帝知人之明。因此臣五月渡过泸水,深入不毛之地。现在南方已经平定,部队已经充实,应激励将士,率领军队,北定中原,臣愿尽微薄之力,铲除奸凶,复兴汉室，回到故都，这是臣报答先帝、忠于陛下的职责。至于对政事的斟酌衡量与进献忠言，那是郭攸之、费祎、董允等人的职责。望陛下委任臣讨伐国贼，完成光复汉室的使命。若不能完成使命，就将臣治罪，以告先帝的在天之灵；若郭攸之、费祎、董允等玩忽职守，就责备他们的过错。陛下也应当自己筹划，征询好的治国方案，接受正确的言论，真正地遵循先帝的遗诏，臣将不胜感激。眼下臣要远离陛下了，在书写这份表章时，泪流不止，都不知道自己该说些什么。"

因为诸葛亮的《出师表》在历史上留下美名，老夫愿将《资治通鉴》中的这篇文言文抄录如下：

先帝创业未半而中道崩殂。今天下三分，益州疲敝，此诚危急存亡之秋也。然侍卫之臣不懈于内，忠志之士忘身于外者，盖追先帝之殊遇，欲报之于陛下也。诚宜开张圣听，以光先帝遗德，恢弘志士之气；不宜妄自菲薄，引喻失义，以塞忠谏之路也。

宫中、府中，俱为一体，陟罚臧否，不宜异同。若有作奸犯科及为忠善者，宜付有司论其刑赏，以昭陛下平明之理，不宜偏私，使内外异法也。

侍中、侍郎郭攸之、费祎、董允等，此皆良实，志虑忠纯，是以先帝简拔以遗陛下。愚以为宫中之事，事无大小，悉以咨之，然后施行，必能裨补阙漏，有所广益。将军向宠，性行淑均，晓畅军事，试用于昔日，先帝称之曰能，是以众议举宠为督。愚以为营中之事，悉以咨之，必能使行陈和睦，优劣得所。

亲贤臣，远小人，此先汉所以兴隆也；亲小人，远贤臣，此后汉所以倾颓也。先帝在时，每与臣论此事，未尝不叹息痛恨于桓、灵也。侍中、尚书、长史、参军，此悉端良、死节之臣，愿陛下亲之，信之，则汉室之隆，可计日而待也。

臣本布衣，躬耕南阳，苟全性命于乱世，不求闻达于诸侯。先帝不以臣卑鄙，猥自枉屈，三顾臣于草庐之中，谘臣以当世之事；由是感激，遂许先帝以驱驰。后值倾覆，受任于败军之际，奉命于危难之间，尔来二十有一年矣。先帝知臣谨慎，故临崩寄臣以大事也。

受命以来，夙夜忧叹，恐托付不效，以伤先帝之明。故五月渡泸，深入不毛。今南方已定，甲兵已足，当奖率三军，北定中原，庶竭驽钝，攘除奸凶，兴复汉室，还于旧都，此臣所以报先帝，而忠陛下之职分也。至于斟酌损益，进尽忠言，则攸之、祎、允之任也。愿陛下托臣以讨贼兴复之效，不效，则治臣之罪以告先帝之灵，责攸之、祎、允等之慢以彰其咎。陛下亦宜自谋，以谘诹善道，察纳雅言，深追先帝遗诏。臣不胜受恩感激，今当远离，临表涕零，不知所言。

老夫反复读了诸葛亮的《出师表》后，有这么几点肤浅的感想：

第一，诸葛亮的智慧渗透在他的谨慎之中，他说的每句话都经过反复思考；

第二，诸葛亮考虑问题非常周全，先帝、后主以及周围的人都考虑到了；

第三，诸葛亮的分寸掌握得很好，他既辅佐皇上，又不以居高临下的口吻教导皇上；

第四，汉朝的气数已尽，即使出一百个诸葛亮，也难使其起死回生。

希望大家反复读一读《出师表》，从中吸收营养，受到启发。

# 鞠躬尽瘁，死而后已

公元228年，诸葛亮率军攻打曹魏。士气高涨，决心很大，进攻线路明确，志在必得。但是，由于用人不当，出师便受大挫。

什么人坏了大事？原来就是那个大名鼎鼎的马谡。

马谡这个人爱学习，喜欢谈论兵法，诸葛亮特别欣赏他，经常与之交谈。刘备临终前就告诫过诸葛亮："马谡这个人言过其实，不可重用。"诸葛亮自以为没看错人，任命马谡为参军，经常和他在一起商量事情，有时谈得很晚了，还在谈。等到出兵祁山，诸葛亮任命马谡统率各军在前，在街亭与张郃交战。

马谡自行其是，违背诸葛亮的调度，也不听他人劝告，在街亭放弃临水之地，将士兵安排在山上驻扎，而不在山下据守城池。张郃一眼就看出马谡的破绽，断绝了马谡的取水之道，士兵们渴得难以忍受。张郃一看时机已到，大举进攻，大败马谡。街亭这一战略要地一丢失，诸葛亮完全陷入被动。

马谡败下阵来之后，诸葛亮挥泪斩马谡。斩后，他亲自吊丧，为马谡痛哭流涕，并抚养他的子女。这时蒋琬对诸葛亮说："当年楚国杀了功臣，晋文公喜形于色，现在天下还未平定就杀了智谋之士，难道不惋惜吗？"诸葛亮流着泪说："孙武之所以能克敌制胜，就是执行严明的纪律。如今天下分裂，交战才刚刚开始，若不依法斩了马谡，用什么去讨伐敌贼呢？"

斩了马谡后，诸葛亮上奏刘禅，请求将自己连降三级。刘禅下诏，封诸葛亮为右将军，代理丞相职务。

不过在《资治通鉴》中，找不到关于"空城计"的任何记载，可以断定这是个文艺加工作品，并非历史事实。写到这儿，不由得使老夫忆起，中华人民共和国成立前，我们华北军政大学的学员为了活跃部队的文艺生活，排演了《空城计》。由一位戏剧世家出身的干部扮演诸葛亮，老夫和另一位小兵扮演站在城楼上的诸葛亮左右的琴童（当时老夫十五岁）。至今老夫还能记得诸葛亮面对城门下站着的司马懿唱道："我正在城楼观山景，耳听得城外乱纷纷。旌旗招展空翻影，却原来是司马发来的兵。我也曾派人去打听，打听得司马领兵往西行。一来是马谡无谋少才能，二来是将帅不和失街亭。你连得我三城多侥幸，贪而无厌又夺我西城。诸葛亮在敌楼把驾等，等候你到此谈谈心。西城的街道打扫净，预备着司马好屯兵。诸葛亮无有别的敬，早预备下羊羔美酒犒赏你的三军。既至此就该把城进，为什么犹疑不定、进退两难，为的是何情？我只有琴童人两个，我是又无有埋伏又无有兵。你不要胡思乱想心不定，来，来，来，请上城来听我抚琴。"

这是老夫一生之中唯一一次登台演戏。这算是个小插曲，让大家轻松一下。

诸葛亮是善于从实践中吸取教训的人。街亭之战失败后，经过一番整顿，有人劝诸葛亮再次出击。而诸葛亮却说："咱们的大军在祁山、箕谷时，数量都多于敌军，但没有取胜，反而被敌人打败。问题不在于兵少，而在于将军指挥失误。现在我打算减少兵将，显明责罚，反思过失，另想变通之法。否则，兵再多也没用。从今以后，凡是一心为国家分忧效忠的人，只要多多批评我的过错，那么国家就可以安定，敌人就可以被我们战胜，大功即可告成。"

于是诸葛亮考察有功的将士，对壮烈之士加以抚恤，把责任往自己身上揽，并公布自己的过失，还掀起练兵热潮，使大家从失败的阴影中走了出来。

经过认真总结失败的教训和整顿部队，蜀军变得兵强马壮。公元234年，诸葛亮率十万大军从斜谷出兵，对阵司马懿。

这个足智多谋的司马懿，和诸葛亮相持了一百多天，死活不出来应战。诸葛亮采取了激将法，把女人用的头巾、发饰和衣服送给司马懿，羞辱他。不管怎么羞辱，司马懿就是死守，不出来与诸葛亮的大军交战。

诸葛亮又派使者到司马懿军中，司马懿亲自接见了使者。在交谈中，司马懿别的什么也不问，只问诸葛亮睡得好不好，吃饭香不香，处理政务累不累。使者告诉他，诸葛亮早起晚睡，事必躬亲，凡是二十杖以上的责罚，他都亲自批阅，饭量很小。

使者走了后，司马懿高兴地跟别人说："诸葛亮进食少而事务多，他活不了多久了！"

真让司马懿说对了，不久诸葛亮病重。后主刘禅听到消息后，派尚书仆射李福等前来问候，并询问国家大事。李福问诸葛亮："若您百年之后，谁可担任重任？"诸葛亮说："蒋琬适合。"李福问："蒋琬之后呢？"诸葛亮说："费祎可以继任。"李福又问："费祎之后呢？"诸葛亮没回答。

在《资治通鉴》中，有如下记载：

> 是月，亮卒于军中。长史杨仪整军而出。百姓奔告司马懿，懿追之。姜维令仪反旗鸣鼓，若将向懿者，懿敛军退，不敢逼。于是仪结陈而去，入谷然后发丧。百姓为之谚曰："死诸葛走生仲达。"懿闻之，笑曰："吾能料生，不能料死故也。"懿按行亮之营垒处所，叹曰："天下奇才也！"追至赤岸，不及而还。

诸葛亮于公元234年病逝于五丈原，享年五十三岁。

上面抄录的《资治通鉴》中的那段话的意思是说：司马懿得到诸葛亮去世的消息后，带兵追赶汉军。姜维命令杨仪掉转战旗方向，擂响战鼓，摆出回击司马懿的姿态。司马懿怀疑诸葛亮的死讯有诈，赶快回撤。这就是"死诸葛亮吓走活司马懿"的传说。而司马懿则笑着说："这是我能够料想诸葛亮活着，而不能料想诸葛亮死的缘故。"司马懿察看了诸葛亮驻军的营地后说："诸葛亮真是天下奇才！"

# 一代阴谋家

从《资治通鉴》上看，在三国时期有三个高智商的统帅人物：一是曹操，二是诸葛亮，三是司马懿。司马光对曹操的评价之高，确实是罕见的；对诸葛亮与司马懿并没有进行非常详尽的评价。

诸葛亮与司马懿在三个方面表现得截然不同：诸葛亮忠，对其主子无二心，司马懿奸，他一直想篡权；诸葛亮运用"阳谋"多，司马懿常用"阴谋"；诸葛亮的家风正，而司马懿的家风不正。难怪在人们的心目中，诸葛亮一直以正面形象出现，而司马懿虽然是斗争中的最大赢家，但赢得很不光彩。因此有人为曹操"翻案"，没人为司马懿"翻案"。

曹操与诸葛亮就不多说了，现在咱们从《资治通鉴》中挑出几件事专门说说司马懿。

公元238年春季，曹操的孙子魏明帝下诏将司马懿从长安召回，令他率四万人马讨伐辽东的公孙渊。魏明帝问司马懿："公孙渊会用什么计策对付你呢？"司马懿答："公孙渊放弃守城先逃走，此为上策；据守辽东抗拒大军，是中策；如他死守襄平，必被活捉，此为下策。"你看他脑子反应多快，在皇帝面前，立马把各种计策都说出来了。

魏明帝又问："那你认为，这三种计策中，他会采用哪一种？"

司马懿答："公孙渊不是个很有头脑的人，他会认为我军是孤军远征，难以长久支持，因此他会先在辽水抗拒，然后退守襄平。"

魏明帝又问："灭掉公孙渊，往返需要多少天？"

司马懿答："进军一百天，攻战一百天，返回一百天，用六十天作为中间休息日，这样用一年足够了。"这个人确实是胸有成竹。

经过精心准备，司马懿率大军到达辽东。公孙渊派数万步骑兵驻扎在辽隧，围着城墙挖了长达二十余里的壕沟。有人主张攻城，司马懿说："不可，他们是想拖死我们，正希望我们在这里与之决战。我们进攻必然中计。敌人主力在此，其老巢襄平必然空虚。你们在这里摆出要与之决战的架势，我率一部分人马偷偷渡过辽河，直扑襄平。"

经过一番激战，司马懿包围了襄平。

据《资治通鉴》记载，秋季连降大雨，辽河暴涨，运粮困难。大雨下了一个多月不停，平地的积水有数尺。魏军恐惧，有人主张迁营。司马懿下令：有敢说迁营者，斩。有个名叫张静的人违抗命令，被司马懿斩首，从而稳定了军心。

司马懿告诫部将们：用兵是一种诡诈的行为，要善于随机应变。敌人凭着人多，倚仗雨大，虽然饥饿难忍，还不肯束手就擒。我们应显示出无能，使其安心。如果我们贪图小便宜，把他们吓跑，这不是好计策。

魏明帝听说司马懿遇大雨进攻受阻，朝中也有人主张退兵，而魏明帝说："朕相信司马懿的指挥能力，他会控制事变，捉住公孙渊指日可待。"

果然大雨停了下来，司马懿指挥大军对襄平进行包围。他们堆起土山，挖掘地道，利用盾牌、冲车、带钩子的云梯等器具，昼夜攻城，箭与石块像雨点般落下。公孙渊被困在城内，粮已吃尽，军队中已出现人吃人的现象，饿死的人不计其数。

这时，公孙渊的部将杨祚向司马懿投降。之后，公孙渊又派王建和柳甫来见司马懿，恳求解围退兵，他愿自缚面降。

司马懿杀了王建、柳甫，发布檄文通知公孙渊："当年楚国与郑国地位相等，而郑伯在战败时还脱光了上衣牵着羊出来迎接楚王。我是天子派来的上公，而王建、柳甫竟敢要我解围退军，这合乎规矩吗？这两个老糊涂传错话了，我已替你杀了他们。你若还有话说，可派年轻又有决断能力的人来！"

公孙渊又派一个名叫卫演的人来。司马懿对卫演说："军事大要有五条：能战则战，不能战则守，不能守则退。剩下的两条路，只有投降与战死。公孙渊不肯倒绑双手来投降，那就是决心要死了。"接下来，襄平的防线全部崩溃。公孙渊与其子率几百骑兵突围，司马懿派兵追赶到梁水岸边，杀死了这父子二人。

司马懿进入襄平城后，下令杀掉公卿以下的大小官员以及一部分百姓，共计七千余人，积尸封土，筑成大坟。

司马懿完成了魏明帝交给他的任务，平定了辽东、带方、乐浪、玄菟四个郡，班师回朝。

尽管老夫不喜欢司马懿这个人，但不能不承认，他用兵有一套：一是他会分析，会提出应对之策；二是他认为用兵就是一种诡诈的行为，要随机应变；三是他提出能战则战，不能战则守，不能守则退。剩下的两条路，只有投降与战死。

# 司马懿之心，路人皆知

有句话流传很广：司马昭之心，路人皆知。司马昭是司马懿的儿子。其实，老夫认为，更准确地说，应该是：司马懿之心，路人皆知。

司马懿之心是什么？就是另起炉灶，改朝换代。他的这个心思很多人都看出来了，可是司马懿却装作重病缠身、老糊涂的样子，以打消朝廷对他的疑心，而他暗地里却进行篡夺最高权力的周密筹划。

公元248年冬，有位名叫李胜的人奉命出任荆州刺史。受命之后，李胜特意去向担任太傅的司马懿辞行。司马懿认为伪装自己的机会到了，事前进行了精心演练。李胜到达后，司马懿让两个婢女扶着他出来接见。婢女让他更衣，他故意把衣服掉在地上；又指着嘴说口渴，婢女给他端来一碗稀粥，司马懿越装越像，手拿不动碗，让婢女端着喂给他喝。他故意边喝边洒，胸前沾满了粥。李胜看到这一幕后说："大家都说您中风旧病复发，真没想到怎么病得这么重？"司马懿气喘吁吁地说："我年老体弱，卧床不起，活不了几天了。你是有能力之人，屈尊去并州任刺史。并州是战略要地，你去后要加强戒备。恐怕咱俩再也见不上面了。我把我的儿子司马师与司马昭都托付给你了。"李胜说："我是去荆州，不是去并州。"司马懿装疯卖傻地说："你刚刚到过并州？"李胜又说："我是愧居荆州，不是并州。"司马懿越演越像，上气不接下气地说："我年老耳聋，两眼昏花，思绪混乱，没听明白你的话，如今你回到本家乡的州，正好可以轰轰烈烈干一番事业，为朝廷建功立业。"李胜从司马懿的府邸出来，流着泪禀告掌握实权的曹爽：

"太傅的病体不能复原了，实在令人悲伤。"这样，曹爽等果然上当受骗，对司马懿毫无戒备了。

老夫将《资治通鉴》的原文抄录如下：

> 冬，河南尹李胜出为荆州史，过辞太傅懿。懿令两婢侍。持衣，衣落；指口言渴，婢进粥，懿不持杯而饮，粥皆流出沾胸。胜曰："众情谓明公旧风发动，何意尊体乃尔！"懿使声气才属，说："年老枕疾，死在旦夕。君当屈并州，并州近胡，好为之备！恐不复相见，以子师、昭兄弟为托。"胜曰："当还忝本州，非并州。"懿乃错乱其辞曰："君方到并州？"胜复曰："当忝荆州。"懿曰："年老意荒，不解君言。今还为本州，盛德壮烈，好建功勋！"胜退，告爽曰："司马公尸居馀气，形神已离，不足虑矣。"他日，又向爽等垂泣曰："太傅病不可复济，令人怆然！"故爽等不复设备。

果然，经过精心策划之后，司马懿于公元249年发动了政变。

司马懿发动政变时，曹爽、曹羲与皇帝不在洛阳，本来还有挽救的一线希望。当时司马懿以太后的名义下诏，召桓范进京，拟让其担任中领军的职务。但桓范并未进京，而是直接去找曹爽兄弟。

见面后，桓范劝曹爽兄弟把天子挟持到许昌，然后调集四方兵力辅助自己，对抗司马懿的政变。在如此危急的情况下，曹爽仍犹豫不决，下不了决心。

桓范对他们兄弟说："这件事只能这么办，我真不知道你们俩平时读书是干什么用的！在如今的形势下，像你们这样的人，想过贫贱平安的日子，有可能吗？现在天子在你们手里，你们仍可挟天子以令诸侯，谁敢不从？"不管桓范怎么开导，曹爽、曹羲二人总是默不作声。

桓范又对曹爽说："你的中领军别营近在城南，洛阳典农的治所也在城外，你可随意调遣他们。如今到许昌去，不过是两天两夜的路程。许昌的武器库充足，足以武装部队。希望您快下决心。"然而曹爽兄弟仍不表态。

曹爽忽然把刀扔在地上说："即使我投降，还可以当个富翁。"

桓范看这两个人是扶不起的"阿斗"，于是泪流满面地说："曹家都是有才干的人，怎么生下你们俩兄弟，像猪崽和牛犊一样！”

曹爽不采用桓范的计谋，回到洛阳。司马懿将曹爽兄弟以及何晏、丁谧、李胜、桓范等一伙人全部处死，并灭了三族。

从此，朝廷的一切大权均掌握在司马懿的手里。

从司马懿的这段经历来看，有时装聪明，有时装糊涂。装聪明的不可怕，装糊涂的可怕。因为前者属于阳谋，而后者属于阴谋。阳谋好防，阴谋难防，就像明枪易躲、暗箭难防一样。

第五篇

隋唐演义

# 杨坚开启隋朝

　　司马懿发动政变，清除了对手、掌握了大权后，并没有立即改朝换代自当皇帝。因为他是托孤之臣，如果立即取而代之，那会落下遗臭万年的名声。他从长计议，为他的儿孙改朝换代、坐上龙椅做准备。

　　公元 265 年，司马懿的孙子、司马昭的儿子司马炎，逼曹操的孙子魏元帝曹奂禅让皇位，从而当上了西晋的开国皇帝。

　　西晋是我国历史上的大一统王朝。但是，不知为什么，老夫不大喜欢这个朝代。在西晋竟出了一个"痴呆皇帝"，即司马炎的儿子司马衷（晋惠帝）。有人说，这可能是因为他的祖父和曾祖父太聪明了，正所谓"十分聪明用七分，留下三分给儿孙；倘若十分都用尽，后辈儿孙不如人"。

　　在后面的一些朝代中，几乎找不到老夫想淘的"金子"。于是老夫决定隔代写，从隋朝接着写。

　　隋朝之前是南北朝时期。南朝包括宋、齐、梁、陈；北朝包括北魏、东魏、西魏、北齐、北周。杨坚是隋朝开国皇帝，即隋文帝。

　　司马光在《资治通鉴》上说，杨坚这个人不喜欢读书学习，他是靠天生的智谋获得君主之位的。因此，他就以熟悉法律制度而自负，以明察秋毫而驾驭朝臣。他经常派遣左右近臣窥视刺探朝廷内外百官大臣的一举一动，只要发现某人有过失就治以重罪。他又担心负责掌管各种具体事务的人贪污腐化，经常偷偷派人去给这些人行贿，考验他们。若发现某人收受贿赂，立即处死。

　　杨坚还经常在朝堂殿庭杖打官吏，有时一天之内，多达三四个官员挨打。有时他怪行刑的人下手不重，就将行刑的人处死。后来有人告诉他："朝堂不是杀人的处所，殿庭不是行刑的地方。"但他根本不听。

　　杨坚还下令在全国清查户口。各州县要逐户逐人进行核对，如果户口不实，有称老诈小的，就把当地的里正、党长远配边州。堂兄弟以下仍在一起生活的大家族，命令其分开居住，自立门户，以防隐瞒户口人丁的情况发生。

这次普查使户籍簿新增一百多万人口。

前边说了，杨坚不喜欢读书，因此，他也不喜欢文章用词华丽。他诏令天下公私文书都要写得符合实际情况。有位名叫司马幼之的刺史奏折写得华而不实，杨坚将其治罪。有位名叫李谔的官员向杨坚上书说："以前曹魏的三位君主撰写文章，崇尚文辞优美华丽，忽略治理万民的大道，喜欢雕琢词句的小技。下面纷纷仿效，遂成一种社会风尚。到了江东晋、齐、梁朝，这种文风的危害达到极致。人们热衷于追求一韵的新奇，竞逐一字的巧妙。文章连篇累牍，不过是刻画了月升露落的景致；文章积案盈箱，也只是描写了风起云飘的情形。世俗以此而互相标榜，朝廷以此来选拔官吏。以擅长雕虫小技求取功名利禄的道路既然已经开通，人们越崇尚轻浮的文风。因此，不论是乡间孩童，还是王公子弟，不是学习实用知识，而是学习如何写五言诗；对于羲皇、虞舜、夏禹的典籍以及伊尹、傅说、周公、孔子的学说，不再关心，未曾入耳。把虚诞放纵当作洒脱高雅，把缘情体物当作功勋劳绩，把有德的硕儒看作古朴迂腐之人，把工于辞赋之士当作君子大人。所以，文笔日益流畅，而政治日益混乱。这都是由于统治者抛弃了上古圣贤制定的法式、规则，造作无益于治道的文体来推广使用。如今朝廷虽然颁布了禁止浮夸艳丽文风的诏令，但是我听说一些外州远县，仍然踵袭前代的坏文风。躬行仁义孝悌者被私门摈落，不加录用；擅长浮华之雕虫小技者，则被选拔充任官吏，保举荐送朝廷。这都是由于这些州、县的刺史、县令没有执行陛下的诏令。请求陛下普遍派人加以调查，送御史台推劾治罪。"以上这段话，老夫借鉴了史存真先生主编的《白话资治通鉴》一书。

现在老夫再将《资治通鉴》的原文抄录如下：

> 隋主不喜词华，诏天下公私文翰并宜实录。泗州刺史司马幼之文表华艳，付所司治罪。治书侍御史赵郡李谔亦以当时属文，体尚轻薄，上书曰："魏之三祖，崇尚文词，忽君人之大道，好雕虫之小艺。下之从上，遂成风俗。江左、齐、梁，其弊弥甚：竞一韵之奇，争一字之巧；连篇累牍，不出月露之形，积案盈箱，唯是风云之状。世俗以此相高，朝廷据兹擢士。禄利之路既开，爱尚之情愈笃。于是闾里童昏，贵游总丱，未窥六甲，先制五言，至如羲皇、舜、禹之典，伊、傅、周、孔之

说，不复关心，何尝入耳。以傲诞为清虚，以缘情为勋绩，指儒素为古拙，用词赋为君子。故文笔日繁，其政日乱，良由弃大圣之轨模，构无用以为用也。今朝廷虽有是诏，如闻外州远县，仍踵弊风：躬仁孝之行者，摈落私门，不加收齿；工轻薄之艺者，选充吏职，举送天朝。盖由刺史、县令未遵风教。请普加采察，送台推劾。"

杨坚当了隋朝的开国皇帝后，还是"烧"了几把火的，有几把火"烧"得还不错。

# 励精图治的隋文帝

隋文帝杨坚，是位与众不同的皇帝，别看他读书不多，但在历史上留下了自己深深的烙印。他在位时期，人民安居乐业，政治稳定，国家繁荣昌盛。

隋文帝的妻子，即独孤皇后，相当出色。据《资治通鉴》介绍，她出身于尊贵的书香门第，性情谦恭，喜爱读书，有独到的政治见解，在许多重大问题上与丈夫的观点不谋而合。隋文帝有点"妻管严"，对独孤皇后既爱又怕，在朝堂上称帝，下朝后都听独孤皇后的，人称宫中有"二圣"。隋文帝每日临朝，独孤皇后都乘车与他并排前往，一直陪他到大殿门口再返回。独孤皇后返回前，还派有水平的人留下观察隋文帝的行为。如果发现有任何不妥之处，立即加以劝谏。群臣曾上奏说："按照《周礼》规定，百官大臣的妻子的爵位品级应由王后发布。请按古代制度办理。"而独孤皇后则说："不妥，如果这么办，妇人干政就会逐渐盛行，我不能开这个坏头。"独孤皇后还秉公办事。例如，大都督崔长仁是她的中表兄弟，犯了国法应斩首。隋文帝考虑到他与皇后有亲戚关系，打算赦免，而独孤皇后却说："秉公执法是原则，怎么可以徇私枉法？"崔长仁被依法处死。

但是，这位独孤皇后易妒忌、好吃醋，对隋文帝的私生活横加干涉。有一次，隋文帝看见尉迟迥的孙女长得非常漂亮，就宠幸了她。独孤皇后岂能饶了她，趁隋文帝上朝时，独孤皇后派人将这个女子杀害，以解心头之恨。

隋文帝知道后，气得单骑出宫，进入山谷不回。宫中官员知道后追到山谷，请隋文帝消气后回宫。隋文帝叹息道："朕贵为天子，竟连宠幸女子的自由都没有！"劝了好长时间，隋文帝直到半夜才回家。独孤皇后见隋文帝怒气未消，赶快请罪，旁边的人又好言相劝，隋文帝才高兴起来。在《资治通鉴》中，这样的场面，非常罕见。

隋文帝主张勤俭节约，而且从自己做起。《资治通鉴》多处提道：隋文帝的性格严谨持重，办事令行禁止，从不拖泥带水。他从不睡懒觉，清晨起来就听理朝政，直到太阳偏西了，还精力充沛、不知疲倦。他很吝啬钱财，显得很小气，但赏赐有功之臣时却出手大方。将士战死，隋文帝必定从优抚恤，并派使者代表他去慰问死者亲属。他爱护百姓，劝课农桑，主张轻徭薄赋。他自己的生活节俭朴素，所乘马车及所用之物，旧了破了就随时修理使用。只要不是宴会，他自己吃饭时只吃一个肉菜。他在后宫都穿旧衣。天下人都被隋文帝以身作则的精神所感染，全国形成一种节俭之风。因此国家的财富日益增长，仓库丰盈。隋文帝登基时全国民户不满四百万户，到了仁寿末年，超过了八百九十万户，仅冀州就有一百万户。

隋文帝还主张藏富于民。公元592年，有关官员报告："国家的府库已经全堆满了，以至于财物无处存放，只好堆放在府库外的厢房了。"隋文帝说："朕对天下百姓征税很少，而且将大量库存的东西奖给有功之臣，为何府库还这么满呢？"官员回答说："由于收入多于支出，加上连年丰收，库存实际上不会减少。"隋文帝下诏说："粮食布帛宁愿积蓄在百姓家里，也不要都存放于国家府库。今年河北、河东地区的田租可减征三分之一，军人应缴纳的赋税可减征一半，全国各地成丁应缴纳的赋税全部免征。"他还把一部分物资运往贫困地区。

据《资治通鉴》记载，隋文帝还对府兵制进行了改革。他说："自北魏末年丧乱以来，军队南征北战，却连个固定住所都没有，庭院没有完整的围墙，地里很少有树，朕对此非常伤心。从今以后，凡是军人，都隶属各州县，垦田种地，户籍与赋税管理与当地普通百姓完全相同。今后由军府统领，仍恢复原来的编制形式。"

当然，隋文帝的有些规定也过于严厉。例如，当时盗贼较多，他下令：凡偷窃一文钱以上的人，都要在闹市区被处死，暴尸街头。曾有三个人一起偷了一个西瓜，事情败露后，这三人都被处死。从此以后，行旅之人就早睡晚起，天下百姓人心惶惶。有一天，几个人把执法官吏抓起来，对他说："我们不是偷东西的人，只是为了冤死的人而把你抓起来。我们要求你上奏皇上，自古就没有因为偷一文钱而判死刑的法律。你如果不上奏皇上，下次抓住你，你别想活命了！"这个官吏真的上奏了皇上。隋文帝这个人还能知错就改，看到这个奏折，立即把他以前下的诏令废除了。

隋文帝下令取消元宵节，此事也是胡闹。有个地方官员上奏说："每年正月十五夜晚，人们都要聚集嬉戏、结朋招友，大街上锣鼓喧天、火炬照地。人们不惜倾家荡产，只为一时痛快，扶老携幼，在街上相聚，男女混杂，僧俗不分。秽行丑事由此而成，盗窃因此而起，一般人沿袭这一弊风陋习，竟然没看到它的危害性。这对政教风化毫无益处，对黎民百姓实在有很大损害。请求陛下诏告天下，马上禁止这种不良风俗。"

隋文帝竟同意了这个意见，下诏：正月十五不准闹元宵。

事实一再证明，我国几千年来形成的几个传统节日，如春节、元宵节、清明节、端午节、中秋节等，已经渗入人们的血液与骨髓之中，成为挥之不去的文化生活的组成部分，世代相传，连绵不断，靠行政命令是取消不了的。

# 不争气的儿子们

前些年，老夫看到有篇文章说，虽然隋文帝杨坚在位只有短短的二十三年，但他却影响了历史上千年。隋文帝一生的败笔也相当多。依老夫看，最为致命的一个败笔在于家风不正，对儿子的管教太无能。

在拙著《一本郑经：郑洪升随笔》中，老夫专门写了一篇短文《诸葛亮的家风》。诸葛亮的一生之中，不仅对自己要求极严，而且对自己的孩子要求也很严，期望值很高。诸葛亮五十多岁时给他八岁的儿子诸葛瞻写了一封只有八十六个字的信："夫君子之行，静以修身，俭以养德。非澹泊无以明志，非宁静无以致远。夫学须静也，才须学也，非学无以广才，非志无以成学。慆慢则不能励精，险躁则不能治性。年与时驰，意与日去，遂成枯落，多不接世，悲守穷庐，将复何及！"

正由于诸葛亮对自己的后代要求严且得法，家风极好，所以他的儿子个个有志气、有出息。长子诸葛瞻官至将军，奉命镇守绵竹时，邓艾兵临城下，他不受威胁与引诱，和儿子诸葛尚一起壮烈牺牲；幼子诸葛怀，在晋朝统一天下后，朝廷要为其加官晋爵，他却说，我在成都有桑树八百株、薄田十五顷，不愁吃穿，已经知足了。从而拒绝了高官厚禄，彰显诸葛亮家风的圣洁光辉。

咱们再看看隋文帝的五个儿子。长子杨勇，立为太子，生性好色，生活奢侈，整天胡作非为，很不争气。隋文帝越看越觉得不能将皇权交到杨勇手里，废了其太子之位，立次子杨广为太子，次子杨广是隋朝的第二任皇帝，此人的情况后面会讲，三子杨俊亦是个骄奢淫逸之徒，四子杨秀，性格极为暴躁，经常无事生非，被其父软禁，五子杨谅从小受宠，娇生惯养，与太子杨广矛盾很深，后谋反被俘，被软禁起来，最后抑郁而死。

请看，诸葛亮要求儿子"宁静"，而隋文帝的这五个儿子既不宁也不静，整天胡乱折腾；诸葛亮要求儿子"俭"而不能"淫"，而隋文帝的五个儿子个个过着糜烂的生活。

养不教，父之过。公道地说，隋文帝难逃责任。据《资治通鉴》介绍，隋文帝这个人疑心太重，他不仅整天猜疑他的大臣，而且对自己的亲骨肉也不放心。例如，他的长子杨勇还是很有头脑的，隋文帝常让他参与议政，起初杨勇提的不少建议，都被采纳。杨勇的弱点是任性，说话直来直去，更不会伪装自己。后来，隋文帝发现杨勇常与一些不三不四的人亲近，有的活动规格也超出了其职权范围。隋文帝怀疑杨勇想夺权，而独孤皇后也因为一些事对杨勇不满。

隋文帝的次子杨广被封为晋王。当他得知太子失宠的原因后，为了取得父母的信任，就想尽一切办法伪装自己。凡是父母派身边的人来看望他时，他都出门迎送，热情招待，送上厚礼。这些人返回宫后，都向隋文帝和独孤皇后猛夸晋王杨广多么好。有一次，隋文帝与独孤皇后驾临晋阳，杨广把他身边颜值高的美女全部藏起来，而让一些颜值不高的女子穿着普通的衣服伺候二老。更有意思的是，杨广把自己住的房间腾出来，给二老住。他事先把室内的屏风一律换成朴素的颜色，乐器上的灰尘不让擦掉，故意把琴弦弄断一根。隋文帝看到这一切，认为杨广不喜好音乐与女色，专心学习，比太子强多了，回宫后逢人便夸杨广。果然，过了不久，太子杨勇被废黜，晋王杨广被立为太子。

杨广当了太子后，本来的面貌逐渐暴露出来。《资治通鉴》第一百八十卷有如下记载：

初，文献皇后既崩，宣华夫人陈氏、容华夫人蔡氏皆有宠。陈氏，陈高宗之女；蔡氏，丹杨人也。上寝疾于仁寿宫，尚书左仆射杨素、兵部尚书柳述，黄门侍郎元岩皆入阁侍疾，召皇太子入居大宝殿。太子虑上有不讳，须预防拟，手自为书，封出问素；素条录事状以报太子。宫人误送上房，上览而大恚。陈夫人平旦出更衣，为太子所逼，拒之，得免，归于上所；上怪其神色有异，问其故。夫人泫然曰："太子无礼！"上恚，抵床曰："畜生何足付大事！独孤误我！"乃呼柳述、元岩曰："召我儿！"述等将呼太子，上曰："勇也。"述、岩出阁为敕书。杨素闻之，以白太子，矫诏执述、岩，系大理狱；追东宫兵士帖上台宿卫，门禁出入，并取宇文述、郭衍节度；令右庶子张衡入寝殿侍疾，尽遣后宫出就别室；俄而上崩。故中外颇有异论。陈夫人与后宫闻变，相顾战栗失色。晡后，太子遣使者赍小金合，帖纸于际，亲署封字，以赐夫人。夫人见之，惶惧，以为鸩毒，不敢发。使者促之，乃发，合中有同心结数枚，宫人咸悦，相谓曰："得免死矣！"陈氏恚而却坐，不肯致谢；诸宫人共逼之，乃拜使者。其夜，太子蒸焉。

这段话是什么意思呢？只要多看几遍，还是可以看懂的。它告诉人们：隋文帝的这个儿子杨广简直禽兽不如。独孤皇后去世后，隋文帝宠爱陈、蔡两位夫人。但杨广公然调戏陈夫人，他在隋文帝还未死之前就让亲信杨素提出各种对策。这份对策被隋文帝看到，非常气愤，想废掉太子杨广，恢复杨勇的太子地位。此事被杨广知道后，杀害了传令之人，并把隋文帝身边的人全换成自己的亲信。隋文帝很快就死了，朝廷内外都觉得隋文帝死得不明不白。

过了几天，杨广正式继位，他就是隋朝的第二任皇帝隋炀帝。

这一家子也真够热闹、真够乱的！

# 大隋风云

评价历史人物，有角度和方法的问题。放在"显微镜"下看，可能会被否定；若用"望远镜"看，不仅不应否定，还要加以肯定。

在我国历史上，隋朝与秦朝有许多相似之处。这两个朝代，都使我国由分到合；这两个朝代，存在的时间都很短；这两个朝代的开国皇帝，虽有残暴之举，但不昏庸；这两个朝代，都产生了许多影响我国数千年的制度；这两个朝代，都有伟大的建筑工程：一个是万里长城，一个是大运河。

从《资治通鉴》上看，老夫认为司马光对隋炀帝的评价，还是比较客观的。例如，从许多书中都可看到隋炀帝杨广是一代淫帝，但在《资治通鉴》中，这方面的描写并不多。司马光以相当多的篇幅记载了杨广的作为与历史功绩。

隋炀帝不仅是位政治家、军事家，而且还是位文学家、诗人。你大概不知道杨广非常爱读书、写作。他任扬州总管时，周围就集中了上百位学者。他供这些人吃和住，组织他们进行修撰工作。修撰的范围很广，从经术、文章、兵、农、地理、医、卜、释、道以至赌博、鹰狗等方面，都编撰有新书，共编了三十一部，一万七千余卷。从广度和深度来说，这些书在当时都很有价值。有人可能会问：你不是说隋炀帝还是位诗人吗，能否抄一首他写的诗让我们看看？隋炀帝有一首《饮马长城窟行》，老夫抄录如下：

> 肃肃秋风起，悠悠行万里。
>
> 万里何所行，横漠筑长城。
>
> 岂合小子智，先圣之所营。
>
> 树兹万世策，安此亿兆生。
>
> 讵敢惮焦思，高枕于上京。
>
> 北河见武节，千里卷戎旌。
>
> 山川互出没，原野穷超忽。

撞金止行阵，鸣鼓兴士卒。

千乘万旗动，饮马长城窟。

秋昏塞外云，雾暗关山月。

缘严驿马上，乘空烽火发。

借问长城侯，单于入朝谒。

浊气静天山，晨光照高阙。

释兵仍振旅，要荒事万举。

饮至告言旋，功归清庙前。

　　据说这首诗很有名，有人还说，隋炀帝的诗，可与曹操的诗相媲美。

　　据记载，大运河从春秋时期开掘，完成于隋朝，繁荣于唐宋，取直于元朝，疏通于明清。公元605年，隋炀帝下令修建大运河，先后动用了几百万民工。由于劳动强度太大，死了许多人。不管怎么说，大运河为中华文明增添了不少光彩。世界往往就是这样，有些文明是通过不文明的行动缔造的。

　　在修建大运河的同时，隋炀帝又下令修建显仁宫，征调大江以南、五岭以北的奇材异石，输送到洛阳；又搜集海内的嘉木异草、珍禽奇兽，用以充实皇家园苑。接着又营建西苑，苑内有人工海，在人工海内建造蓬莱、方丈、瀛洲等神山，亭台楼阁在山上星罗棋布。不管从什么角度观看都美如仙境。

　　隋炀帝继位后，他意识到隋文帝时期制定的法律过于严苛，于是下诏修订法律。公元607年，新的法律制定完毕，共计十八篇，名为《大业律》，向全国颁布执行。很长时间以来，人们厌恶旧的严酷苛刻的法律，对《大业律》实行宽政表示欢迎。但是没过多久，修运河和修宫殿接二连三地开始，强迫劳役比以前更甚。

　　隋炀帝执政期间多次亲率大军出征，占了他业绩的大部分内容。由于篇幅的限制，老夫在此就省略了。

　　历史一再证明，压迫越甚，反抗越大。当人民的承受力已经到了极限时，对抗性的矛盾就爆发了。说到此，隋朝与秦朝还有一个共同点：都是由农民起义动摇其根基的。秦朝时，陈胜、吴广领导了农民起义；隋朝时，李密、窦建德等人领导了农民起义。

　　以窦建德为首的河北农民起义军发展得很快，也取得了可观的战绩，最后宣布建立了自己的政权。但他掌权后，又重复着前边许多政权的错误，最后被另一股新的势力所取代，并掉了脑袋，与陈胜、吴广的下场几乎一样。历史竟如此巧合。

最后，咱们看一看隋炀帝杨广是怎么死的。

隋炀帝后期，北方已乱成一锅粥，隋炀帝就带着他的亲信宇文化及和禁卫军躲到南方。而禁卫军中多为关中人，很不习惯南方的生活，都企盼回家乡。宇文化及感到隋炀帝的气数已尽，于是发动政变，将其杀害。隋炀帝死时还不到五十岁。

现在让老夫抄录蒙曼作词的《大隋风云》，作为本文的结束语：

> 文质彬彬，
>
> 威风凛凛，
>
> 只道是并吞八荒。
>
> 功盖万古，
>
> 横槊赋诗，
>
> 笑傲前尘。
>
> 却不料，
>
> 南征北战竭民力，
>
> 予雄予智失民心。
>
> 眼看着，
>
> 如画的江山都丧尽，
>
> 好头颅也与那肝胆分。
>
> 只落得，
>
> 一代英雄归黄土，
>
> 几行烟柳掩孤坟。
>
> 这才是，
>
> 运河悠悠连今古，
>
> 载舟覆舟俱凡人。

# 大唐开国

　　细心的朋友可能注意到了，老夫在读史，而不是在写史。司马迁和司马光那是正儿八经地在写史。还有一些专门从事历史研究的专家也在写史。老夫没那个水平，因此没资格写史，实实在在地说，充其量就是读人家写的历史。所不同的是，老夫边读边谈自己的感受，并把它综合成也适合其他朋友读的故事。

　　读着读着，老夫越来越感到，人类历史本身就是一本厚书。一页一页地翻过去，各色人等，都在这本书中表演，有的精彩，令人拍案叫绝；有的是败笔，令人作呕。有人留下美名，有人留下恶名；有人留下大名，有人留下小名；更多的人没留名，只是跟着人家跑龙套，甚至当了牺牲品。人类固然需要英雄，需要"脊梁"，但光有"脊梁"，没有血和肉是撑不起来的。大机器缺了哪个部件，都不可能运转。

　　读着读着，老夫越来越感到，人类社会就是一个发展过程。在这个过程中充满着矛盾。确实是应了那句名言：没有矛盾就没有世界。矛盾的表现形式五花八门，但"分久必合，合久必分"似乎是一种总规律。今天的朋友，有可能变成明天的敌人。

　　读着读着，老夫更加感受到，过去人类社会的斗争，始终围绕着"权"与"利"而展开。历史上为什么那么多人想当皇帝，因为皇帝的权力大无边，拥有生杀予夺之权。如果没有这些利益，用八抬大轿请，也没人想当日理万机的皇帝。众多人之所以跟着皇帝，也是为了获取自己的经济与政治利益。一旦利益被剥夺，这些人便会联合起来推翻皇帝。

　　读着读着，老夫更加明白，看历史时，手里应拿两个"镜子"，一个是"显微镜"，另一个是"望远镜"。有些事放在"显微镜"下看，满是细菌，一塌糊涂；若用"望远镜"看，即放在历史的长河中看，却是无价之宝。许多巨大文明的成果，往往是通过不文明的野蛮行为而缔造的。假如没有秦始皇、隋炀帝和明成祖，我国是否会有万里长城、京杭大运河、北京紫禁城，真的很难说。然而，若用"显微镜"看，这几位皇帝在历史上却没留下多少好名声。

读着读着，老夫更加意识到，每个人都要找对自己在历史上的位置。人不能以非法手段篡位，凡是通过阴谋诡计篡位者，都没有好下场。历史是无情的审判台，忠臣一直是人们崇敬的偶像，而那些奸臣，尽管他们也可能是赢家，但一直处于不光彩的地位，总是以白脸奸臣的形象出现在舞台上。

隋朝只存在了三十多年，正处于"青壮年"时期，但由于隋炀帝杨广的胡乱折腾，过分透支民力与国力而终结。代替它的是唐朝。

从《资治通鉴》上看，唐朝的开国皇帝李渊，曾受隋朝皇帝之命担任太原郡（今山西省太原市）的留守，手握军权。但此人比较窝囊，优柔寡断。而他的次子李世民胸怀大志、头脑敏锐、乐善好施、广交宾客，属于"该出手时就出手"式的人物，深受众人敬佩。有位高人评价说："李世民非同小可，性格豁达如汉高祖刘邦，神态威武如魏武帝曹操，年纪虽轻，却是位通世之人。"李世民发现隋朝已乱，趁此大好时机夺取天下易如反掌，于是劝父亲李渊夺取天下。

《资治通鉴》原文如下：

> 世民乘间屏人说渊曰："今主上无道，百姓困穷，晋阳城外皆为战场；大人若守小节，下有寇盗，上有严刑，危亡无日。不若顺民心，兴义兵，转祸为福，此天授之时也。"

李世民此话一出，把李渊吓得脸都白了，直说："你怎么敢说这种反话，我把你抓起来去告官。"李世民却对父亲说："我观察天时与人事已经很久了，才敢说此话。如果一定要把我抓起来告官，我宁愿一死！"李渊对儿子说："我怎能去告你，我只是提醒你说话要谨慎，千万不可再胡言乱语。"

次日，李世民又向父亲讲明必须立即起兵的道理。

李渊叹息地说："我昨晚一夜未睡，一直在反复思考你说的话，确实很有道理。今天我已下了决心，就是家破人亡，我也由了你；如果把家变成国，我也由了你。"

公元617年，李渊在儿子李世民与几位情投意合的朋友的支持下，举起义旗，正式起兵直趋关中。

李渊的大军攻破长安城后，为了有个过渡期，李渊拥立隋炀帝的孙子杨侑为皇帝，遥尊隋炀帝为太上皇。隋恭帝杨侑任命李渊为掌握军权的唐王、大丞相。实际上小皇帝只是个傀儡，军政大权均掌握在李渊和他的儿子手中。

公元 618 年，隋恭帝杨侑正式让位给李渊。李渊改国号为唐，建元武德。

隋朝的戏唱完了，唐朝的戏开始正式上演，一切好戏都在后边。

# 残酷的家庭矛盾

矛盾是奇怪的东西。没有矛盾就没有世界，没有矛盾就没有动力，没有矛盾自然界与人类社会就无法发展。然而，矛盾不是一成不变的，它经常变化，经常换位，经常处于产生、发展与消亡之中。旧的矛盾缓和了，新的矛盾又产生了。有时新旧矛盾交织在一起，此消彼长。每个时期总有一对矛盾处于支配的位置，由它决定着事物发展的方向。

李渊于太原发兵时，处在他面前的主要矛盾是推翻隋朝，取而代之。当他坐在龙椅上当了唐朝的开国皇帝后，他的家庭内部矛盾一度上升为主要矛盾。这个家庭矛盾的复杂性与残酷性，有时绝不亚于与隋朝的矛盾。

李渊这个人的生育能力很强，有名有姓的儿子就有二十二个，他们是：李建成、李世民、李玄霸、李元吉、李智云、李元景、李元昌、李元亨、李元方、李元礼、李元嘉、李元则、李元懿、李元轨、李凤、李元庆、李元裕、李元名、李灵夔、李元祥、李元晓、李元婴。顺便提一句，著名的滕王阁就是这最后一个儿子盖的。

李建成、李世民、李玄霸、李元吉是李渊与窦皇后所生，其他的儿子都是李渊与妃子、宫女所生。李渊打江山的时候，这些小的儿子尚未出世，后来争皇位继承权时，他们还没资格参与。相传李玄霸被雷劈死或被人害死，这样又减少了一名竞争者。皇位继承权的斗争实际上是在李建成、李世民、李元吉之间展开的。由于李建成与李元吉站在一起，主要矛盾就成了李建成与李世民之间的矛盾。

一家之长李渊，论能力和魄力，都不是出类拔萃之人。他既无那种干大事的品格，又无足智多谋的才能，基本上是让别人推着往前走。当初他并无反隋的念头，是李世民一而再、再而三地向他分析形势，督促他举起义旗，他才下了决心。他下了决心之后，才把李建成、李玄霸、李元吉召回身边。下决心起兵这件大事的功劳，几乎没其他人的份儿，可以毫不夸大地说，起了决定性作用的是李世民。

在从太原向长安进军的路上，李渊的几个儿子以及多员战将都有功。但若论头功，还属李世民，无人可比。所以，《资治通鉴》里有这样的记载：李渊在晋阳起兵，都是李世民的计谋。李渊曾对李世民说过，如果事业成功，那么天下都是你带来的，该立你为太子。然而，因为有长兄李建成在，李世民拜谢并坚决推辞了。

李渊的长子李建成与次子李世民的性格、能力、道德水平相比，都差得不是一星半点儿。李建成是个慢性子，生活散漫，喜欢喝酒，贪恋女色，爱打猎，不务正业。所以，李渊当了皇帝后，诸位大臣和将领们请求立李世民为太子。李渊也想这样做，本来几乎水到渠成，但李世民坚决推辞，这才作罢。最后按老规矩立长子李建成为太子，李世民被封为秦王。

从这件事上，可以清楚地看出李世民的高风亮节。他没邀功，更无贪心，虽父皇有意，众臣举荐，人心所向，而他一再谢绝。这个谢绝，看不出有假，是实心实意的。

李建成被立为太子后，不仅不感谢李世民，反而把李世民看作对自己太子地位的最大威胁。于是他与不务正业的弟弟李元吉联合起来，进行了一系列败坏李世民的名声、排挤李世民甚至欲除掉李世民的见不得人的阴谋活动。

第一步，与李渊的嫔妃结成联盟。李渊的嫔妃成群，这些嫔妃为了巩固自己的地位，除了极力讨好李渊外，还要讨好各位年长的皇子。李世民不吃这一套。而李建成和李元吉都极力亲近这些嫔妃，以便让她们在李渊那儿吹枕边风，说他们的好话，说李世民的坏话。最典型的是李世民平定洛阳后，李渊派嫔妃去洛阳挑选隋朝的宫女，收取国库中的珍宝，有的嫔妃提出让李世民给她们的亲戚封官。这些无理要求均被李世民顶了回去。这些人返回长安后，在李渊面前大说特说李世民的坏话。你别说，还真管用，李渊对李世民的看法潜移默化地在发生变化。一次，他对别人说，李世民不再是往昔的那个儿子了。

第二步，建功立业，增加资本。刘黑闼本来是李世民打败的一股势力的头领。过了一段时间死灰复燃，又纠集一帮势力胡作非为。这时李建成的高级谋士魏徵给他出谋划策："人家秦王李世民立了那么多大的功，上下左右都有人拥护他。您只是凭年长当的太子，却没有大功镇服天下。如今刘黑闼人马不足一万，军粮及其他物资缺乏。如果您亲自率大军去讨伐，很容易就能成功。这既可以建立军功，树立自己的形象，又可以趁机联络山东的英雄豪杰，扩大势力，稳定自己的地位。"你别说，魏徵确实厉害，在他的周密筹划之下，刘黑闼被消灭了，李建成在山东也结识了不少豪杰。这次给太子加分不少。

第三步，以赠马为名，害李世民性命。李建成有匹烈马，难以驯服，谁骑上它都尥蹶子，轻者将人致残，重者还可将人摔死。李建成知道李世民喜欢马，就将这匹马送给他。李世民骑上这匹马追野鹿，马尥蹶子，把李世民摔下来。他再次骑上去，一连三次，马老实了。李世民说："他想借这匹马来害我的性命，但生死是由命运主宰的，他能伤害我吗？"李建成听到这句话，把它篡改为："我有天命，将做天下之主，哪会白白去死！"并将此话通过嫔妃传给李渊。李渊大怒，先将李建成、李元吉叫来，最后把李世民叫来，痛斥说："天子之位自然有上天授命，不是凭借智力可以得到的，你追求得多么迫不及待呀！"李世民立马摘下帽子叩头，为自己的话进行辩解。李渊的气仍未消。

第四步，酒中放毒，企图毒死李世民。一天夜间，李建成把李世民叫来饮酒，用经过鸩羽浸泡的毒酒毒害他。刚刚喝下几杯，李世民就觉得心脏痛楚，接着大口大口地吐血，被人搀扶着回到自己住的西宫。由于抢救及时，幸免于难。李渊来看望李世民时说："第一个提出反隋的谋略，消灭国内的敌人，这些都是你的功劳。本来我打算将你立为太子，你再三推辞掉了。建成年纪最大，当太子已好几年了，我也不忍心削掉他太子之位。我看你们兄弟难以相容，你们都住在京城，肯定还会发生矛盾。我想派你据守洛阳，这样陕州以东的广大地区都归你管。"李世民哭泣着表示，不愿离开父亲。李渊说："天下都是一家，东都与西都相距不远，我想你时便可动身看你，你不必悲伤。"李世民准备去洛阳时，李建成和李元吉又商量计策："若把李世民放走，就不好除掉他了。"于是又以种种理由，说服李渊改变了主意。李世民没去成洛阳。

从《资治通鉴》上看，找不出李世民想夺太子位，想害哥哥李建成和弟弟李元吉的任何事实。

# 玄武门之变

李建成和李元吉不除掉李世民，睡觉时眼睛都难合上。李世民一再忍让，从不敢往太子的位置看一眼。李建成用了几招，均未达到目的。这次他干脆发动兵变了。

从《资治通鉴》上看，公元624年，李建成未经皇帝批准，擅自招募了长安与各地的两千多名身怀绝技的勇士作为东宫的卫士。这还不够，又下令调动幽州的三百骑兵，来补充扩大东宫的卫队。这绝对是违法行为，被人告发。唐高祖李渊气得胡子都翘起来了，把李建成狠狠地责备了一番，并将帮李建成调动军队的负责人发配远方。

但是，李渊确实是个老糊涂，在如此紧张的情况下，他却带着李世民和李元吉离开长安去仁智宫了，留下太子李建成留守长安。行前，李建成悄悄对李元吉说："这件大事不可再迟疑，今年一定要解决。"并要求他在外边，寻找杀害李世民的机会。

太子李建成在长安加紧调兵遣将的阴谋活动，被人向李渊告发。李渊大怒，气得手直打哆嗦，令李建成立即到仁智宫来。

李建成不敢去，手下的人劝他去认罪，他勉强去了。见了李渊，他叩头认罪，痛哭流涕，几乎晕倒，装出一副可怜巴巴的庱样。李渊这次真的气坏了，好长时间怒气未消，把李建成关起来，派人看守。

李建成的亲信杨文干听说他被关，立即起兵造反。李渊征求李世民的意见："你说怎么办？"李世民说："姓杨的这个家伙竟敢造反，派个将领就可将其收拾。说不定他一造反，他的同伙就会将其捉住。"

李渊却说:"恐怕没那么简单,这件事关系到建成,会牵连不少人。你要亲自去一趟,回来后我就立你为太子。但我不能像隋文帝那样杀自己的儿子,我打算封建成为蜀王。蜀地军队不多,以后如果他服从你,你可成全他;如果不服,把他解决了也容易。"然而,等李世民走后,在李元吉与嫔妃们的求情下,李渊这个人耳根子特软,又改变了主意,李建成的太子地位仍未被撼动。

过了一阵子,李建成和李元吉又联合李渊的嫔妃大肆散布李世民的坏话,说李世民平定东都之后迟迟不返长安,散发财物,收买人心,妄图谋反,想篡夺皇位。但李渊每次遇到困难都派李世民去解决。可是解决得越漂亮,越遭到李建成和李元吉嫉妒,他们在李渊面前吹的阴风越多。因为听多了,李渊对李世民的疑心随之加重。

李世民也不是傻子,这些情况他通过各种渠道了如指掌。当他得知李建成又指使李元吉刺杀自己时,手下的亲信都劝李世民先发制人,否则将酿成大祸。直到这时李世民还说:"兄弟之间互相残杀,是古今一大坏事。我当然心知肚明,这场灾难不可避免。我只想等他们先下手,我处于还击的地位,这样有理。"

众人劝李世民说:"齐王李元吉凶暴,他的目的是杀死你,然后再害死太子,最后成为太子,并当皇帝。如果他们二人阴谋得逞,肯定天下大乱。您不应只顾个人的名誉,而忘掉国家的安危。"经过一番思考之后,李世民决定先发制人。

公元 626 年,李世民向李渊禀报李建成、李元吉在后宫的淫乱行为,以及妄图杀害自己的阴谋。李渊非常惊讶,决定第二天审问他们,并让李世民先到。

关于玄武门之变,司马光在《资治通鉴》中有这样一段记载:

> 庚申,世民帅长孙无忌等人,伏兵于玄武门。张婕妤窃知世民表意,驰语建成。建成召元吉谋之。元吉曰:"宜勒宫府兵,托疾不朝,以观形势。"建成曰:"兵备已严,当与弟入参,自问消息。"乃俱入,趣玄武门。上时已召裴寂、萧瑀、陈叔达等,欲按其事。
>
> 建成、元吉至临湖殿,觉变,即跋马东归宫府。世民从而呼之,元

吉张弓射世民，再三不彀，世民射建成，杀之。尉迟敬德将七十骑继至，左右射元吉坠马。世民马逸入林下，为木枝所絓，坠不能起。元吉遽至，夺弓将扼之，敬德跃马叱之。元吉步欲趣德殿，敬德追射，杀之。

这段话的意思简单来说就是：李世民在玄武门埋伏了军队，李建成和李元吉也安排了自己的军队。李渊准备盘问李建成与李元吉，当这兄弟俩到达临湖殿时，发现情形不对，立即逃走。李世民紧跟其后，这时李元吉拔箭射李世民，但他的手竟慌张得拉不开弓。李世民一箭射死了李建成，其他人射死了李元吉。李建成的军队一看两个领袖的人头落地，也就散去。

这就是历史上有名的"玄武门之变"，并不像许多演义中说的那么邪乎。

李渊得知李建成、李元吉被杀后，问下属："想不到今天发生了这件事，你们说怎么办？"

下属说："李建成和李元吉当初就没有参与反隋的谋划，又没有夺取天下的功劳。他们嫉妒秦王德高望重，共同策划谋害秦王。如今秦王已杀掉他们，而秦王的功劳最大，天下人都服从，陛下如能让秦王当太子，将国家交给他来管，就太平无事了。"

李渊说："对，这也是我的愿望。"于是李世民成为太子。

过了不久，李渊感到自己年事已高，力不从心，况且大权已掌握在李世民手里，他干脆退位，让李世民当了皇帝，自己成为太上皇。

从《资治通鉴》上看，兄弟相残的例子不少。老夫在前面说过，最为著名的有三起：秦朝的胡亥与赵高、李斯合伙谋害扶苏，而人们都同情扶苏；隋朝的杨广害死兄长杨勇，从而落下臭名声；唐朝的李世民除掉太子李建成及其弟李元吉，却没有多少人骂李世民。

若是李建成杀死李世民，自己当了皇帝，唐代的历史是个什么样子，谁也不知道。

从对社会发展的作用来看，一百个李建成和一千个李元吉，恐怕也难比一个李世民。

# "镜子"魏徵

"玄武门之变"以李世民的彻底胜利和李建成、李元吉的彻底失败而告终。

接下来面临的问题是，如何处置李建成与李元吉周围的谋士。有人主张统统杀掉，并且斩草除根，灭三族。在此关键时刻，尉迟敬德说："有罪的就是李建成、李元吉两个人，现在已将他们除掉，绝对不能扩大处置的范围，否则，影响整个局势的稳定，也会失掉人心。"这样的提议正合李世民之意。

魏徵曾是李建成的谋士，《资治通鉴》中详细地记载了李世民对魏徵的重用。

魏徵从小家境贫穷，但极为聪慧，苦读经史，胸怀大志，智谋过人，性格豪放，刚正不阿，能言善辩，文笔了得。李建成当了太子后，千方百计地把魏徵弄到自己门下，为自己出谋划策。李建成死后，门下的谋士"树倒猢狲散"，有的溜之大吉，有的忏悔表忠心。而魏徵既不逃，也不表忠心，准备一死了之。

李世民知道魏徵曾给李建成出过主意，便质问他："你为何挑拨我们亲兄弟之间的关系？"这时，大家都以为魏徵完了，个个替他捏了一把汗。

结果，魏徵没有一点儿惊慌失措的样子，泰然自若地回答："前太子如果早听了我的话，绝对不会是今天的下场。"在一般情况下，李世民听闻此言，定要杀掉说这话的人，否则，难解心头之恨。但是，李世民反而感到魏徵是充满了智慧的不可多得的人才。

李世民下令：既往不咎，互相不许再告发，违者治罪。他任命魏徵以及李建成手下的一些谋士为谏议大夫，加以重用。

虽然李世民下了大赦令，但还是有不少人逃窜到全国各地不敢回来。李世民派魏徵去各地做说服工作。魏徵到达磁州后，正好碰上当地官员把李建成手下的几个官员捆起来往京都押送，魏徵说："我已接到诏令，一律赦免过去东宫与齐王府的人。如果现在将他们抓回去，谁还相信赦令？况且我被当成忠臣对待，怎能不以一片忠心来报恩。"他亲自给这些人解开绳索，一律放走。对魏徵的做法，李世民十分满意。从此以后，魏徵受到李世民的充分信任，而且几乎成为唯一可以进入李世民的卧室谈论事情的人。

这太不容易了，把李建成的谋士当成自己的谋士，不仅没杀他，反而重用他。这需要多么宽阔的胸怀和过人的胆量呀！

在《资治通鉴》中，有几个典型事例，说明魏徵对李世民的重要性。

第一个例子：关于征召兵丁。

李世民要出征，但兵员不够。这时有位姓封的人上奏："有的男子虽不满十八岁，但身体强壮，也可应征。"李世民钦准了这个意见。但是魏徵持反对意见，就是不签署。来回四次，魏徵死活不签署。李世民大怒，召魏徵来责备道："壮实的男子，好多都是虚报年龄逃避徭役的人，征召他们有什么不对！朕这里批了，来回四次你都不签，你怎么这么固执？"魏徵说："军队在于治理得法，而不在人数众多。陛下征召成年的壮丁，用正确的方法加以训练，足以无敌于天下，何必征召不够十八岁的人滥竽充数呢？陛下一直强调要取信于民，却已多次失信了。"

李世民听魏徵说自己失信，惊讶地问："朕哪里失信了？"

魏徵说："陛下刚继位时，就下诏说，百姓拖欠官家的财物，一律免除。而有关部门对拖欠秦王府的财物却不予免除。陛下已由秦王升为天子，秦王府也成为官家的一部分，为什么不免除呢？陛下又下诏说，关中地区免收两年租税，关外地区免收一年。而现在既收租又征兵，还谈什么免税呢？这不是失信于民是什么？"

李世民听了魏徵这一番话后，不仅没怒，反而高兴地说："朕以前认为你这个人比较固执，不通政务，不讲情面，现在朕改变了看法，你是真正为国家负责，而且议论国家大政方针，总能切中要害。是啊，朝廷不讲信用，百姓就无所适从，失信于民，国家岂能治理得好？朕的过失不小呀！"李世民立即决定不征召不满十八岁的男子当兵。为奖励魏徵直谏，赐给他一只金瓮。

第二个例子：关于远离小人。

朝内有两个大臣经常在李世民那儿打小报告，弄得人心惶惶。这两个人很受李世民的宠幸。魏徵劝谏李世民要远离小人："这两个人不识国体，什么本领也没有，专以告发别人当作直言，以进谗言当作忠诚。陛下并非不知道他们的行为令人无法忍受，只是取其说话无所忌讳，以此威慑其他大臣。

这些人利用皇权，使自己的阴谋得逞。他们打的小报告，内容并非真实。陛下一定要远离这些小人，以免损害自己的崇高声望。"魏徵说完，李世民奖给他五百匹绢。

第三个例子：关于公主出嫁。

李世民的长女要出嫁，因为他特别喜欢这个女儿，陪嫁的东西比唐高祖李渊的女儿出嫁时的东西还多一倍。魏徵劝告说："过去汉明帝在给皇子封地时说，我的儿子怎么能比得上先帝的儿子，因此给皇子封的地很少。现在陛下的公主出嫁，东西怎么能比皇姑永嘉长公主的东西多一倍呢？"李世民将魏徵的话转告给皇后。皇后感慨地说："平日我听到陛下称赞魏徵，不知道是何原因。今天通过公主这件事，我真正体会到魏徵真是国家的栋梁。我和陛下是结发夫妻，感情如此深厚，每次说话时还要观察一下您的神色，不敢轻易冒犯陛下，而魏徵身为下臣，关系疏远，却能如此直言不讳，陛下一定要纳谏呀！"皇后还派人给魏徵送去四百缗钱和四百匹绢，并转告魏徵说："早就听说你为人正直，今天通过公主这件事我才体会到。因此送你这些东西，请你永远保持这种品质。"

在《资治通鉴》中有许多这样生动的事例，老夫只举三例而已。

# 善听意见的唐太宗

不知为什么，老夫在读《资治通鉴》第一百九十一卷以后的若干内容时，脑子里一直在想：这位新皇帝唐太宗李世民到底长什么模样？是像项羽一样个头高，还是像刘邦一样有高鼻梁；是像诸葛亮一样有双眼皮，还是像周瑜那样雄姿英发？可惜那时没手机，要有的话，拍几张照，不就不用胡思乱想了嘛！

唐太宗长什么样，老夫说不清，但他操着陕西和山西口音，这绝对没错。因为他生在陕西武功，长于山西太原。

在前边老夫专门向大家介绍了魏徵的特殊身份、特殊才能、特殊作用，但是，在唐太宗周围绝非魏徵一人，他有一个智囊团，魏徵只是其中一位最杰出的代表。

从《资治通鉴》上看，唐太宗特别鼓励大家畅所欲言。因为唐太宗相貌威严，又是皇上，大臣们去见他，还没走到跟前就开始打哆嗦，想好了要说的话也卡壳了。唐太宗看出来了，为了缓和此种情绪，一方面他尽量和颜悦色，另一方面他反复对大臣们讲："人要想看到自己的形象，必须照镜子；君主若想知道自己的过错，必须借助于忠臣。如果君主自以为是，拒绝纳谏，而臣子都阿谀奉承，那样的话，君主会失去国家，大臣们也难自保。例如有些人一味吹捧隋炀帝，后来隋炀帝被杀时，他们也跟着去殉葬，希望大家以此为戒。只要发现朕有不对的地方，请毫无保留地讲出来。"

有一次，唐太宗对大臣王珪说："国家设立了中书省和门下省机构，就是为了互相监督。如果中书省起草的诏令不当，那么门下省就要毫不客气地退回去令其重新改正。大家的见解经过反复推敲，务求正确。放弃错误的意见，服从正确的看法，这样做有什么坏处呢？近来总有人护短，于是造成隔阂；还有人怕得罪人，看出了错误也不说。照顾一个人的情面，给百姓留下无穷的后患，这是要走亡国之路啊！隋炀帝在位时，内外百官都随声附和，当时还认为这样做明智，不会招来灾祸。等到天下大乱时，国家与个人全遭殃，即使有个别人幸免于难，也受到舆论的永远谴责。"

《资治通鉴》中的原文如下：

> 上谓黄门侍郎王珪曰："国家本置中书、门下以相检察，中书诏敕或有差失，则门下当行驳正。人心所见，互有不同，苟论难往来，务求至当，舍己从人，亦复何伤！比来或护己之短，遂成怨隙，或苟避私怨，知非不正，顺一人之颜情，为兆民之深患，此乃亡国之政也。炀帝之世，内外庶官，务相顺从。当是之时，皆自谓有智，祸不及身。及天下大乱，家国两亡，虽其间万一有得免者，亦为时论所贬，终古不磨。卿曹各当徇公忘私，勿雷同也！"

唐太宗一再要求他周围的人应吸取隋炀帝的沉痛教训，为公忘私，看到他有不对的地方，希望马上指出来，这样才能使他少犯错误。

有一天，唐太宗与大臣们聊天，他说："最近朕翻阅《隋炀帝集》，其文辞深奥博雅，也经常推崇尧、舜而批判桀、纣，然而他的行为怎么恰恰与其文章相反呢？"

魏徵答："君主虽然是圣哲之人，也应虚心地接受他人的建议，所以有智慧之人奉献其谋略，勇敢之人竭尽其武力。隋炀帝的文章写得虽漂亮，但他恃才自傲，骄矜自大，目中无人，所以他口里念着尧、舜的语言，实行的却是桀、纣的行为。最后，恐怕连他自己都不知道隋朝为什么覆灭得那么快。"

唐太宗说："前事不忘，后事之师。隋炀帝的所作所为离我们不远，我们应当好好借鉴。"

有一次，君臣谈到音乐。唐太宗说："朕看音乐不过是古代圣人依据现实情况的不同而实施的教化罢了，国家政治的兴衰更替，难道由音乐而生？"

御史大夫杜淹则唱反调说："过去北齐将要灭亡时，就创作出《伴侣曲》；陈国将要灭亡时，又创作出《玉树后庭花》。这两支曲子的声调十分悲哀，路人听到无不流泪。怎么能说政治的兴衰与音乐没有关系呢？"

唐太宗说："你说的这个观点不对，音乐确实能触动人的感情，所以高兴时听到音乐会喜悦，忧伤时听到音乐会感到难过。喜悦也好，悲伤也罢，全在于人的内心，而不是由音乐引起的。衰亡的政治，必然使百姓感到痛苦，此时此刻再听到音乐，会更加悲伤。现在这两支曲子仍存在，朕给你们弹奏出来，难道你们也会掉泪悲伤吗？"

魏徵也发表了对此问题的看法："臣记得，古人曾反问过，礼难道仅仅指玉帛之类的礼器吗？乐难道仅仅指钟鼓之类的乐器吗？不是。乐的意义确实不在于声音本身，而在于使人心和谐。"

君臣之间如此平等地探讨问题的风气，在古代实属罕见。

有一次，唐太宗问魏徵："君主怎么做算明，怎么做算暗？"

魏徵答："善于听取各种不同的意见就是明，偏听偏信就是暗。例如，从前尧帝体恤下情，详细询问民间疾苦，所以能知道官员的恶行；舜帝目明可远视四路，耳聪能远听四方，所以共工等恶势力难掩其罪过。秦二世偏信赵高，招来灭顶之灾；梁武帝偏信朱异，招来台城的羞辱；隋炀帝偏信虞世基，导致彭城阁的变故。由此可见，君主善于听取各种意见，亲贵大臣就没办法堵塞言路，下情也能顺畅地上达。"

唐太宗听后说："爱卿说得非常好！"

从《资治通鉴》还可以看出，唐太宗经常有危机感和敬畏感。他多次表示："人们都说当皇上多么尊贵，无所畏惧。朕的感觉并非如此，上怕老天的监督，下惧群臣的注视。朕兢兢业业，如履薄冰，还怕不符合上天的旨意与百姓的期望。"

唐太宗多次说过："朕每次临朝，不管讲一句什么话，都要经过反复思考，唯恐讲错了坑害人民，所以朕不敢多说话。"他还说："君与臣应同心协力，相互提醒，以免干蠢事，令后人耻笑。"

说真的，司马光对唐太宗的品德和作风的赞扬，用了相当多的笔墨，翻遍了《资治通鉴》，很难找到第二人。

# 和谐的君臣关系

老夫年轻时读书，就爱没边没沿地胡思乱想。读孔子的书时想，孔子长什么样？读老子的书时想，老子长什么样？读孙子的书时想，孙子长什么样？读鬼谷子的书时想，鬼谷子长什么样？这不，都八九十岁的人了，好奇心不减当年，昨天又在想，唐太宗长什么样？

今天老夫又在想，唐太宗的性格特征有哪些？聪明绝顶、善抓机会、当机立断、柔中有刚、顶天立地、会包装自己。他总是用尽心思向别人"借脑子"，然后集思广益、大展宏图。

司马光在《资治通鉴》中举了这样一个例子。唐太宗听说景州有个名叫张玄素的人很有独到的见解，便将其叫来，向他询问执政之道。张玄素在唐太宗面前侃侃而谈："隋朝为何垮台？其皇帝喜好独断专行地处理各种政务，不相信任何一个臣子，大臣们整天处于恐惧不安之中，只知道奉命办事，没人敢越雷池一步，仅凭皇帝一个人的才智来决断天下的大事。大臣们阿谀奉承，皇帝一直受蒙蔽，国家不灭亡才怪呢！陛下能够谨慎地选择众大臣，又给他们应有的权力，让他们各司其职，而陛下悠闲自在、肃穆清静、高居深拱，根据他们的成功与失误进行考察，好的就奖励提拔，不好的就处罚降职，这样做，还用忧虑国家治理不好吗？另外，我看隋末天下大乱时，妄图争天下的不过十几个人而已，其他的人都是等待有道之君出来，然后好归附罢了。"唐太宗认为他讲得很好，提拔他为侍御史。

有人给唐太宗出主意，可以假装大发脾气，对臣下是否忠诚进行试探。那些坚持己见、不屈服压力的，便是忠臣；那些畏惧皇上威严，怕丢了自己乌纱帽的，便是奸佞之徒。

唐太宗一听，这个谏言不可取。他说："君主是水的源头，群臣是水的支流。源头浑浊而希望支流清澈，有可能吗？君主自己先作假蒙骗群臣、试探群臣，而又要求群臣耿直，岂不是南辕北辙？朕以至诚之心治理天下，绝对不用前一代皇帝用权谋小术来对待群臣的办法。朕认为那样做是十分卑鄙的。这个建议再好，朕也不会使用。"

有一天，唐太宗对一位近臣说："朕小时候就喜欢弓，先后得到十几把好弓，自以为这些弓是天下最好的了。有一次，朕将这些弓拿给一位造弓的行家里手看，他却说这些都不是最好的弓。朕问为什么，他说，木心不直，因此木纹不正；木纹不正，发出去的箭就会不准。听了人家讲的道理，朕悟出自己辨别弓箭好坏的本领并不高。进而朕联想到，朕凭弓箭打天下，却不懂得它们，更何况天下那么多学问、事情，朕怎么能都了解呢？"受这件事的启发，唐太宗做出一个决定：在京五品以上的官员，轮流到朝廷的中书省当值，同时，唐太宗经常接见这些官员，问他们民间疾苦与朝廷政令的得失。

唐太宗经常要求周围的人向他推荐人才。有位名叫杜淹的人向他推荐邸怀道。下面这段对话挺有意思：

唐太宗："你向朕举荐的这个人有什么才能？"

杜淹："隋炀帝要驾临江都，临走前召集百官询问去还是不去，当时别人都说可以去，只有邸怀道一个人说万万不可去。这是我亲眼所见，因为当时我也在场。"

唐太宗："既然你也在场，你为何不向隋炀帝说出来？"

杜淹："我当时地位卑微，不任要职，又知道隋炀帝也听不进去我的劝谏，徒然冒死进谏也毫无益处，所以我沉默无语。"

唐太宗："你知道隋炀帝不纳谏，为何还在朝里做官；既然在朝里做官，为何不进谏？你供职于隋朝，姑且可以说位卑言微，后来供职于王世充，地位尊显，为何仍不进谏？"

杜淹："我给王世充提出了不少谏言，可是他根本不听。"

唐太宗："王世充如果贤明又纳谏，便不应亡国；假若他残暴而又拒谏，你又怎能免于灾祸呢？"

杜淹被唐太宗追问得说不出话来了。

唐太宗说："现在你在朕这儿的地位称得上尊贵了，可以大胆地向朕进谏了吧？"

杜淹说："我现在甘愿冒死强谏！"

唐太宗听到这句话，高兴地哈哈大笑。

请看，君臣就是在如此和谐的气氛中亲切交谈。

司马光在《资治通鉴》中，还举了一个唐太宗与兵部郎中戴胄对话的例子，也很有说服力：唐太宗多次发现选拔人才时，有些人为了达到被提拔的目的，虚报个人情况。唐太宗很生气，命令凡虚报者一律自首，不自首者处以死刑。不久，真的发现有人造假，又不自首，唐太宗要处死他。

戴胄却向唐太宗上奏："根据唐朝的法律应当流放，不能判死刑。"

唐太宗看到戴胄的奏折，大怒："你想依法办事，难道朕说的话就不算数吗？你想让朕失信于民吗？"

戴胄也不让步："陛下的话是在愤怒之时脱口而出的，按国家制定的法律办事才是取信于民的根本。陛下对选拔人才中的造假现象深感恼怒，所以想杀这些人。然而已知这样不行，再以法律明断，这就是忍住一时的小怒而保全最大的信用。"

这是把皇上的决定给顶回去了。这时唐太宗不仅气消了，还对戴胄说："你能按法律办事，朕放心了，有像你这样认真执法的官员，朕还愁什么呢！"

司马光感慨地说："戴胄敢冒犯皇上，最后皇上还赞扬了他，这个真的不容易呀！"

# 轶事六则

老夫十几岁时，接触的第一本理论书是《社会发展史》。记得当时的老

师特别向我们强调，学习时不要死记硬背，重点在于掌握立场、观点和方法。回想在老夫的一生中，"立场、观点、方法"这六个字起了很大作用。老夫在攻读《资治通鉴》时，通过阅读逐渐感觉到，古时候的人，例如司马光这样的巨匠，在编写书的过程中，亦有其立场、观点和方法。司马光对曹操、诸葛亮、李世民就喜爱有加，在他们身上不仅用的篇幅多，而且充满着激情。《资治通鉴》成书于北宋，距今已经九百多年了，然而在读的过程中，还能感受到其中蕴含的热度。

在《资治通鉴》中，司马光围绕着李世民，谈了这样几件很生动的事：

第一件。一天，唐太宗对大臣们说："古时候大禹治水、开渠凿山，百姓十分苦，但却不埋怨，这是为什么？因为治水与百姓的根本利益相一致。而秦始皇修建宫殿，百姓却起而造反，这又是为什么？这是因为他只顾个人享乐，使百姓的利益受到损害的缘故。那些雄伟华丽的宫殿，当然是人人都想住的，但无限制地追求这些，那就危险了。朕原来也想建一座宫殿，建筑材料都准备好了，但接受秦朝的教训，朕经过反复考虑，决定把这个工程先停下来。希望各位王公大臣，能领会朕的心意，都过节俭的日子。"

第二件。唐太宗对一位姓王的大臣说："公元594年，隋朝遇到大旱年，隋文帝不准开仓赈济百姓，逼着百姓自己去寻找食物。到了隋文帝在位晚期，全国库存的粮食可供食用五十年。隋炀帝倚仗着国库里有堆积如山的粮食，过着奢侈无度的生活，最后导致隋朝灭亡。朕就想不清楚，仓库里堆那么多粮食而不赈灾，留着它到底干什么用呢？"

第三件。公元628年，长安附近闹蝗灾。一天，唐太宗看到蝗虫，就抓住几只，祷祝说："百姓靠谷物活命，你们这些蝗虫却吃掉庄稼。朕宁愿让你们吃朕的胃和肠子，也不让你们吃庄稼！"说完，就把蝗虫往嘴里放。身边的人忙劝道："这种蝗虫生吃下去会生病的。"唐太宗则说："朕心甘情愿代替百姓受灾，还怕生什么病？"接着就把几只蝗虫吞到肚子里去。据传，唐太宗吞下蝗虫后，蝗灾再没闹起来。

第四件。仍是公元628年，关内有些地区发生旱灾，不少百姓因饥荒卖掉子女，以换取食物充饥。唐太宗得知这个情况后，心中非常难过，他立即下令将皇家仓库中的金银和丝绸拿出来，替灾民赎回这些被卖掉的孩子。唐太宗在诏书中说："如果能使五谷丰登、天下太平，即使把灾祸转移到朕的身上，朕也毫不迟疑！"说来也怪，唐太宗的诏书下达后不久，大雨就来了，百姓都非常高兴。

第五件。有位名叫虞世南的"笔杆子"写了一篇《圣德论》，专门歌颂唐太宗的丰功伟绩，呈递给唐太宗。唐太宗看后书面答复如下："你对朕的评价太高了，朕哪里能和上古的帝王相比，只不过比近来的有些君主强一点点。况且你刚看到开头，还不知道朕最终的表现如何。假如朕能始终如一，你写的这篇文章还可留下来；如果朕有始无终，恐怕后人就会把这篇文章当成笑话啊！"过后，温彦博对唐太宗说："希望陛下能像贞观初年那样，国家就会好上加好！"唐太宗问："难道近来朕治理国家做得不好了？"爱哪壶不开提哪壶的魏徵说："贞观初年，陛下厉行节俭，经常倾听各种意见，而近年来营造工程增多，劝谏的人大多触怒陛下，人们也就少说为佳了。说句心里话，陛下跟以前大不一样了呀！"唐太宗听后，不仅没恼怒，反而鼓掌大笑着说："击中要害，确实有这种情况啊，朕得改。"

第六件。有一次，著作佐郎邓世隆正式提出将唐太宗写的文字和讲的话集中起来编成文集。唐太宗却说："朕的诏令、讲话，凡有益于百姓的，史官都记录在案，足以永久流传；如果是一些与百姓利益无关的东西，集中起来又有什么用处呢？梁武帝萧衍父子、陈后主、隋炀帝都有文集流传在世，这些文集对挽救国家危亡到底起过什么作用？作为君主，只担心没有好的政绩，文集再多，政绩不成也毫无用处。"唐太宗坚决不许臣下为他编文集。

司马光在《资治通鉴》中，通过这些具体事件，极力赞颂唐太宗李世民。

# 爱才如命的唐太宗

2019年4月15日，这是个令世人永远难忘而悲痛的日子。

巴黎圣母院的一场大火，使巴黎在痛哭！使全法国在痛哭！

这座中世纪的大教堂，因大文豪雨果的同名小说而闻名于世，并成为法兰西民族的灵魂。这个灵魂是由物质与精神两种因素构成的。没有巴黎圣母院的宏伟建筑，就不会有雨果的《巴黎圣母院》，而没有雨果的著名小说《巴黎圣母院》，这座建筑也不会成为法兰西民族的灵魂。

老夫在研读《资治通鉴》的过程中，越来越感到历代王朝的特色与当时皇帝的性格有很大关系。唐朝的诗歌为什么那样著名，鲁迅甚至认为，一切好诗在唐朝已作完，这与唐太宗本人热爱文学有很大关系。在他还未登上皇帝宝座之前，就开了个文学馆，吸纳了几十位在文学方面有造诣的人，他们经常讨论文献典籍，直到半夜才就寝。

你肯定知道唐太宗是政治家、军事家、思想家，但未必知道他还是一位伟大的诗人。据说他写过八十八首诗，其中有一首《赋萧瑀》：

疾风知劲草，板荡识诚臣。

勇夫安识义，智者必怀仁。

有行家说，唐太宗的这一首诗的质量，可以"秒杀"乾隆的四万首诗。

虽然唐太宗在世时，还未出现以李白与杜甫为代表的一大批诗人，但他们之所以能够出现，无疑与唐太宗培育的唐朝的文化沃土有很大关系。

要说唐太宗爱才如命，那确实名不虚传。有一次，因为天不下雨，唐太宗叫文武百官出主意。有个武官向唐太宗呈上几十条特别有分量的建议。唐太宗对这个武将的文化水平了如指掌，一眼就看出这并非出自他的手。一问，果然是他家一位名叫马周的客人代写的。

唐太宗迫不及待地要见这个叫马周的人。

经过考察，马周这个人非同小可，后来当了大臣。

一次，马周向唐太宗直言上书："过去的朝代经历的时间都很长，这是为什么？这是因为皇帝对民众施恩惠，凝聚民心。后来有些朝代经历几十年就垮塌了，又是为什么？这就是对民众没有施恩惠，所以国家就不稳固。陛下应继续发扬夏禹、商汤、文王、武王的功业，替子孙创立万代基业，怎么能满足于眼前已取得的成就呢？现在营缮工程过多，民众得不到休息，而朝廷只发放文书，根本不体恤下情。古人早就说过，每天早起勤理政务，才能声名显赫，后人还有所懈怠，何况懒政呢！陛下年轻时就住在民间，了解民间疾苦，尚且还如此，何况皇太子们生长在深宫大院，从来没经历过宫外的事情，不了解民间疾苦。陛下百年之后，确实值得担忧。自古以来，百姓因愁苦怨恨，聚集成为盗贼，这样的国家没有不灭亡的。陛下应当在发现苗头的时候就修正国策，不能等失败了再后悔。过去周厉王、周幽王取笑过桀、纣；隋炀帝也取笑过周、齐两朝。现在不可让后代取笑我们，就像我们取笑隋朝灭亡一样！贞观初年，天下闹饥荒，而百姓无怨恨，是因为百姓都觉得陛下心里牵挂着自己的缘故。如今连年丰收，而百姓却怨言不少，是因为感到陛下不再牵挂他们，只知道营建修缮宫殿的缘故。自古以来，国家的兴盛与灭亡，往往不在于积蓄的多少，而在于百姓的愁苦与安乐。节俭可以安定人心，陛下在贞观初年已体会过。因此陛下一定要进行长远谋划，不必去追求上古时代，只要能像贞观初年那样，天下百姓就非常幸运了。"

唐太宗听到马周如此尖锐恳切的谏言非常高兴，给马周重赏。

有一天，唐太宗与房玄龄、魏徵在一起。唐太宗突然问他们："夺取政权与巩固政权哪个难？"

房玄龄说："建国之前与各种敌对势力角逐，斗得你死我活、血流成河，当然夺取政权难。"

魏徵却说："自古以来的帝王，都是从艰难奋斗中取得天下，而又在安逸享受中失去了天下。因此，巩固政权难。"

唐太宗说："玄龄与朕共同打天下，出生入死，所以体会到打江山难。魏徵与朕共同安天下，常常担心因富贵而导致骄奢，因忘乎所以而产生祸乱，所以更加体会到守江山难。这正是我们时刻不应忘的大事情呀！"

房玄龄感慨地说："陛下说的这番话，是国家百姓的福气啊！"

一次，魏徵生病在家，多日未能上朝。唐太宗想他了，派人去府上探望，并托人转告说："有好多天没见到你，朕又有许多过失，很想亲自来看你，又担心使你劳累，你有什么想法，写奏折来说明。"

过了两天，魏徵上书说："陛下上朝讲话时，总是表示自己出于公心；然而退朝之后的一些活动，却往往带着私心。有时遇到别人不同意陛下意见时，还大发脾气。本意是掩饰自己的错误，其实一发脾气，反而使错误暴露得更加明显。这样做一点儿好处也没有。"

对魏徵如此触及灵魂的意见，唐太宗不仅没恼怒，反而派人去给魏徵家扩大了居住面积，对破旧之处还进行了装修。

这就是唐太宗李世民。

# 痛失名相

　　老夫在前面说过，唐高祖李渊有二十二个儿子，有出息的虽然不多，但还是出了位顶天立地的李世民。

　　唐太宗李世民有十四个儿子，他们是：李承乾、李宽、李恪、李泰、李佑、李愔、李恽、李贞、李治、李慎、李嚣、李简、李福、李明。这些儿子同样"有数量无质量"，没有一个青出于蓝而胜于蓝者。别说超过其父，连赶上其父一半者也没有。这里边有夭折的，有自杀的，有叛乱的，有争夺皇位被免的。最后太子位置的争夺，实际上是在长子李承乾、四子李泰、九子李治之间进行的。

　　太子李承乾表现不好，而唐太宗非常喜欢四子李泰。当唐太宗听说三品以上的官员大多瞧不上魏王李泰时，十分生气，他把这些人召集起来训斥说："隋文帝时，凡一品以下的官员都被皇子羞辱过，朕不允许朕的儿子横行霸道。听说你们都看不上魏王李泰，朕如果纵容他，难道他就不会羞辱你们？"唐太宗的这番话让房玄龄这样的老臣都很紧张，一个劲儿地叩头道歉，只有魏徵说："我估计现有的大臣中，没人敢看不起魏王。按照礼法，大臣同皇子是平等的。对三品以上的公卿大臣，陛下都是以礼相待，如果纲纪败坏了，就什么也不必谈了。如果陛下圣明，魏王就不可能羞辱大臣。隋文帝放纵儿子，让他们做出好多无礼之事，最后自取灭亡。难道这还值得仿效吗？"

　　听魏徵这么一说，唐太宗说："你说得很有道理，朕不能不服。朕当时正在气头上，自以为有理，听你这么一说，才觉得理亏。当君主的确实不能随意讲话啊！"

　　过了几天，唐太宗问大臣们："各位爱卿，你们认为目前朝廷中的什么事情最为重要？"有人答："现在国家处于盛世，四方安定，太子与诸王的名分最为重要。"

　　唐太宗说："此话很有道理。当朝的大臣们，论忠直与学问，没人能超过魏徵，朕让他做太子的老师。"随即任命魏徵为太子太师。魏徵病刚好，身体还比较虚弱，亲自到朝堂上推辞。而唐太宗下了一道诏书："周幽王、晋献公因废嫡子立庶子造成国家危亡。汉高祖也差一点儿废掉太子，幸亏有四位老臣力争才保住太子的地位。朕如今信赖你，让你任太子太师，就是这个用意。朕知道你的病刚好，你可以躺在床上辅导太子。"唐太宗把话都说到这个份儿上了，魏徵只好领命。

魏徵确实病得不轻，不久又一病不起。唐太宗派人前去询问病情，送去好药。看望魏徵之人往来不断，唐太宗还派中郎将李安俨住在魏徵家中，一有情况立即禀报。唐太宗与太子一同前往探望魏徵，并指着衡山公主，想让其嫁给魏徵的儿子魏叔玉。

尽管唐太宗采取了一切措施，魏徵还是走了。唐太宗又令九品以上的文武百官前去奔丧，让手持羽葆的仪仗队和吹鼓手，陪葬于昭陵。魏徵的妻子裴氏说："魏徵平时生活朴素，如今用一品官的礼仪安葬，这并非死者的意愿。"她全部推辞不受，仅用白布罩在棺材上安葬魏徵。

唐太宗登上禁苑西楼，望着魏徵的灵车痛哭。唐太宗亲自撰写碑文，边写边对身边的大臣说："古人将铜作为镜子，可以用来整理衣冠；将历史作为镜子，可以观察时代的兴衰；将人作为镜子，可以得知自己的得失。魏徵的死使朕失去一面最好的镜子呀！"

魏徵本来是李建成的高级谋士，是曾经督促李建成先下手杀掉李世民的人。李世民杀了李建成后，不仅没杀魏徵，反而把他放在自己的身边作为重臣，而且魏徵是唯一获准可以进皇上卧室谈事情的人。生病期间如此被关怀，死后安葬规格又如此之高，在历史上很难找到第二人。

老夫现将《资治通鉴》第一百九十六卷中的这段原文抄录给大家看看：

郑文贞公魏徵寝疾，上遣使者问讯，赐以药饵，相望于道。又遣中郎将李安俨宿其第，动静以闻。上复与太子同至其第，指衡山公主欲以妻其子叔玉。戊辰，徵薨，命百官九品以上皆赴丧，给羽葆鼓吹，陪葬昭陵。其妻裴氏曰："徵平生俭素，今葬以一品羽仪，非亡者之志。"悉辞不受，以布车载柩而葬。上登苑西楼，望哭尽哀。上自制碑文，并为书石。上思徵不已，谓侍臣曰："人以铜为镜，可以正衣冠；以古为镜，可以见兴替；以人为镜，可以知得失。魏徵没，朕亡一镜矣！"

　　以上这段文言文还是比较好懂的。你若能背下来关键的几句，肯定心胸开阔，无比享受。

　　魏徵死后，太子李承乾因有严重的不轨行为被废掉。此时此刻，唐太宗在儿子中会选谁当太子？太子的位置太重要了，只要被确定为太子，不出意外，那就是下一位皇帝。唐太宗打心眼里喜欢老四李泰。这个儿子特机灵，他的野心就是当太子，于是极力讨父皇喜欢，常常钻到父皇怀里撒娇，一心想把太子李承乾比下去，由他取而代之。唐太宗几乎上了他的当。李泰又怕弟弟李治成为太子，又在李治身上使坏。因为他两头使坏，终于露出狐狸尾巴。在关键时刻，唐太宗立李泰为太子的决心动摇了。李治是皇后所生，重臣长孙无忌又是他舅舅，唐太宗问长孙无忌："朕想立李治为太子，你是否赞成？"长孙无忌答："遵命，谁敢反对，我去砍掉他的头！"这时，唐太宗对李治说："你看，你舅舅也同意了，你应该拜谢他！"在场的所有大臣一致表示赞成立晋王为太子。唐太宗又问："你们几位都同意，不知外边的人会有什么反应？"长孙无忌说："晋王李治仁慈孝顺，很得人心，不信请陛下亲自去问百官，如有一人反对，老臣我罪该万死！"唐太宗登上太极殿，召集六品以上的文武官员，当众宣布："太子承乾大逆不道，魏王李泰居心不良，都没资格当太子。朕想在其他儿子中选太子，谁最适合，请各位公开表态。"唐太宗的话音刚落，大家异口同声地说："晋王仁孝，应为太子！"唐太宗看到百官一致赞同，心中非常高兴，正式宣布晋王李治为太子，将李承乾和李泰软禁起来。

　　魏徵死了，教太子的任务，唐太宗亲自担负起来。他给太子自编教材，以《帝范》为总标题，分别写了十二篇，它们是：《君体》《建亲》《求贤》《审官》《纳谏》《去谗》《戒盈》《崇俭》《赏罚》《务农》《阅武》《崇文》。唐太宗对太子李治说："修身治国的道理，都在这十二篇中，朕一旦逝去，就没什么话要对你说了，要说的话全在这里边。"他语重心长地告诉太子李治："你应以古代先哲为师，像朕这样的人不足效法。古人曾指出，效法上等的，仅能得到其中；效法中等的，仅能得到其下。朕继位以来，过失不少，锦绣珠玉不断罗列于身前，又不停地修宫殿台榭，巡游四方，使各地招待浪费钱财……朕的这些过失，你将来千万不要效法。但从总体上看，朕普济苍生益处多，创建大唐功劳大，功劳大于过失，所以官员与百姓对朕没有大的怨言。

而你没有朕这么大的功劳，却继承了朕的富贵。你若竭力行善，国家仅得安定；若骄奢懒惰，则自身都难保。须知，拿国家来说，成功来之不易，败亡却可迅速招致；拿皇位来说，失去容易，得之较难。你能不珍惜吗？能不谨慎吗？父皇的这些肺腑之言，儿子你可要牢记在心呀。"

# 皇帝的自评

有一次，唐太宗对长孙无忌说："人最苦恼的是缺乏自知之明，尤其是不知道自己的过错，你能否直截了当地说说朕的过错？"长孙无忌说："陛下的文德武功，那是天下第一，我们怎么能指出陛下的错误呢？"

唐太宗说："朕要你们指出朕的错误，你们不指，反而奉承。那好，今天朕坦诚地说出你们的优缺点，你们愿意听吗？"

众大臣急忙叩头称谢，洗耳恭听。

唐太宗开始一个个说了："长孙无忌善于避开嫌疑，应答敏捷，断事果决，水平绝对不亚于古人，然而领兵作战的本事欠缺。高士廉知识面广，涉猎古今，心术明正，在困难面前不改气节，不切党营私，所缺的是直言劝谏太少。唐俭言辞敏捷而且善辩，善于处理人与人之间的纠纷，然而侍奉朕三十年，却很少讲朝政得失。杨师道性格温和，对自己要求严格，过失少，但是性格太怯懦，做事慢腾腾，有急事交给你不太放心。岑文本性情质朴厚道，文章也写得华美；然而所持的理论太空泛，不够切合实际。刘泊性格最为坚贞，助人为乐；然而太重感情，对人有私情，原则性不强。马周认识客观事物很敏锐，性情正直，朕委托他办事，多能称心如意。褚遂良学问优于他人，性格也耿直坚贞，对朕一片忠心，如同飞鸟依人，人见了自然怜爱。"

大臣们对唐太宗如此公正的评价十分满意，干劲更足。

还有一次，唐太宗与大臣们在一起，他突然要求大臣们谈一谈为什么他执政以来完成的业绩超过了古人？希望大家直说。

众大臣异口同声地说："陛下的功德可以与天地等量齐观，真是数不胜数呀！"

唐太宗却说:"不是这样。朕思考了好长时间,之所以能取得这些成就,只是由于以下五个原因:其一,自古以来帝王大多嫉贤妒能,凡超过自己的,都想办法进行压制。朕发现别人的长处,便如同看见自己的长处一样。其二,人都不能全知全能,朕用人的方针是扬长避短。其三,过去的帝王发现有才能之人,便放在自己的怀抱,摒弃无能之辈,恨不得落井下石。朕看见有才能之人非常敬重,对无才能之人则非常怜悯,使有才能与无才能之人,都能各得其所。其四,过去的帝王大多讨厌正直的人,对这种正直之人明诛暗罚,哪个朝代都存在这种情况。朕自继位以来,正直的大臣在朝中比肩接踵,未曾有一人被罢黜。其五,自古以来帝王都尊贵中原,贱视狄、夷等族。只有朕对各族一视同仁,因此他们都像对待父母一样依赖朕。以上这五点,恰恰是朕之所以取得成就的原因。"

《资治通鉴》中的原文如下:

> 庚辰,上御翠微殿,问侍臣曰:"自古帝王虽平定中夏,不能服戎、狄。朕才不逮古人而成功过之,自不谕其故,诸公各率意以实言之。"群臣皆称:"陛下功德如天地,万物不得而名言。"上曰:"不然。朕所以能及此者,止由五事耳。自古帝王多疾胜己者,朕见人之善,若己有之;人之行能,不能兼备,朕常弃其所短,取其所长;人主往往进贤则欲置诸怀,退不肖则欲推诸壑,朕见贤者则敬之,不肖者则怜之,贤不肖各得其所;人主多恶正直,阴诛显戮,无代无之,朕践阼以来,正直之士,比肩于朝,未尝黜责一人;自古皆贵中华,贱夷、狄,朕独爱之如一,故其种落皆依朕如父母。此五者,朕所以成今日之功也。"

在魏徵去世之前,皇后已经去世。在临终前,她拉着唐太宗的手说:"希望陛下亲君子,远小人,接纳忠言直谏,摒弃谗言,节省劳役,禁止游猎。若坚持如此,我即使在九泉之下,也毫无遗憾了。陛下也不必让儿女们前来探视,看见他们悲痛,只会搅乱人心。"皇后取出毒药,向唐太宗示意:"我在陛下患病的日子里,曾发誓与陛下共赴黄泉,绝对不能走到像吕后那样的地步。"

公元 649 年,唐太宗病情加重。太子李治日夜守候其身边,一连数日不能进食，头发都愁白了不少。唐太宗哭着说："你如此孝顺，朕死了也无一点儿遗憾了。"唐太宗将长孙无忌叫到身边，用手摸着他的脸失声痛哭，连话也说不出来了。过了两天，唐太宗又把长孙无忌叫来，对他说："朕已把后事托付给你们。太子仁慈孝顺，这一点你们都看到了，希望对他加以辅佐。"又对太子说："只要无忌和遂良在，你就不必为大唐的江山担忧了。"又对褚遂良说："无忌对朕竭尽忠心，朕打天下多半靠他的力量。朕死后，不要让小人在你俩中间挑拨离间。"

唐太宗令褚遂良起草好遗诏后不久，于公元 649 年驾崩，享年五十一岁，执政二十三年。

# 武氏上位计

一代明君唐太宗李世民驾崩后，他的第九个儿子李治登基，成为唐朝的第三位皇帝，史称唐高宗。

在读《资治通鉴》的过程中，老夫有一个极深的感觉：凡强势皇帝，他的继承人往往很弱，青出于蓝而胜于蓝者几乎没有。比如，继承秦始皇大位的是胡亥；继承刘邦大位的是刘盈；继承刘备大位的是刘禅……

在我国的皇帝中，无论从政治、军事、文学、用人、亲民、纳谏等各方面看，唐太宗李世民都是数一数二的。但他选的这个太子李治，却是个无主见、无谋略、无魄力的窝囊废。

唐太宗活着的时候，在他的身边有个才人武氏，即后来大名鼎鼎的武则天，不仅长得漂亮，而且非常聪明，个性强，善权术，对宫廷斗争的套路极为熟悉，心狠手辣。李治当太子时，就暗恋上这个女人。

唐太宗死后，他身旁的这些宫女都被送到感业寺去当尼姑。

司马光在《资治通鉴》中说，李治当了皇帝后，皇后王氏一直没生儿子，而萧淑妃却受到李治厚爱，使王皇后对萧淑妃恨之入骨。一天，李治去感业寺敬香，正好碰见武则天，旧情复燃，双方都流下伤心之泪。这一幕让王皇后看在眼里，她想，既然皇帝喜欢，何不将此女子弄到皇帝身旁，用她对付萧淑妃。

大计一定，王皇后就悄悄告诉武则天留起长发，过了一段时间，王皇后将其接到宫中，献给李治。王皇后太小看这个女人了，她这步棋大错特错。

武则天来到李治身边后，对王皇后十分尊重，与王皇后联合起来孤立萧淑妃。王皇后在李治面前极力称赞武则天。李治也越来越喜欢武则天，并封她为昭仪。但过了一段时间，王皇后却发现她与萧淑妃都失宠了，于是她又与萧淑妃重新联合起来，在李治面前说武则天的坏话。不管怎么说，李治的魂儿已被武则天勾走，一概不听。而武则天把李治赐给她的一些珍贵的东西，悄悄送给王皇后和萧淑妃身边的人，通过这些耳目收集她们的情报，并把她们的一举一动告诉李治。

武则天计划要除掉的首要目标，已经不是萧淑妃了，而是王皇后。她要取而代之，第一步就是拿下王皇后。

但是要干掉皇后却不是轻而易举的事，这需要付出大本钱。有句话叫"舍不得孩子套不住狼"，对武则天来说，舍不得孩子干不掉王皇后。

李治和武则天生了个女孩。李治特别喜爱这个孩子，经常来看。王皇后为了巴结李治，也常来逗这个孩子玩。一天，王皇后逗完孩子刚走，武则天趁没人，就将她的女儿活活掐死了，并盖上被子，装成孩子睡着了的样子。正好李治来看孩子，武则天假装什么事都没发生一样，嬉皮笑脸地陪李治看孩子。李治打开孩子的小被子一看，孩子一点儿动静都没有，脸发紫，已经死了。武则天的表演技巧绝对超过任何超级明星，立即由笑变哭，而且大哭大闹，一边哭一边喊："是谁把我的孩子掐死了？"李治问："刚才谁来过？"宫女们说："没别人来，只有皇后来过。"

李治勃然大怒："皇后你不能生，别人生了，你嫉妒，你掐死了朕心爱的女儿！"这时，武则天又火上浇油，边哭边数落王皇后的种种不是。王皇后跳进黄河也洗不清，有口难辩，有苦难言。

李治把王皇后废掉，决定立武则天为皇后。

但是，要立武则天为皇后，必须得到两位辅政大臣长孙无忌和褚遂良的力挺。不然硬要立皇后，大臣们不服也不好办。

李治带着武则天首先去长孙无忌府上攻关。皇帝驾到，长孙无忌虽然猜到其葫芦里卖的什么药，还是要热情招待。酒过三巡，李治先将长孙无忌宠姬生的三个儿子都拜为朝散大夫，又命人将装满金银财宝的箱子抬上来献给长孙无忌。接着趁热打铁，将打算重立皇后的事说了出来，等着长孙无忌响应。然而，老练的长孙无忌一直不搭茬儿，总是顾左右而言他，竟没有顺从李治的旨意。最后，大家不欢而散。

武则天又派自己的母亲去长孙无忌府上再三请求，长孙无忌仍未松口；又委托礼部尚书许敬宗多次去劝说，都被长孙无忌正颜厉色地斥责。

长孙无忌这里攻不下来，李治又想办法攻褚遂良。而这个褚遂良的骨头更硬，当征求他的意见时，他竟说："王皇后出身名门贵族，是先帝给陛下定的亲事。先帝临终前拉着陛下的手对臣说，朕的好儿子、好媳妇，如今朕把他们托付给你们了！先帝说的此话陛下是听到的，如今话音犹在耳边。臣还没听说王皇后有什么过错，怎么可以轻易废后呢？臣不敢曲从陛下，以违先帝的意愿。"李治听了褚遂良的话，特别不高兴，只好作罢。

怕就怕枕边风，晚上武则天又劝了李治一番。第二天，李治又谈此事。褚遂良说："陛下若非要重新立皇后，那就恭请陛下遴选天下的名门望族，绝对不能立武氏为皇后。因为武氏曾经是先帝的宫女，这是众所周知的事实，天下人的耳目比什么都敏锐，怎么能遮蔽！如果陛下将先帝的宫女立为自己的皇后，眼前没人敢说，万代之后，天下人又怎么评判陛下的功德呢？愿陛下三思而后行！臣今天忤逆陛下，论罪应当处死！"褚遂良说完，解下头巾叩头不止，头上流着血说："臣弃官，乞求让臣回归故乡！"李治大怒，命人将顾命大臣褚遂良拉出去。武则天一直在幕后听着，给李治出主意："为什么不杀了这个狗东西！"长孙无忌说："遂良是先朝顾命大臣，即使有罪也不可加刑。"

立新皇后之事，眼下虽未办成，但武则天不达目的誓不罢休，因为窝囊皇帝李治已操纵在她的手心中。

## 武则天称后

关于废王皇后立武皇后的斗争，已进入白热化阶段。这是你死我活的斗争，这是"恨得无情"和"忍得无耻"的斗争，这场斗争使唐朝地动山摇。

武则天为登上皇后宝座无所不用其极，几员大将都败在其手下。

唐太宗临终前确定的顾命大臣有两位，一位是褚遂良，因坚决反对立武则天为皇后几乎丢了性命；另一位是李治的舅舅长孙无忌，地位也岌岌可危。唐太宗闭眼前对太子李治说："只要无忌、遂良还在，你就不必为大唐江山担忧。"而大唐江山的两根"柱子"，就因为反对新皇上将他父皇的嫔妃立为皇后而弄得失宠和罢官，大唐的江山怎能不令人担忧！

武则天不当上皇后誓不罢休。据《资治通鉴》上讲，褚遂良倒了后，另一位名叫韩瑗的大臣又极力劝阻废后，李治不予理睬。第二天，韩瑗又悲痛欲绝地陈述理由，李治命人将其架了出去。韩瑗第三次上奏说："普通夫妇还要相互选择之后再结合到一起，何况天子呢？皇后乃是天下妇女的典范，善恶往往由她而生。在历史上嬺母辅佐黄帝，妲己倾覆殷朝，赫赫有名的宗周就灭在褒姒之手。每次想到历史上的这些教训，人们无不感慨万分，真没想到今天这圣明之世，也会发生这种事情。办事不依法度，后世将会有什么样的评价？望陛下再三思索，莫让后人讥笑。假如臣的话对国家有益，即使将臣剁成肉酱，臣也死得其所，心甘情愿。当年吴王不听伍子胥的话，结果吴都姑苏破败，麋鹿出没。臣担心陛下的行为令海内之人失望，从而使宫廷长满荆棘，宗庙不能祭祀。"另一位名叫来济的大臣也上奏："君主册立皇后，应按天地之理，选择名门有礼教之家的淑女，幽雅文静，贤惠美貌，这样才可与天下人的厚望相符，也能称神灵之意图。在历史上周文王造船迎太姒，使百姓受益匪浅；汉成帝纵欲成性，以婢女为皇后，使皇根断绝，社稷倾覆。周代的兴隆是那样，汉代的祸患又是这样，望陛下明察！"

因为这段话甚为重要，老夫将《资治通鉴》中的原文给大家抄录如下：

> 韩瑗因间奏事，涕泣极谏，上不纳。明日又谏，悲不自胜，上命引出。瑗又上疏谏曰："匹夫匹妇，犹相选择，况天子乎！皇后母仪万国，善恶由之，故嬺母辅佐黄帝，妲己倾覆殷王，诗云："赫赫宗周，褒姒灭之。"每览前古，常兴叹息，不谓今日尘黩圣代。作而不法，后嗣何观！愿陛下详之，无为后人所笑！使臣有以益国，菹醢之戮，臣之分也！昔吴王不用子胥之言而麋鹿游于姑苏。臣恐海内失望，棘荆生于阙庭，宗庙不血食，期有日矣！"来济上表谏曰："王者立后，上法乾坤，必择礼

教名家，幽闲令淑，副四海之望，称神祇之意。是故周文造舟以迎太姒，
而兴关雎之化，百姓蒙祚；孝成纵欲，以婢为后，使皇统亡绝，社稷倾沦。
有周之隆既如彼，大汉之祸又如此，惟陛下详察！"上皆不纳。

这些大臣还以为李治会像他父亲李世民那样纳谏。可这个儿子与其父大
不相同，你说破天，他不仅不理睬，而且还要治罪。即使魏徵在世，这个李
治也未必会听他的。

唐朝已经不是李世民在世时的那个唐朝了。

但见风使舵、拍马屁、投机钻营的人，什么时候都有。有一天，有位名
叫李世勣的大臣进宫，李治问他："朕想立武氏为皇后，褚遂良等固执己见，
认为不可。褚遂良是顾命大臣，他反对，这个事难道就办不成吗？"

李世勣却说："这是皇上的家事，何必去问那些外人呢！"

另一位名叫许敬宗的大臣早被武则天买通，在朝中到处散布："一个庄
稼汉丰收了还想换老婆呢，何况天子要另立皇后，别人管得着吗？"

李治决心已下，把反对立武则天为皇后的顾命大臣褚遂良贬为潭州都
督。不久，正式下诏立武则天为皇后。

原皇后王氏与原淑妃萧氏都被囚禁在一个院落里，窗户堵上，不见阳光，
只留一个小洞往里递饭。后来李治想她们了，私下走到关她们的院落，呼喊：
"皇后、淑妃在哪里？"

王氏哭着回答："我等因罪已贬为宫婢，哪里还有皇后、淑妃的尊称？
皇上如果仍怀念以往的旧情，想让我等重见天日，就请把这个院子命名为
'回心院'吧。"

李治说："朕立刻就会采取措施。"

武则天到处安插自己的眼线，这个情况她马上就知道了。她立即派打手
将她们各打一百大板，然后砍断她们的手脚，又将她们投入酒瓮之中，并恶
狠狠地说："让这两个女人醉入骨髓！"

没过几天，两个可怜的女人都死了。武则天还不解恨，命人砍了她们的头。

武则天听说，萧淑妃活着的时候曾骂道："阿武狡猾狠毒，居然到了如
此地步，愿我下辈子投生为猫，让阿武变成老鼠，我生生世世咬住阿武的
喉咙！"

司马光说，武则天经常在梦中看见披头散发、满脸鲜血的王皇后与萧淑妃。她搬到蓬莱宫后，还是在梦中常看见她们。武则天命令宫中不准养猫，后来干脆搬到洛阳住，至死也没回到长安。

# 清君侧，掌实权

像武则天这样有心计又心狠手辣的女人，除非有李世民那样强势的皇帝镇着，她才会规规矩矩；像李治那样软弱的皇帝，一百个也镇不住她。

李世民驾崩前，拉着太子李治的手，交给他两根支撑唐朝江山的"柱子"：一位是长孙无忌，另一位是褚遂良。这两位顾命大臣，都因为极力反对让武则天当皇后而失宠了。褚遂良暂时保住了一条命，下放到一个州当了个小官；长孙无忌因为是李治的舅舅，待遇稍微好些。不过武则天不管三七二十一，非要将其置于死地。

据《资治通鉴》记载，武则天因为在她当皇后的事情上长孙无忌没有帮忙而心存怨恨。武则天当上皇后之后，把褚遂良收拾了，岂能放过长孙无忌？欲加之罪，何患无辞，她私下里安排亲信许敬宗想尽一切办法寻找长孙无忌的罪名，寻找不到就捏造罪名，要将长孙无忌整垮。

恰好在洛阳发生了一起谋反案，此案由许敬宗负责审理。许敬宗捕风捉影，硬说这件谋反案的后台是长孙无忌。连李治都吃惊地说："他是朕的舅舅，若说被小人挑拨离间，我们之间产生点隔阂是有可能的，但他绝对不会谋反。"

许敬宗则说："长孙无忌与先帝一起夺天下，其智谋人人佩服；任宰相三十年，天下人无不畏惧他的权威。他不会永远服从于陛下，串通一帮人谋反是完全有可能的，希望陛下尽早决断。"

李治命许敬宗进一步审理此案。

过了两天，许敬宗向李治上奏："陛下，当事人一再承认与长孙无忌一同谋反，我也一再检查供词，情节属实，请陛下依法逮捕长孙无忌。"

李治流着泪说："舅舅果真如此，朕也不忍心杀他。杀了他，朕无法向后人交代，那样做，后人会说朕什么呢？"

许敬宗说："薄昭是汉文帝的舅舅，是迎接汉文帝从外地回来继位的功臣。后来他犯了法，汉文帝让百官穿上丧服，含泪看着他自杀。汉文帝这种大义灭亲的举动，至今仍被天下人称赞。现在长孙无忌背信弃义，忘掉两朝皇上对他的恩宠，妄图篡夺国家政权，他的罪恶比薄昭的还大。望陛下赶快决断。当断不断，反受其乱。平安与危险的距离极其有限，中间连根头发丝都容不下。长孙无忌是与王莽、司马懿一样的野心家，陛下稍有迟疑，后悔都来不及了。"

李治完全听信许敬宗的一面之词，都没亲自审问，就将长孙无忌贬到扬州当都督。

这样，李世民为李治留下的两根"柱子"全倒了。

自从武则天当了皇后，又将褚遂良、长孙无忌等一批老臣干掉之后，已经大权在握，李治变成了傀儡。

《资治通鉴》中说：起初，武则天还装得老实听话，听从李治的旨意。一旦她正式当上皇后之后，就开始独揽大权，李治反而受她摆布了。李治特别愤怒。

有个名叫上官仪的三品官与李治关系亲密，给他出主意说："皇后专权，天下人都不说好话，赶快废黜了她。"李治同意他的意见，命他起草废掉皇后的诏令。

李治左右的人，有许多都是武则天安插的眼线。有人立即向武则天报告了这一情况。武则天火速赶到李治处诉说，这时废后的诏令还在，没有发出。武则天说了一番花言巧语，李治心软了，又像原来一样热情对待她，为了使她高兴，还说："朕本来没这个想法，都是上官仪不好，是他给朕出的主意。"这一下把上官仪等人全出卖了。接着，上官仪和他的儿子全都被捕，之后被处死。

从此，武则天基本上完成了"清君侧"。李治完全被掌握在武则天的手心里，无论大事小事，都要与武则天商量，最后决定权归她。李治临朝治事，武则天垂帘听政。官员升降生杀，全听她一句话。全天下人都知道大权掌握在武则天手里，看起来皇宫里有"二圣"，实际上只有"一圣"。

关于这一段，《资治通鉴》中的原文如下：

　　初，武后能屈身忍辱，奉顺上意，故上排群议而立之。及得志，专作威福，上欲有所为，动为后所制，上不胜其忿。有道士郭行真，出入禁中，尝为厌胜之术，宦者王伏胜发之。上大怒，密召西台侍郎、同东西台三品上官仪议之。仪因言："皇后专恣，海内所不与，请废之。"上意亦以为然，即命仪草诏。

　　左右奔告于后，后遽诣上自诉。诏草犹在上所，上羞缩不忍，复待之如初，犹恐后怨怒，因绐之曰："我初无此心，皆上官仪教我。"仪先为陈王谘议，与王伏胜俱事故太子忠，后于是使许敬宗诬奏仪、伏胜与忠谋大逆。十二月丙戌，仪下狱，与其子庭芝、王伏胜皆死，籍没其家。戊子，赐忠死于流所。右相刘祥道坐与仪善，罢政事，为司礼太常伯，左肃机郑钦泰等朝士流贬者甚众，皆坐与仪交通故也。

　　自是上每视事，则后垂帘于后，政无大小，皆与闻之。天下大权，悉归中宫，黜陟、生杀，决于其口，天子拱手而已，中外谓之二圣。

　　请大家看看，就因为这个武则天，多少人丢官，多少人坐牢，多少人家破人亡，多少人成了冤死鬼。

# 废太子，亲宗族

　　司马光在《资治通鉴》第二百零二卷中说，武则天又对李氏家族的人开始下手了。太子李弘，因为仁慈孝顺又有主见，深得高宗皇帝喜欢。加上太子能以礼待人，得到了朝廷内外的爱戴。武则天正在暗中策划让自己当皇帝，太子在许多情况下与其意见相左，太子虽是她亲生，也让她怀恨在心。例如，萧淑妃留下的两个女儿——义阳公主和宣城公主，受其母牵连，被武则天关了起来，三十多岁了还未出嫁。太子李弘觉得她们很可怜，便上奏皇上让她们出嫁，皇上亦恩准。武则天知道后，非常生气，当天就把两个公主许配给两个下人。接着，太子不明不白地死了。当时人们都认为太子李弘是被武则天毒死的。

太子李弘不明不白地死了后，李贤被立为太子。

李贤听宫中有人议论说，他不是武则天亲生的，而是武则天的姐姐韩国夫人所生，心中直打鼓。有个人名叫明崇俨，深受武则天的信任，他到处散布谣言："这位太子不能继承皇位，英王李哲的相貌酷似唐太宗。"还说："相王李旦的相貌最为显贵。"他就是不说现任太子李贤的好话。武则天还多次给太子李贤写信谴责他，弄得太子心中更加不安。

说来也怪，这个明崇俨突然死了。武则天怀疑是太子派人杀死的。在武则天的一手操纵下，抓了几个与太子亲近的人，经过严刑拷打，这些人供出明崇俨的死与太子有关。然而，唐高宗李治很喜欢太子李贤，迟疑不决，打算赦免太子。武则天却说："作为太子有叛逆之心，天地不容。皇上应大义灭亲，万万不可赦免。"这位毫无主见的唐高宗，真的将太子李贤贬为平民，幽禁了起来。武则天把所谓的太子同党全部处死。

武则天的奋斗目标是当皇帝，无论谁做太子，她也让他当不成皇帝。

公元 683 年，唐高宗李治在贞观殿驾崩。李治与武则天生的第三个儿子李显继位，号称唐中宗。武则天为皇太后，一切政事全由她决定，她早就成为事实上的皇帝。

《资治通鉴》中说，唐中宗拟任命韦玄贞为侍中，封他奶妈的儿子为五品官，当时还紧跟武则天的裴炎不同意，唐中宗大怒："朕将天下的事交给韦玄贞，有什么不可？朕身为天子连这点权力都没有？"裴炎将中宗皇帝的话向武则天做了禀报。二月初六，武则天将百官召集到乾元殿，裴炎与中书侍郎刘祎之等领兵入宫，宣布武则天的命令，将中宗皇帝废掉，改为庐陵王。唐中宗喊："朕有什么罪？"武则天说："你欲将天下交给韦玄贞，这难道不是罪？"唐中宗就这么被赶下台，后被幽禁起来。

武则天对李氏家族连下辣手，对武氏家族却极其优待，其侄武承嗣请求封武氏的祖先为王，设立武氏七庙，武则天马上批准。

这时裴炎实在看不下去了，冒死劝谏："太后是国母，临朝断事应公道，不可偏爱自己的家族，一定要吸取汉代吕后家族的沉痛教训。"

武则天说："吕后给自己的子侄封王而导致失败，我追封已死的祖先，与她不同，有何不可？"

裴炎再谏："凡事应防微杜渐，偏袒宗族的风气不可长。"

武则天一不做二不休，封五世祖父武克己为鲁靖公，五世祖母为夫人，高祖父武居常为太尉、北平恭肃王；曾祖父武俭为太尉、金城义康王；祖父武华为太尉、太原安成王；父亲武士彟为太师、魏定王。武则天还将高祖母、曾祖母、祖母、母亲都封为王妃。

因为裴炎劝谏武则天，从此种下祸根。不久，武则天的侄子武三思等人认为皇室宗族的几个长者位高权重，要求杀了他们。武则天征求几位大臣的意见时，他们都不敢表态，只有裴炎反对，与武则天争论，这使武则天更加不满。

紧接着李敬业在扬州起兵反武则天。武则天试探裴炎的态度，裴炎却说："皇帝已长大了，至今还未亲自理政，所以李敬业有造反的借口。如果太后还政于皇帝，不用去讨伐反叛者，他们自然也就失败了。"

裴炎让武则天还政于皇帝，这不是要她的命吗！有人向武则天进言："裴炎让太后交还政权，定是有不轨的图谋，一定是想谋反！"于是，武则天就将裴炎逮捕，准备杀掉。此时此刻许多大臣表示："裴炎绝对不会谋反，如果定裴炎谋反罪，那我们都有谋反罪。"

武则天却说："我了解与信任你们，你们都未谋反，只有裴炎谋反。"

过了几天，裴炎被斩杀于洛阳都亭驿。在抄其家时，不仅未找到任何谋反的证据，而且发现此人廉洁奉公，过着勤俭的生活，没有财产积蓄。

# 骆宾王的檄文

公元 684 年，武则天准备废掉唐中宗，自己想走到台前当皇帝。这样，她必须清理李氏家族的人。而李氏家族的有些人也拼命反抗，企图阻止她当女皇。这不，李敬业在扬州起兵，举起反武则天的大旗。在这里顺便说一下，李敬业也叫徐敬业，他爷爷姓徐，是位大官，唐高祖李渊赐其李姓。所以，叫李敬业或徐敬业都对，是指同一个人。

要起兵反武则天，首先要制造舆论，向百姓说清楚反她的理由。要数落武则天，找一般的"笔杆子"写檄文不成，必须请"大笔杆子"。唐朝初期有"四杰"，您知道是谁吗？老夫告诉您。"初唐四杰"是骆宾王、王勃、杨炯、卢照邻。写《讨武曌檄》的就是骆宾王。骆宾王这个人非同小可，是个神童，七岁时就写出家喻户晓、流传千古的诗："鹅，鹅，鹅，曲项向天歌。白毛浮绿水，红掌拨清波。"

在《资治通鉴》中，司马光没有引用骆宾王写的《讨武曌檄》的全文，只摘抄了几段。老夫将这篇檄文完整地抄录如下，供大家欣赏：

伪临朝武氏者，性非和顺，地实寒微。昔充太宗下陈，曾以更衣入侍。洎乎晚节，秽乱春宫。潜隐先帝之私，阴图后房之嬖。入门见嫉，蛾眉不肯让人；掩袖工谗，狐媚偏能惑主。践元后于翚翟，陷吾君于聚麀。加以虺蜴为心，豺狼成性。近狎邪僻，残害忠良，杀姊屠兄，弑君鸩母。人神之所同嫉，天地之所不容。犹复包藏祸心，窥窃神器。君之爱子，幽之于别宫；贼之宗盟，委之以重任。呜呼！霍子孟之不作，朱虚侯之已亡。燕啄皇孙，知汉祚之将尽；龙漦帝后，识夏庭之遽衰。

敬业皇唐旧臣，公侯冢子。奉先君之成业，荷本朝之厚恩。宋微子之兴悲，良有以也；袁君山之流涕，岂徒然哉！是用气愤风云，志安社稷。因天下之失望，顺宇内之推心，爰举义旗，以清妖孽。南连百越，北尽三河，铁骑成群，玉轴相接。海陵红粟，仓储之积靡穷；江浦黄旗，匡复之功何远？班声动而北风起，剑气冲而南斗平。喑呜则山岳崩颓，叱咤则风云变色。以此制敌，何敌不摧；以此图功，何功不克！

公等或家传汉爵，或地协周亲，或膺重寄于爪牙，或受顾命于宣室。言犹在耳，忠岂忘心？一抔之土未干，六尺之孤何托？倘能转祸为福，送往事居，共立勤王之勋，无废旧君之命，凡诸爵赏，同指山河。若其眷恋穷城，徘徊岐路，坐昧先几之兆，必贻后至之诛。请看今日之域中，竟是谁家之天下！移檄州郡，咸使知闻。

为了使大家能好好地欣赏骆宾王的这篇美文，老夫豁出去了，一不做二不休，再将阴法鲁先生的白话译文抄给大家（有简单改动），这样可以对照着看，以领会其精彩：

僭窃帝位的武氏，本性就不和顺，出身非常贫寒低贱。她从前充当太宗的才人，曾利用服侍皇帝的机会，得到宠幸。等到年事稍长，又秽乱于太子宫中。她隐瞒了同先帝的私情，暗地里谋求在后宫得到宠幸。入宫的嫔妃，都被她嫉妒，一个都逃不过。她施展阴谋，巧进谗言，卖弄姿色，迷惑君主，终于窃取了皇后的名位，致使我们的君主败乱了人伦。加上她心如蛇蝎，性同豺狼，亲近奸邪，残害忠良，杀害姐妹兄弟，谋害君主，毒死母亲，使得人神共恨，天地所不容。她甚至还包藏祸心，阴谋篡夺君位。君王的爱子，被幽禁在冷宫；武家的同族，却委以重任。唉！霍光这样的忠臣不会再出现，刘章那样强悍的宗室也消失了。"燕啄皇孙"这样的歌谣出现，预示汉朝将亡；孽龙的口水淌在帝王庭院中，标志着夏后氏王朝快要衰亡。

我是大唐的旧臣，是公侯的直系子孙，继承先辈的功业，蒙受朝廷的厚恩。宋微子触景生情，确实有原因；桓谭痛哭流涕，难道是平白无故的感伤吗？因此，我愤然而起来干一番事业，目的在安定国家。依随天下百姓对武氏的失望情绪，顺应海内民心的向背，于是举起义旗，决心清除妖孽。南至百越，北达三河，铁骑成群结队，战车首尾相接。海陵的红粟与仓库的储存，无穷无尽；江浦一带，黄旗遍野，匡复天下的大功，指日可待。战马在北风中嘶鸣，宝剑之气直冲天上的星斗。战士怒气勃发，可使山岳崩摧；气愤呼号，可使风云变色。用这样的军队对付敌人，什么样的敌人不能摧毁；用这样的军队建功立业，什么样的功业不能完成！

你们有的人享有国家的封地，有的人身为皇室的至亲，有的人承担重要的责任，有的人在内廷领受先帝的遗嘱。先帝的遗言还在耳边回响，你们对李家的忠诚难道就忘却了吗？先帝的坟土还没有干，幼小的孤君交托于何人？倘若你们能转祸为福，送别去世的先帝，而拥戴继位的幼君，共同扶助皇室建立勋业，不废弃先帝的遗命，那么所有的封爵赏赐，都可以指山河为信。如果仍然留恋孤单的城池，在歧路上徘徊观望，徒然错过早已显出的征兆，必然因迟迟不动而自取灭亡。请看今日之大唐，究竟是谁家的天下！这道檄文颁布到各州郡，让大家都知晓。

骆宾王写的这篇《讨武曌檄》，武则天看到了。你们猜猜她看了后会是什么反应？

她会大发雷霆吗？

她会下令把作者千刀万剐吗？

她会气得晕死过去吗？

《资治通鉴》上说，武则天认真地将这篇檄文看了一遍，面不改色心不跳地问："这篇文章是谁写的？"旁边的人答："是一个名叫骆宾王的人写的。"

武则天惋惜地说："此人有如此好的文笔，怎么没有被发现重用，而使他沦落不得志呢！这是宰相工作的失误啊！"

这就是能干大事的武则天。

# 独一无二的女皇帝

上一篇文章说了，"初唐四杰"之一的骆宾王代李敬业写了一篇流芳千古的《讨武曌檄》。

檄文写得再好，也是批判的武器，要想阻止武则天当皇帝，还必须进行武器的批判。

李敬业从扬州起兵反武后，首先攻占了润州。朝廷迅速任命李孝逸率领大军进行围剿。

李敬业得到情报后，从润州渡江，选择在高邮扎下大营。经过几个回合交战，朝廷的大军没占到多少便宜，基本上处于下风。

问题还是出在内部。据《资治通鉴》记载，李敬业的军队由于打了一些胜仗，错误地认为朝廷大军对他们没什么办法，加上在一个地方驻扎的时间长了，思想麻痹，队伍松懈，战斗力下降。一天，朝廷大军借着突起的大风，对李敬业的军队进行火攻，使其死伤七千多人。李敬业由一部分骑兵保护逃回江都，后又带着妻儿逃到润州，计划从海上逃往高丽。因风浪太大，无法下海。部将王那相在关键时刻反叛，杀死了李敬业与骆宾王，向朝廷投降。李敬业的同党被一网打尽。

这样，就为武则天当皇帝扫清了障碍。

公元690年，武则天称帝，改国号为"周"，定都洛阳。从此我国历史上独一无二的正统女皇帝产生了。当时武则天已近七十岁，是我国历史上继位时年纪最大的皇帝。她还是活过八十岁高龄的为数极少的几位皇帝之一。

2016 年，老夫在天津人民出版社出版了一本名为《聊天》的书，其中以武则天的口吻对其称帝前后的情绪进行了如下叙述：

唐高宗李治在位时，我就开始垂帘听政。李治驾崩后，虽然我儿子李显和李旦先后当了皇帝，但说实话，他们都是傀儡皇帝，大权一直在我的手里。这时我积极培养自己的亲信，扩大自己的势力，与其躲在幕后垂帘听政，还不如干脆自己登基当皇帝。我每走一步都非常艰难。我当皇后时就有许多大人物反对，我把他们灭了；我现在要当从来没有过的女皇帝，更引起多股势力的拼命反对。但在这些阻力面前，我镇定自若，毫不惊慌失措。我利用这股势力对付另一股势力，又利用另一股势力对付那股势力，使李敬业等人的叛乱相继平定。我当皇帝的一切障碍基本清除，朝廷的班底逐步形成。此时此刻，我又指使一些亲信大搞迷信活动，例如，到处说在一个神秘的地方挖出一块神秘的石头，上面刻着"圣母临人，永昌帝业"八个大字。这不是明摆着嘛，它就是告诉天下人，老天让我当皇帝。在水到渠成、瓜熟蒂落的形势下，我顺顺溜溜地登上皇帝宝座，自号"圣神皇帝"，改元天授，废掉唐朝，正式建立了大周王朝。

任何一个皇帝要想干成大事，手里必须有一批有才干的人。在《资治通鉴》第二百零七卷，有一段武则天要狄仁杰为她推荐人才的记述。

武则天问狄仁杰："朕希望能找到一位杰出的人才委以重任，你看谁最合适呢？"

狄仁杰说："不知道陛下想让这个人担任什么职务？"

武则天说："朕想让他担任将相。"

狄仁杰回答道："如果陛下所要的是文采风流的人才，那苏味道、李峤最合适；如果陛下要选出类拔萃的奇才，那就只有荆州长史张柬之了。他的年纪虽大了点，但确实是一位宰相之才。"

武则天提拔张柬之当了洛州司马。

过了几天，武则天又要求狄仁杰向她推荐人才。狄仁杰说："陛下，我推荐的张柬之您还没任用呢？"

武则天说："怎么没用，朕已经提拔他了！"

狄仁杰说："我推荐的这个张柬之是任宰相的人才，任司马屈才了呀！"

于是武则天任命张柬之为秋官侍郎。过了一段时间，终于任命张柬之为宰相。

后来，狄仁杰相继给武则天推荐了姚元崇、桓彦范、史敬晖等要臣数十人。这些人大多成为唐朝的名臣。

武则天当皇帝后，别看她已快七十岁了，但精力充沛，事无巨细全要过问。作为宰相应举轻若重，作为皇帝应举重若轻，只管大事，不用事必躬亲。

在《资治通鉴》第二百零四卷里，司马光举了这么一个例子：朝廷里有位不太大的官请假回家，此事还要武则天亲自批准。狄仁杰说："臣听说一国之君只有生杀大权不能旁落，其他的事务都交给有关官吏去办理。所以左、右丞不办理徒刑以下的刑罚；左、右相只裁决流放以上的刑罚，因为地位逐渐尊贵的缘故。若天子连一个普通官员请假回家都管，那设立各级官员干什么？"

武则天认为狄仁杰的这个意见很对，予以采纳。

# 残忍的告密制度

无论古代还是现代，人都要讲究来路，起码来路必须清楚。换句话说，来路必须光明正大。来路不明不白、不光明正大，总会遭人唾骂。对于有权势的人，虽不敢当面骂，但难免在背地里骂。

武则天的每一步来路都有问题。她每走一步似乎都不合常规、不明不白，加上又是女流之辈，因此，她很心虚，最怕别人在背后议论她什么，她要刹住议论之风。于是，她建立了一套完整的告密制度。

鼓励告密、奖励告密、告密无罪、被告者受罚，这些措施弄得人心惶惶，每个人都小心翼翼、谨小慎微，生怕被人告发。

为了从被告人的口中获取口供，武则天就从性情残忍、心狠手辣的官吏中选拔审判官。选来选去，选中了来俊臣和周兴这些魔鬼式的人物。因为审讯成果特别突出，来俊臣升为御史中丞，周兴升为秋官侍郎。他们在私下豢养了几百个流氓无赖，专门从事告密勾当，想诬陷哪个人，便指使这些人到处制造和收集那个人的"黑材料"，并让他们从多个地方同时告发，告的内容几乎一样。来俊臣为了提高这些告密成员的告密水平，还亲自编写了一部名为《罗织经》的"教材"，教他的这些门徒用各种方法收集无罪人的言行，然后编造罪证，把本没有的事弄得像确有其事一样。

来俊臣等为了逼供，还制作了许多刑具，仅《资治通鉴》上列举的就有"定百脉""突地吼""死猪愁""求破家"等。他们或让人站在高木桩上，将颈上的枷往后拉，叫作"玉女登梯"；或将人倒吊，在脑袋上挂上石头；或用醋灌鼻子；或用铁圈罩脑袋，并在脑袋与铁圈之间加楔子，使脑袋裂开，脑浆外流。每次抓来犯人，先让他们看这些刑具，看得犯人浑身出冷汗，有的犯人不用动刑便自动招供。武则天对这几个人非常信任和宠爱，给他们不断升官。朝廷内外惧怕这几个人超过惧怕虎狼。

狄仁杰那是什么样的人物！在《资治通鉴》第二百零五卷中，竟记载了他与其他几位要臣被来俊臣的人罗织莫须有的罪名，被告发关进牢狱，受尽逼供的折磨。

这次来俊臣一下子告了七个大官谋反，他们是狄仁杰、任知古、裴行本、崔宣礼、卢献、魏元忠、李嗣真。来俊臣经武则天批准，称只要老老实实招供，就可以免死；打死也不招者，一律处死。审问狄仁杰时，他招供说："大周改换了唐朝的江山，万物更新。我是唐朝的旧臣，看不惯，甘愿被杀，我有反心，这是事实，我承认。"来俊臣一看狄仁杰都招了，便停止对他的拷问。

有个叫王德寿的官员对狄仁杰说："我想升官，请你供出我的对头杨执柔也参加了谋反。"

狄仁杰说："苍天在上，这种伤天害理、丧尽天良的事，我狄仁杰绝对不会干。"说完，狄仁杰把头往柱子上撞，血流满面，吓得王德寿溜之大吉。

因为狄仁杰承认谋反，有关部门对他的监管放松了。狄仁杰撕下被子上的一块布，写了诉冤状子，藏在绵衣中。一天，他对王德寿说："天气热了，请把我的这件绵衣交给我的家人，把丝绵拿掉。"来俊臣和王德寿同意。这样，狄仁杰的儿子就见到父亲写的诉状，然后呈交武则天。

后来，武则天从别的渠道也发现来俊臣审案有问题。她亲自找狄仁杰问："你既然没谋反，为何要招供？"

狄仁杰说："陛下，我若不招供，早被他们拷打致死，就无申冤之日了。"

有人向武则天告发文昌右丞相周兴谋反，武则天命来俊臣审理此案。

来俊臣装得像什么事情都没有似的，还请周兴吃饭。吃喝到兴头上时，来俊臣请教周兴："我审犯人时他们总不招供怎么办？"周兴说："这好办，弄一口大瓮，用火在四周烤它，然后把犯人放入瓮中，他们被烤得受不了，就会招供了。"来俊臣马上令人抬来一口大瓮，按周兴说的用火在四周烤。他突然站起来，掏出文书，宣布周兴谋反，然后说："请君入瓮。"吓得周兴面如土色，全招了。

"请君入瓮"这个成语就是这么来的。

来俊臣的胃口越来越大，后来竟诬告武氏诸王与太平公主谋反。这下武则天不干了。众臣均向武则天陈述："来俊臣凶残狡猾、贪婪暴虐，是国家的最大恶人，不除掉此人，必然动摇朝廷的根基。""来俊臣聚集一批为非作歹的人，诬陷好人，贪污受贿的非法财物堆积如山，因他冤死的鬼魂漫山遍野，这样的恶人必须除掉。"

为平民愤，武则天下令处死来俊臣。那一天，被害人的亲属都来吃来俊臣的肉。《资治通鉴》上说，片刻之间，来俊臣身上的肉就被吃光。接着，大家挖其眼睛，剥其脸皮，挖出其心，将其骨头践踏成稀泥。

# 伴君如伴虎

记得若干年前，有位知名女性说过：做人难，做女人难，做名女人更难。从武则天的经历来看：做人难，做女人难，做名女人难，做女皇帝更难，难于上青天。

武则天能爬上权力的最高峰，离不开非凡的才能与得天独厚的机遇。

在《资治通鉴》中，司马光记述了武则天向大臣们讲了一段她十几岁时，在唐太宗宫中当才人发生的故事。

唐太宗有匹烈马，肥壮任性，没有人能驯服它。武则天说："朕当时作为才人侍奉太宗，一天朕对太宗说，可以制伏它。太宗感到惊讶，对朕说，你一个小小女子有什么办法制伏这匹烈马？朕向太宗要了一条铁鞭、一根铁棍、一把匕首，然后对太宗说，先用铁鞭抽它，不服，再用铁棍击打它的头，还不服，就用匕首割断它的喉管。太宗听朕说完，对朕另眼相看，直夸朕的志气非同一般。"

这个女子确实不寻常，竟敢在皇上面前逞英雄。

然而，唐太宗万万没想到，就是山西文水的这个小女子，若干年后把他打下的大唐王朝，掀了个底朝天。

以小见大、见微知著。从这个小故事中，可以看出武则天能当上女皇帝，绝对有超乎寻常的毅力、智慧和手段。否则，她不可能让那么多高手败在她手下，并把他们耍得团团转。

像狄仁杰这样难得的人才，武则天绝对缺不了。但她对狄仁杰采取了"又拉又打"的手段。关于"打"，上面说过了，下面咱们说说"拉"。

武则天经常和狄仁杰套近乎，向他透露一些情况。例如，有位名叫娄师德的人，一生谦恭勤奋、任劳任怨、毫不懈怠、朴实稳重、宽宏大量、善识人才。狄仁杰就是娄师德向武则天举荐的，但狄仁杰不知道，不仅不报恩，有时反而对娄师德很冷淡。

这个情况被武则天发觉后，一天武则天问狄仁杰："你认为娄师德这个人的德与才怎么样？"

狄仁杰答："他作为一个将领还是很尽职尽责的，至于陛下问的德与才，我不知道。"

武则天又问："你认为娄师德善于识别人才吗？"

狄仁杰答："我和他一块儿共事过，没发现他在识人方面有什么特长。"

武则天说："朕过去并不知道你，后来知道你，就是由于娄师德的推荐。从这点可以看出他也算会识别人才吧？"

狄仁杰恍然大悟，感慨地说："娄公有如此盛德，我受了他这么大的恩惠竟不知道，太惭愧了。"

从《资治通鉴》中可以看出武则天绝对不是个毫无感情之人，她对狄仁杰的厚爱处处可见。因为狄仁杰帮她解决了许多棘手的难题，所以她身为皇帝，却称狄仁杰为"国老"，而不直呼其姓名。狄仁杰这个人心直口快，经常在朝堂上当着众多大臣的面劝谏武则天，而武则天常常采纳狄仁杰的建议，哪怕与她的本意不合。有一次，狄仁杰陪武则天和太子巡游，途中忽然刮起大风，狄仁杰的帽子被风吹掉，其坐骑也因受惊无法驾驭。武则天让太子追上惊马，抓住马的笼头，化险为夷。皇上让太子为大臣干这种牵马的事，那是绝无仅有的。

狄仁杰因年长体弱多次请辞，武则天都不批准。入朝时，她特许狄仁杰不行跪拜礼，而且说："每当朕看到你那么大年纪了还行跪拜礼，全身上下都感到痛楚。"武则天还批准狄仁杰不在宫中当值，并对其他人说："如果没有什么重要的大事，就不要去打扰狄老先生了。"武则天对狄仁杰处处加以照护。

狄仁杰病逝后，武则天流着眼泪说："朝堂上再也没有让朕可以放心依靠的师长了。"

后来朝廷中遇到大事，群臣拿不出高明的主意时，武则天就会长叹："老天爷为什么这么早就将朕的国老夺走了呢？"

再比如告密制度。不错，武则天刚当皇帝时，确实提倡告密，不少人因告密有功而升官发财。但后来武则天为了显示她的仁德，也鄙视和当众丑化告密者。

司马光举了这样一个例子：朝廷内有位名叫张德的官员，他的老婆生了好几个女儿，好不容易生了个大胖小子。为了庆贺生了男孩，他偷偷宰了一只羊。武则天信佛，诏令天下不准杀生，不仅不准宰牛羊，而且连河中的鱼都不准捞。因此宰羊是犯法的，被告了可不得了。

张德请了几位朋友来他家庆祝。在他请的朋友中，有个名叫杜肃的人，偷偷用饼卷了几块羊肉，藏在自己的口袋里。之后，杜肃给武则天写了一封告密信，附上证据，告张德私自宰羊，违背皇上诏令，应撤职查办。

次日上朝时，武则天问张德："听说你终于生了个儿子，朕真为你高兴呀！"张德受宠若惊，又想，皇上怎么知道的？立即跪下磕头谢恩。

武则天又问："羊肉从哪儿弄来的？"此话一出，张德立刻磕头认罪，请求处罚。

武则天却说："朕是下过诏，禁止杀生。但朕没说过喜庆丧葬之事也在此规之内。你好不容易生了个儿子，宰只羊庆祝一番并不犯法。但你以后要注意，请客要看准所请的对象。"

接下来，武则天把杜肃的告密信和卷的肉饼拿出来给大家看。

杜肃恨不得找个地缝钻进去，满朝文武都想往杜肃的脸上吐口水。

这就是武则天！

这就是常说的"伴君如伴虎"！

# 女皇岁月的终结

如果有人问老夫：你读了《资治通鉴》后，对武则天当皇帝的那段历史怎样评价？

老夫的回答是：它是我国历史上的一颗璀璨明珠。

你不能不承认，这位女皇善于治国：首创科举考试中的"殿试"制度；重视延揽人才，知人善任，重用了狄仁杰、张柬之、姚崇、敬晖、桓彦范等名臣；在她当皇帝期间，政策稳定、经济发展、百姓富裕、文化复兴、兵略妥善、边疆巩固、社会安定，为"开元盛世"打下了坚实的基础。其历史功绩巨大，不可抹杀。

当然，由于武则天善用权术，手段阴险残忍，大兴告密制度，也重用了像来俊臣、周兴那样的酷吏，以及宠幸了张昌宗、张易之等面首，这使她留下不少坏名声。

任何客观事物，无不向着自己的反面转化。有生就有死，有进就有退，有上台就有下台。

武则天宣布当皇帝时就快七十岁了，她竟活了八十一岁，在我国历史上当过皇帝的人中实属凤毛麟角。司马光在《资治通鉴》第二百零七卷中说，武则天老了，卧床不起，居住在长生院中。她身边只有张昌宗和张易之两个人侍奉，宰相们数月都见不到她。有人向武则天上书："皇太子长大了，宰相也很得力，应让他们侍奉您，让张昌宗和张易之这样的外人侍奉不合适。"武则天不听。后来又有人揭发张昌宗和张易之有谋反事实，武则天也极力进行庇护，不予惩办。

公元705年，武则天的病情加重，处于病危状态。朝政实际上把持在张昌宗和张易之手中，情况十分危急。张柬之、桓彦范、敬晖、袁恕己等要臣，密谋要杀掉张昌宗和张易之。

要杀掉"二张"，必须通过羽林军将军李多祚和杨元琰。一天，张柬之问李将军："你现在享受的富贵是谁给的？"

李将军流着泪说："是先帝高宗给的。"

张柬之说："现在高宗的两个儿子遭到张昌宗和张易之的迫害，处于危难之中，难道将军不想报答先帝的恩德？"

李将军说："只要对国家有利，一切都听您安排，绝对不顾及自己的身家性命，我敢对天发誓！"

就这样，除掉"二张"的行动方案确定了。

一天，张柬之、桓彦范等人与左威卫将军薛思行等人，统领五百多名士兵来到玄武门，并派李多祚等人去东宫迎接太子李显。开始太子还有些犹豫。他们对太子说："先帝把皇位传给殿下，而殿下却无故遭到幽禁废黜，皇天后土、天下百姓无不义愤填膺，已经有二十三年了。现在上天暗示人心，羽林诸将与宰相们同心协力，立志诛灭凶恶的小人，以恢复你们李家的江山社稷。在此关键时刻，希望殿下不要犹豫，站出来共同实现大计。"

太子说："凶恶的小人的确应当铲除，但天子圣体欠安，这样做会使天子受惊，请诸位日后再行此事。"

李湛对太子说："诸位将领和宰相为了国家，把身家性命置之脑后，请殿下出去和大家见上一面。"

太子出来后，有个名叫王同皎的人将太子抱上马，一同来到武则天住的迎仙宫。张柬之已布置好人在走廊里将张昌宗和张易之斩首，然后进入武则天的长生殿，在她的周围安排了侍卫。

武则天吃惊地坐了起来，厉声质问："是谁在作乱？"

张柬之回答："张昌宗和张易之阴谋造反，臣等奉太子之令已将二人杀死，因为担心走漏风声，所以事先没向陛下禀报。在皇宫禁地举兵诛杀逆贼，惊动天子，臣等罪该万死！"

武则天看见太子李显确实在人群当中，随即对太子说："这件事是你指使他们干的吗？既然两个小子已被诛杀，你可以回你的东宫去了。"

桓彦范说："太子怎么能回东宫去呢？当初先帝把心爱的太子托付给陛下，现在太子已经长大，却一直在东宫当太子，天意民心，早已思念李家。群臣不敢忘怀太宗、天皇的恩德，所以遵奉太子令，诛杀犯上作乱的逆贼。

希望陛下将帝位还给太子，以顺从上天与下民的心愿。"

武则天明白了，这是要她归还本属于李氏家族的江山！

武则天在人群中看见李湛，她对李湛说："朕平时对你们父子不薄，原来你也参与进来了，朕真没料到呀！"李湛有点羞愧，一时无法回答。

武则天又对崔玄暐说："别的人都是经人推荐后提拔的，而你是朕亲手提拔的，你怎么也和他们站到一起背叛了朕呢？"

崔玄暐将军理直气壮地说："我这样做正是为了报答陛下对我的大恩大德啊！"

武则天身患重病，众叛亲离，已处于四面楚歌之中。

一不做二不休，以宰相张柬之为首的人，把张昌期、张同休、张昌仪等人全部斩首，把他们的尸体与张昌宗、张易之的尸体挂在神都天津桥上示众。

武则天一看大势已去，遂颁发诏书，命太子李显代行处理国事，大赦天下。之后又将帝位传于太子李显。

终于，李显坐上了龙椅，江山又回到李氏家族手中。

以上就是司马光在《资治通鉴》中的记载。

想当年武则天风光无限，后来却风光不再。

历史在欺负一位女人。

历史在嘲弄一位老人。

历史在排斥一位病人。

历史在否定一位行将就木之人。

# 做女皇梦的韦后

历史总是和人们开玩笑。一波未平，一波又起，按下葫芦浮起瓢。

好不容易刚请走了个武后，又来了个韦后。

韦后是何许人也？就是新皇帝唐中宗李显的老婆——韦皇后。

这个韦皇后知道婆婆武则天当皇后时就垂帘听政，由皇后摇身一变成为皇帝后，更是权力大无边，非常过瘾。

存在决定意识。因此，韦皇后"多年的媳妇熬成婆"，她也要从政。

武则天当皇帝时，李显多次吓得要自杀。每当这个时候，韦皇后就说："福祸吉凶难以预测，宁愿冒一次被处死的险，也不能急匆匆地自杀！"李显非常感谢韦皇后在艰难日子里对他的帮助，因而曾私下给她许诺："假如日后我有幸重见天日，一定让你随心所欲地做事情，不会受任何限制。"

真是灵验了，李显真的当了皇帝，韦氏水涨船高，顺理成章地当上了皇后。她也像武则天那样干涉朝政大事。朝中的许多大事，李显都先听她的意见，看她的态度。

老臣桓彦范向李显上表说："《周易》中有教导，女人没有什么过失，只要把家务做好，就是吉利。《尚书》中也说，如果母鸡打起鸣来，这个家族离破产就不远了。臣看到皇上每次临朝，皇后总是在帷帐后边参与对军国大事的决断。古往今来的帝王，没有一个不是由于妇人干政而导致国破身亡的。这是因为阴不能凌驾于阳之上。阴阳错位违背天理；女人欺负丈夫，违背人伦。臣希望陛下接受历史的教训，将社稷与百姓放在心上，使皇后严守本分，主持好后宫的事情，不要到朝堂干预国事。"

桓彦范的话够尖锐的，但皇上与皇后我行我素，哪会采纳？

武则天有个侄子名叫武三思，是她同父异母的哥哥的儿子。武则天当了皇帝后，武家的人一步登天，武三思也被封为梁王，在朝廷有话语权。李显与韦皇后有个特别宠爱的女儿安乐公主就嫁给了武三思的儿子武崇训。这样，武三思就与皇上成了亲家，并与韦皇后私通。李显有许多军政大事都要先听武三思的意见，并极力排斥张柬之等将武则天赶下台、扶他当上皇帝的老臣。

张柬之等人一再劝告李显必须诛灭武氏集团的人，李显根本不听。张柬之说："武则天改唐朝为周朝的时候，把李氏家族的人杀了不少。现在幸亏天地神灵庇佑，陛下好不容易才重登帝位。而武氏集团一点儿未变，仍像过去一样把持着他们窃取的官位，还在发号施令。希望陛下清除他们，绝对不可心慈手软。"张柬之说破天，李显就是不听。

张柬之等人急得直拍桌子，有的人把手指头都拍出了血，说："皇上之前给我们的印象还是位刚烈的汉子，所以我们当时没杀武氏集团的人，是为了让皇上登基后亲自下令诛杀，以扩大其声望。真没料到，皇上不仅不诛灭他们，反而更加重用。大势已去，我们这些推翻武氏的功臣，恐怕要大祸临头了。"

果不其然，在武三思与韦皇后等人的策划下，张柬之被任命为汉阳王，敬晖被任命为平阳王，桓彦范被任命为扶阳王，袁恕已被任命为南阳王。实际上这些老臣是被赶出朝廷，全部下放，之后被迫害致死，并被灭了三族。这些老臣的命运极其悲惨。

接下来，武三思借皇上的名义下令，重新执行武则天时期的大政方针，重用武氏集团的人马。

朝廷大权实际上掌握在武三思的手里。他常扬扬得意地说："我不管什么是善人，什么是恶人。我只知道凡是对我好的人，就是善人；凡是对我不好的人，就是恶人。"

武三思和韦皇后联合，要对太子李重俊下手了。因为李重俊不是韦皇后亲生的，她左看右看都不顺眼，一心想废掉这个太子。安乐公主是武三思的儿媳妇，武三思又与韦皇后私通，他们想废掉太子，立历朝历代从来没有的"皇太女"。太子李重俊已经被逼到绝路，他豁出去了，假借皇上的名义，纠集了几百名羽林军，以迅雷不及掩耳之势，把武三思与他的儿子杀了。

太子李重俊毕竟缺乏经验，组织与行动都不够严密，在追杀韦皇后时，唐中宗李显站在玄武门上直接向羽林军喊话："你们这些人统统是朕的卫兵，为什么要跟着坏人造反呢？如果你们能杀死鼓动你们造反的头领李多祚，朕保证你们将过上荣华富贵的生活。"听皇帝这么一说，卫兵们真的将李多祚等将军斩首。太子李重俊一看形势急转直下，带领百名骑兵逃至南山，最后身边只剩下几个人。当他在树下喘气时，被手下的人杀死。李显为武三思和驸马武崇训设了灵堂，把太子的头作为祭品。

太子李重俊虽然把罪大恶极的武三思灭了，但把自己的命也搭上了。韦皇后一心想当第二个武则天，她将毒药放在唐中宗李显的食物中，悄悄把他毒死了。皇帝驾崩后，她不发布消息，由她总揽朝廷大事。她委任亲信到朝廷重要部门任职，又调来五万人马驻扎在长安城中，还拟诏立李重茂为太子、相王李旦辅政。实际上一切大权全掌握在韦皇后手中，她就是武则天再世。

当她把这一切安排妥当后，才将皇帝的灵柩移到太极殿，向文武百官发布皇帝驾崩的消息，并由自己临朝摄政，把年号改为"唐隆"，提升相王李旦为太尉。

接下来她又让年仅十六岁的殇帝继位，把妃子陆氏立为皇后。这些全是掩人耳目的把戏，实际上大权已掌握在韦皇后的手里。她的下一个目标是害死殇帝，走向台前，实现当女皇帝的美梦。

# 玄宗登场

历史一再表明，每当在关键时刻，总会有人站出来扭转乾坤。

就在韦皇后要步武则天的后尘，妄图当女皇帝时，李隆基振臂一呼，拨云见日，又一次挽救了唐朝。

从《资治通鉴》中看，李隆基是个有头脑、善交际、敢决断、办事稳重的人。他既有大智慧，又有小聪明，是位大智慧与小聪明相结合的人。

公元 710 年，唐中宗李显被韦皇后毒死后，李隆基马上发现韦皇后要步武则天的后尘当女皇。他决心阻止这一阴谋的实现，誓死保卫李家打下的江山。

李隆基知道太平公主性格沉着机敏，善于权谋，有丰富的宫廷斗争经验，在张柬之铲除"二张"时起了很大作用。这次要除韦氏一党，必须与太平公主组成统一战线。果然，太平公主又给李隆基出谋划策。

得到太平公主的支持后，李隆基又组织行动力量。当年唐太宗打猎时有个"百骑团"跟着他，这都是些身怀绝技的人；到了武则天当皇帝时扩大为"千骑团"；唐中宗时又扩大为"万骑团"。李隆基充分利用他善交际的特长，和这里边的头领混得特熟，几乎成为知心朋友，无话不谈。恰好这些人对韦氏一党也恨之入骨，表示坚决与李隆基站在一边。

铲除韦氏一党的行动是在极其保密的情况下进行的。有人曾主张行动前先向相王李旦（即李隆基的父亲）禀报。而李隆基说："我们为了社稷江山不惜以身殉国，大事成功了，江山归相王；若失败了，我等好汉做事好汉当，慷慨赴死，绝对不连累相王。事先告诉他，他若同意就卷进风波；他若不同意，则会影响我们的行动计划。"李隆基决定先斩后奏。

"万骑团"的头领葛福顺趁夜幕降临，悄悄到李隆基处听候调遣。李隆基令他先把韦皇后家族的韦播等人杀死。葛福顺真是好样的，带着精兵强将，很快将这几个掌握兵权的韦氏一党杀掉，然后对着众将士说："韦皇后毒死先帝，篡夺皇位，今天我们要齐心协力，杀掉韦氏家族的人，凡像马鞭一样高的人一个不留，要立相王李旦为皇帝，以顺应人心。在此关键时刻，谁敢心怀不轨帮助乱党，灭其三族！"将士们全部听从李隆基的调遣。

接着李隆基率兵攻到皇宫门外，只听到宫内一片喊杀声，李隆基事先布置的人在宫内也动手了。在里应外合下，韦皇后的脑袋落地，正在梳洗打扮的安乐公主也被杀死。在李隆基的亲自指挥下，韦氏一党彻底被消灭。

在清剿韦氏一党的任务漂亮地完成后，李隆基这才带领众将士去向父亲相王禀报。见了相王后，李隆基跪下叩拜，请相王原谅他先斩后奏之罪。

相王一把将儿子李隆基抱在怀里，激动地流着泪说："李氏江山能保住，全靠吾儿你呀！"

不久，韦皇后安排的傀儡少帝被废掉，由李旦登基为皇帝，这就是唐睿宗。

既然李旦由相王变为皇帝，就要立太子。在究竟立谁为太子的问题上，出现了生动的一幕。

立长子为太子天经地义，这符合常规。但长子李成器说："国泰民安时期应当立嫡长子为太子，而在国家多灾多难时，应立对国家贡献最大的人为太子。在这个问题上必须顺应民心，否则会使天下的百姓大失所望。臣宁可去死也不敢居于弟弟之上。"《资治通鉴》中说，为了让弟弟李隆基当太子，哥哥李成器一连好几天诚心诚意地流着泪，请求父亲将李隆基立为太子。

大臣刘幽求也说："臣认为铲除天下祸患的人应享有天下的福分，平王李隆基使大唐社稷免遭倾覆，拯救君亲于危难之中，论功劳没有比他更大的人，论德行没有比他更好的人，立他为太子是理所当然的。"

而李隆基表态还是由哥哥当太子名正言顺。经过权衡，唐睿宗李旦将平王李隆基立为太子。李隆基再次上表请求立李成器为太子。唐睿宗没有接受。

这样，大唐江山又从一个女人韦皇后的手中被夺了回来。

公元711年，唐睿宗召集三品以上的文武大臣，他说："朕这个人一生喜欢过淡泊的生活，从来不觉得当皇帝有什么尊贵的。过去让朕做皇太弟，朕都是再三推辞。今天朕不想当这个皇帝了，想传位给太子李隆基，大家以为如何？"

大臣们大眼瞪小眼，你看我，我看他，这个态真没法表。

太子李隆基极力推辞，请求父亲仍当皇帝。唐睿宗的妹妹太平公主不愿让哥哥让位，她说："陛下未老，正是天下人的依靠和主心骨，现在怎能退位呢？"

唐睿宗暂时放弃退位，但下诏："从今以后朝廷大事均由太子李隆基处理，涉及军事行动、死刑的审核以及五品以上官员的任命，都要先与太子商量，然后奏报朕。"

又过了几天，唐睿宗彻底要向太子让位了。太子再三推辞。唐睿宗却说："国家能再次安定，朕能得天下，全是你的功劳。你是孝子，何必等朕死后再继承皇位呢？"不管太平公主多么反对，也不管太子哭着坚决推辞，唐睿宗还是将皇帝的大位传给太子李隆基，自己当了太上皇。

唐睿宗李旦是全世界独一无二的人物：他的曾祖父李渊是开国皇帝，后为太上皇；他的祖父李世民是皇帝；他的父亲李治是皇帝；他的母亲武则天是独一无二的女皇；他的哥哥李显是皇帝；他本人当过太子，也当过两次皇帝，后主动让位当太上皇；他儿子李隆基也是皇帝。过去人们都说，美国的前第一夫人芭芭拉·布什创造了一个纪录：嫁了一个总统老布什，生了一个总统小布什。她与唐睿宗李旦简直无法比，李旦不仅本人当过两次皇帝，而且曾祖父、祖父、父亲、母亲、哥哥、儿子全当过皇帝。

他的这个世界纪录无人能够超越！

# 树欲静而风不止

与世无争的聪明人李旦，主动把皇帝的龙椅交给太子李隆基后，轻轻松松地当太上皇，享清福去了。

唐朝经过大乱，应该大治了。然而，树欲静而风不止。

把韦皇后的问题解决之后，太平公主的问题又浮出水面。太平公主没带来太平，却带来又一起篡夺皇位的斗争。

《资治通鉴》中说，武则天对太平公主最为宠爱，因为她认为太平公主这个女儿最像她。无论长相、智谋与手段，太平公主简直就是第二个武则天。武则天健在时，太平公主极力讨好，据说连那两个姓张的面首，都是她转送给武则天的。但她知道武则天心狠手辣，在武则天面前，她善于隐藏自己的锋芒，怕成为武则天的刀下鬼。

后来，武则天渐渐老了，又患了重病，太平公主转身一变，又与老臣张柬之等站在一起，为消灭"二张"出了大力。紧接着，太平公主又帮助李隆基搞垮了韦皇后，为哥哥李旦登上皇位清除了障碍。

李旦不是当皇帝的料。他既没有当皇帝的兴趣，更没有当皇帝的本领，他一心想过清静日子。所以，李旦当上皇帝后，凡遇到大事都先听一男一女的意见。男的是太子李隆基，女的就是太平公主。大臣们向他禀报事情，他就问："太平公主与太子怎么说的？按他们说的办。"

太平公主骄奢淫逸、横行霸道，卖官敛财达到极致。她很像武则天，很有野心。韦皇后这个儿媳妇想步婆婆的后尘当女皇帝，没有当成，还丢了脑袋；太平公主觉得她若步母亲的后尘当女皇帝，八成能成功。

于是在自己的窝囊哥哥李旦当皇帝时，太平公主在朝廷内就拼命安插自己的亲信，她的三个儿子薛崇行、薛崇敏、薛崇简都封了王。她的权力实际上超过了唐睿宗李旦。

李隆基登基为皇帝后，成为唐玄宗。他不会像他父亲那样任由太平公主摆布，他是个有头脑、有主见的皇帝。太平公主是唐玄宗李隆基的姑姑，她一心想把这个侄子推翻，自己当女皇。

由太平公主发动的政变在紧锣密鼓地策划着。

公元713年，朝廷的七个宰相中有五个是太平公主举荐的，文武大臣中几乎有一半是她的人。太平公主与宰相窦怀贞、萧至忠等人秘密制定推翻唐玄宗李隆基的策略，还企图让宫女们在食物中下药以毒死唐玄宗，但没有得手。

中书侍郎王琚对太平公主的阴谋早有察觉，他对唐玄宗说："太平公主等人活动频繁，事已紧急，必须先下手了，否则悔之晚矣！"尚书左丞张说也从洛阳派人送来佩刀，暗示唐玄宗早点动手。

荆州长史崔日用也趁进朝奏事的机会告诉唐玄宗："太平公主密谋造反已有些时日了，必须当机立断。解决这件事今非昔比，过去陛下是太子，要讨伐她还需要用计谋；如今陛下已是万乘之尊，下道圣旨就可以了，谁敢违旨？若犹豫不定，万一奸党得逞，到那时后悔莫及呀！"

唐玄宗说："你们看得很准，所谈也全是实情。因为太平公主是太上皇的亲妹妹，朕是怕惊动了太上皇。"

崔日用说："您对太上皇的孝心可以理解。但天子最大的孝道在于安定国家，如果奸党得逞，李家的社稷宗庙再一次被毁，还谈得上什么孝道呢？"他还建议为了使太上皇不受或少受惊动，先控制左右羽林军与"万骑团"，再捕杀太平公主的党羽。

唐玄宗采纳了崔日用的建议，并任其为吏部侍郎。一切计划都在极端保密的情况下进行着。

在得到太平公主发动叛乱的消息后，唐玄宗派王毛仲带三百士兵从武德殿进入虔化门埋伏起来，然后传令太平公主的同伙常元楷和李慈来殿议事。这两个家伙一进来，立即被埋伏好的官兵拿下斩首。接着，太平公主的同党贾膺福、李猷、萧至忠、岑羲几人全部被斩首。

太上皇听说发生政变了，也搞不清楚是怎么回事，跑到承天门躲避。有人告诉他，没事，是皇上在清除奸党。

局势基本平定后，唐玄宗向太上皇禀报。生米煮成熟饭，太上皇只好默认。太平公主一看大事不妙，在一帮人的簇拥下逃到山中一个寺庙，躲了三天才出来。

太平公主毕竟是太上皇的妹妹、唐玄宗的姑姑，没有被斩首，唐玄宗赐她在家中自尽。她的一个名叫薛崇简的儿子，因多次劝其不要发动政变，得到宽大处理，免于死刑，改姓为李。

据《资治通鉴》记载，在查抄太平公主的家产时，发现她家中的金银财宝堆积如山，稀世珍宝比皇宫里的还多。后来韩愈写过一首题为《游太平公主山庄》的诗：

公主当年欲占春，故将台榭压城闉。

欲知前面花多少，直到南山不属人。

可见太平公主霸占了多少地盘、多少财产！

平息了太平公主的叛乱后，太上皇昭告天下："从今以后，国家军政大事全部由皇上处理，我清静无为地颐养天年去了。"

这样，废黜了武则天之后，又除掉了韦皇后，最后除掉了太平公主。这三个女人都想当女皇，有两个跳进火坑中去了。

李家打下的大唐江山，只有在除掉这三个女人之后，才进入一段比较稳定的时期。

下面的戏，就看唐玄宗李隆基的了。

# 口蜜腹剑的李林甫

一个篱笆三个桩，一个好汉三个帮；好花还要绿叶配。

唐玄宗李隆基知道，要当好皇帝，必须选好宰相。你看，刘邦有萧何和张良；刘备有诸葛亮；李世民有魏徵；武则天前后换过几十个宰相，换来换去主要还是依靠狄仁杰。

唐玄宗刚登基不久，运气还不错，姚崇和宋璟两位成为他的宰相。

姚崇这个人公正无私，他的儿子犯了法，他都能秉公执法，毫不护犊子。姚崇办事灵活，善于随机应变，而宋璟则善于按章程办事，坚守规矩。这两个人性格操守虽不同，但有互补性，齐心协力辅佐唐玄宗。这一时期的唐朝赋役减少、执法公正、社会安定、人口增加、文化繁荣、百姓富裕、边境太平，来朝进贡的国家络绎不绝。特别值得一提的是，唐诗大大发展，涌现出以"诗仙"李白和"诗圣"杜甫为杰出代表的一批大诗人。这是一个可以与"贞观之治"相媲美的"开元盛世"。当时的情况，可以从杜甫的题为《忆昔二首》的一首诗中反映出来：

> 忆昔开元全盛日，小邑犹藏万家室。
>
> 稻米流脂粟米白，公私仓廪俱丰实。
>
> 九州道路无豺虎，远行不劳吉日出。
>
> 齐纨鲁缟车班班，男耕女桑不相失。
>
> 宫中圣人奏云门，天下朋友皆胶漆。
>
> 百馀年间未灾变，叔孙礼乐萧何律。
>
> 岂闻一绢直万钱，有田种谷今流血。
>
> 洛阳宫殿烧焚尽，宗庙新除狐兔穴。
>
> 伤心不忍问耆旧，复恐初从乱离说。
>
> 小臣鲁钝无所能，朝廷记识蒙禄秩。
>
> 周宣中兴望我皇，洒泪江汉身衰疾。

唐玄宗对这两位宰相极为尊敬。二人来晋见，唐玄宗常常站起来迎接；二人要走了，唐玄宗要起身亲自送到殿前。

但是，宋璟这位宰相也太耿直了，在两件事上唐玄宗对他有了意见：一是唐玄宗要破格提拔皇后的一位亲戚，宋璟说，陛下，这样不妥，行事时尤其应注意公众的舆论；二是有许多人到处说宋璟的坏话，使唐玄宗对他的信任发生动摇。后来，宋璟被免去宰相职务。

有人向唐玄宗举荐韩休，说这个人可以任宰相。韩休这个人确实是当宰相的最佳人选。据《资治通鉴》记载，他为人耿直，不追求个人利禄，敢于向唐玄宗直谏，弄得唐玄宗都有点畏惧他。例如，唐玄宗在宫中设宴或打猎过度时，就悄悄问左右的人："这事韩休知道吗？千万别让他知道。"有些人趁机钻空子对唐玄宗说："自从韩休当宰相以来，皇上比以前瘦多了，为什么还不把这个爱管闲事的人斥退？"

唐玄宗在这个时期还是比较清醒的，他说："朕虽然消瘦了一些，但天下的人长胖了。萧嵩上奏的事虽合朕意，但退朝后，朕常常夜不能寐；韩休常常为一件事与朕争论不休，可是退朝后，朕睡得却很踏实。朕用韩休是为国家着想，不是为自己。"你看，这个时候的唐玄宗还真的不错。

在朝堂议事，韩休与萧嵩总因为对一些问题的看法不同而争得面红耳赤，互相下不了台。遇到这种情况，唐玄宗也感到不愉快。

萧嵩上奏唐玄宗，说自己不想干了。

唐玄宗问萧嵩："你为什么要急于辞官？"

萧嵩答："多年来我承蒙陛下厚爱，担任宰相，富贵已达到顶点，趁陛下还没厌恶我，我可以不慌不忙地引退。若等陛下厌恶我，我尚且难以自保，那时想平安引退，就难了。"

最终两败俱伤。唐玄宗将韩休与萧崇都从宰相位上踢下来，另寻宰相。

有人早已瞄准了这个位置，一直在创造条件，削尖了脑袋往里钻，做梦都想当宰相。这个人就是在历史上臭名远扬的李林甫。

李林甫本来任吏部侍郎，此人奸邪狡诈，嘴上说得比蜜还甜，而心里却怀着害人的主意。他想尽一切办法与嫔妃认识、与皇上身边的人亲近，送他们贵重的东西，取得他们的信任。醉翁之意不在酒，他是通过这些人打探唐玄宗的爱好与生活习惯，从而掌握唐玄宗的一举一动。上朝时，李林甫的意见常常与唐玄宗的意见不谋而合，他总是顺着唐玄宗的心意说。这种情况接二连三地发生后，李林甫深受唐玄宗厚爱。

不久，爱提反对意见的宰相都先后失宠了，李林甫如愿以偿地当上了宰相。

李林甫这个人城府极深。他要害人，绝对不会吹胡子瞪眼地害人，不会让对方察觉他要害人；他对要谋害的人总是笑脸相迎，嘴里甜如蜜，恨不得把对方捧到天上，不露声色。等把对方迷惑了，他再下狠手。

司马光说，凡是唐玄宗重用且厚爱的人，李林甫就给其"戴高帽"，想尽一切办法巴结对方。等李林甫与对方的地位差不多了，他就开始罗列其错误言行，一旦时机成熟，就在唐玄宗那里告"黑状"，被李林甫害死的人无数。常言道，明枪易躲，暗箭难防。许多被李林甫害死的人，至死也不知道是怎么死的。

发展到最后，李林甫又来了一招更绝的，他采取一切办法堵塞唐玄宗的消息渠道，让唐玄宗听不到任何反对意见。有一天，李林甫专门把谏官召集起来议事，他说："如今我们的皇上是历朝历代少有的明君，他洞察一切，英明决断，从无失误，群臣顺从都跟不上他的步伐，还提什么不同意见？今后照办就是了，各位谏官不必多言！否则，后果自负。"从此，进谏之路被堵了，唐玄宗只能听到李林甫之流的歌功颂德之言。

《资治通鉴》第二百一十五卷中说：

李林甫为相，凡才望功业出己右及为上所厚、势位将逼己者，必百计去之；尤忌文学之士，或阳与之善，啖以甘言而阴陷之。世谓李林甫"口有蜜，腹有剑。"

这就是"口蜜腹剑"的来历。

# 红颜祸水

历朝历代似乎有这样一个规律：皇帝一开始头脑比较清醒，态度比较谦虚，行动比较谨慎，能够听取各种建议，对自己要求较严，广泛网罗各种人才。但是：

像走路一样，走着走着就走偏了；

像做饭一样，做着做着就变味了；

像唱歌一样，唱着唱着就跑调了。

唐玄宗李隆基在执政的前后期判若两人。他就是走着走着不仅走偏，而且还陷入大坑里的人。

除了其内因外，唐玄宗主要坏在"三男一女"身上。

"三男"是李林甫、杨国忠、安禄山；"一女"是杨玉环，即杨贵妃。

前面已说过了口蜜腹剑的李林甫，现在咱们说杨玉环。

一说到杨玉环，都知道她是我国古代"四大美女"之一。你可能也知道她就是唐玄宗最宠幸的杨贵妃。梅兰芳先生还有一出拿手好戏《贵妃醉酒》。但是你未必知道杨玉环原来是唐玄宗的儿媳妇。

不知为什么，唐朝在这方面比较"开放"。李世民把他弟弟李元吉杀死后，就把弟媳妇弄过来当成自己的老婆。更有甚者，李治竟把其父李世民的才人立为自己的皇后。现在李隆基又要把儿媳妇变成自己的贵妃娘娘了。确实有点乱套、乱伦。

杨玉环为何有这么大的吸引力？据《资治通鉴》介绍，此女有一种丰满的美，别看她胖，但胖得匀称、好看，能把男人的眼珠子勾出来，回头率极高，让人看了还想看，看不够。皇宫有上千宫女，美女如云，唐玄宗什么漂亮的女人没见过？然而，他一见杨玉环，魂儿都被勾走了，连她是自己的儿媳妇都不管了。

杨玉环不仅颜值高，而且有素质。她不是那种木头美人，她是舞蹈家、音乐家，琴棋书画样样精通，很有讨男人喜欢的一套本领。

但是要把自己的儿媳妇变成自己的老婆，也不是那么容易，这需要找个途径。据说"口蜜腹剑"的李林甫在这个节骨眼上，向唐玄宗献计献策来了：可以学习唐高宗李治，先让儿子把杨玉环休掉，再娶一个漂亮的，让杨玉环出家，像武则天当年去寺里当尼姑一样。然后再把她接出来，纳为贵妃。这个李林甫，确实是高，实在是高！就按这个方法，杨玉环先出家，几个月后，唐玄宗将其接出来，封为贵妃。白居易在诗中形容："回眸一笑百媚生，六宫粉黛无颜色。"李白也说："云想衣裳花想容，春风拂槛露华浓。"二人都认为杨贵妃有"闭月羞花之貌，沉鱼落雁之容"。

杨玉环成为唐玄宗的贵妃后，一人得道，鸡犬升天。唐玄宗追封她父亲为兵部尚书，任命她的两个兄弟分别为殿中少监与驸马都尉；并且给她的三个姐姐都赏赐了豪宅，让她们享受荣华富贵；后来，她的哥哥杨国忠竟当上宰相。

杨贵妃得宠后，每次乘马车都由在宫中地位很高的宦官高力士亲自执鞭。宫中有七百多人专为杨贵妃制作衣服和其他用品，她的衣服非常多，有多少件，她自己都不知道。还有朝野内外的许多人专门给杨贵妃敬献华丽的衣服、精美的器具、奇异的珍宝。由于杨贵妃的存在，民间有歌谣唱道："生男勿喜女勿悲，君今看女作门楣。"

唐玄宗知道杨贵妃喜欢吃新鲜的荔枝。那时既没高铁，也没飞机，唐玄宗每年都令岭南官府用跑得最快的马，一站接一站地传递新鲜荔枝到长安，就是为了让杨贵妃吃上新鲜荔枝。这中间有些千里马都跑死了。

因为杨贵妃太被娇惯了，有时她在公共场合竟出言不逊，使唐玄宗下不了台。唐玄宗一气之下，让她回娘家。杨贵妃脾气也越来越大，说走就走。但走了没几天，唐玄宗又派高力士去接。去时光贵重东西就装了一百多车，唐玄宗还把自己的御膳分一半让高力士带去，给杨贵妃吃。

高力士去后，杨贵妃连瞧都不瞧一眼。高力士跪在地上不起来，请杨贵妃回宫。这边杨贵妃好不容易答应了，那边唐玄宗下令打开宫门，连夜接杨贵妃回宫。

至于见了面，唐玄宗跪没跪搓衣板，《资治通鉴》上没说。

过了一阵子，唐玄宗又因为杨贵妃气他，让其回娘家。但刚回不久，唐玄宗又后悔了，派人去送御膳。这回杨贵妃态度有些软，对来人痛哭流涕地说："我罪该万死，幸亏陛下宽容，只是将我赶回家。我知道错了，今生今世再不离开陛下。我的金银珍宝全是陛下所赐，只有自己的头发是父母给的，我将它献给陛下，略表我的诚心。"这个女的多厉害，说完马上拿剪子剪下一束头发，让来人回去交给唐玄宗。

这一小撮头发可值钱了，唐玄宗拿在手上翻来覆去地看，又放在鼻子上不停地闻。唐玄宗一闻到这种味道，马上派高力士将杨贵妃接回宫。从此之后，唐玄宗对杨贵妃更加宠幸。

您去过陕西省西安市的"华清池"吗？二十世纪五十年代，老夫还在"贵妃池"泡过一次澡。泡完澡，上山参观了"捉蒋亭"，至今难忘。

# 安禄山造反

前边老夫说在唐玄宗后期有"三男一女"起了很坏的作用。老夫已经写了李林甫和杨玉环。还有两个男的，一个是安禄山，另一个是杨国忠。咱们今天先说安禄山。

安禄山，本姓康，字轧荦山。据《资治通鉴》记载，安禄山是个大胖子，体重在三百斤以上。他的肚子特别大，人还没进门，肚子先进来了。胖得像我们现在看到的日本相扑选手。

有一次，安禄山上朝，唐玄宗问安禄山："你这个人肚子这么大，那里面装着什么东西？"

安禄山立即回答："陛下，肚子里没装什么东西，只装着对陛下的一颗赤心！"

实际上装的是一颗黑心。

安禄山非常会巴结唐玄宗，挖空心思地想一切办法，换取唐玄宗对他的信任与厚爱。这从几件具体事情上可以看出来：

安禄山兼任范阳、平卢、河东三镇的节度使，手握兵权。他每年都向朝廷进献各种奇珍异兽、珍宝玩物，以博取大臣以及唐玄宗的欢心。

安禄山派一个亲信常驻长安，专门探听宫内情况。他知道唐玄宗与太子之间有矛盾，一次唐玄宗领着他去见太子，他见了太子不下跪，有人问他为什么不行跪拜礼，他装模作样地说："我只知道皇上，不知道太子是个什么官。"

唐玄宗告诉他："太子就是下一个皇上，代表朕统治你们的就是他。"

安禄山则说："我是胡人，愚蠢浅陋，过去只知道陛下一人，不知道还有个太子。"其实他是揣着明白装糊涂。

安禄山深知杨贵妃是唐玄宗的心肝宝贝，所以削尖了脑袋与杨贵妃套近乎。杨贵妃比他小十几岁，他却上奏皇上，非要做杨贵妃的干儿子。因为杨贵妃不能生育，膝下无子，唐玄宗竟然恩准了。从此，安禄山就以杨贵妃干儿子的身份在皇宫中畅行无阻，还瞒着唐玄宗在宫中过夜，在浴池中与他"母亲"嬉闹。

安禄山通过一切手段取得唐玄宗和杨贵妃的信任后，在暗中扩大自己的势力，积蓄力量，准备变成皇上。

要造反就要找借口，就要寻找导火索。这个导火索就是杨国忠。

有人以为杨国忠是杨贵妃的亲哥哥，非也！据考证，杨国忠与杨贵妃是同族兄妹。杨国忠还是武则天的面首张易之的外甥。但他舅舅得势时他还是小不点儿，想提拔他也提拔不起来。同族妹妹杨玉环成为贵妃后，因为杨国忠长得一表人才，又有学识，便顺着这条线一直往上升，最后，因为杨贵妃的关系，杨国忠被唐玄宗任命为宰相，而且权倾一时，身兼数职。

唐玄宗与杨贵妃都把安禄山看成可信任的人，一度还要提拔安禄山任宰相。诏令都起草好了，但杨国忠极力反对。他对唐玄宗说："安禄山虽有军功，但目不识丁，岂能当宰相？一旦任命他为宰相，恐怕四夷都会看不起朝廷。"

唐玄宗听取了杨国忠的意见，虽没任命安禄山为宰相，但加封安禄山为左仆射。

杨国忠反对安禄山当宰相的言论，被安禄山安插在皇宫的人知道了，他们转告给了安禄山。安禄山对杨国忠恨之入骨。

为了推翻唐朝，为了另起炉灶当皇帝，安禄山准备了好多年。他聚集了上万名投降的士兵，还训练了一批骁勇善战、能以一当十的特殊人才。他旗下战马数万匹，亡命之徒无数。例如有个名叫高尚的人，就对安禄山说："我高尚不怕死，生前要干一番轰轰烈烈的事业，岂能啃草根而苟且偷生？"像这样的人，安禄山就任命他带领军队。

安禄山为了收买人心，上奏唐玄宗："我的将士在征战中立了大功，请朝廷破格任用，并授予奖励。"安禄山的将士中，这一次升为将军的就有五百多人，升为中郎将的就有两千多人。因为全是在安禄山操纵下实现的，大家都心知肚明，都感恩安禄山，没人感恩皇上。这些人在关键时刻还不为安禄山卖命？

这边杨国忠一直在寻找安禄山反叛的证据，逮捕了安禄山的门客李超等人，在监狱里将他们杀害。这件事被安禄山知道了，十分恐惧。朝廷派使者来，安禄山竟以身体不适为借口，不见！唐玄宗以安庆宗成婚为由，要安禄山来参加，安禄山也托病不来。

安禄山人不来也就算了，他的马却要来了。怎么回事呢？安禄山拟向唐玄宗献马三千匹，每匹马配两名马夫，并由二十二人护送。好家伙，三千匹马、二十二名将军、六千名马夫，雄赳赳气昂昂地要来长安了。

河南尹达奚珣怀疑其中有诈，建议唐玄宗下令让安禄山推迟到冬天再送，并由宫廷派人迎接，不用他派人送。直到这时才引起唐玄宗的疑心，这位皇帝想：这个安胖子到底是想干什么呢？

唐玄宗派冯神威手执圣旨去找安禄山，请他来长安玩乐。按规矩安禄山应出来下跪接旨，而他又说有病，不出来接旨。其实，他根本没病，像"狗不理"那么大的包子，他一顿能吃五十个；像东坡肘子那么大块的肉，他一次吃三个。安禄山现在什么病都没有，他是铁了心要反叛、要当皇上。

过了好多天，冯神威被允许到安禄山的卧室宣读圣旨。安禄山躺在床上也不起身，只用手按着床沿说了句："皇上可好。"又说："马可以不送了，等我病好了，一定去拜见皇上。"

冯神威从安禄山处返回长安后，一把鼻涕一把泪地对唐玄宗禀报："太恐怖了，臣差一点儿就见不到皇上了。"

安禄山要反了！

# 马嵬坡之变

公元 755 年，"安史之乱"爆发。唐玄宗一行人从宫中出逃，好不容易走到一个叫马嵬驿的地方。这一路上随从的将士们又饥又渴，既没有方便面，又没有矿泉水，更谈不上外卖了。人是铁，饭是钢，一顿不吃饿得慌。人在饥渴状态之下，脾气容易暴躁，情绪几乎失控。

这时，龙武大将军陈玄礼认为，安禄山反叛引起天下大乱，都是宰相杨国忠一手造成的，必须把这个姓杨的杀掉。他托人去征求太子李亨的意见，希望得到太子的认可，以便名正言顺。因为杀宰相非同小可，太子对此犹豫不决。

正在这时，杨国忠骑着马来了。几十个士兵一拥而上拦住了杨国忠的马，向他要饭吃。据《资治通鉴》记载，杨国忠还没来得及回答，士兵群中就有人高喊："杨国忠是内奸，与胡人一起谋叛！"这顶帽子一扣，有人就朝杨国忠射箭。杨国忠一看大事不妙，急忙掉转马头逃命，逃至马嵬驿的西门内，被士兵们追上杀死。士兵们肢解了他的尸体，把他的脑袋割下来，挂在西门上示众。接着又杀了他的儿子和两个老婆。

唐玄宗听到吵闹声，忙问："外边出了什么事？"左右侍从回答："杨国忠谋反，士兵将他与他的家人杀了！"

唐玄宗也没说什么，拄着拐杖走出驿站慰问士兵，并命令士兵一律归队。然而，皇上的金口玉言现在不灵了，士兵都站着不动，不仅没人归队，而且人越来越多，个个摩拳擦掌，怒目而视。

唐玄宗让高力士问士兵们还有什么要求，得到的回答是："既然杨国忠谋反，已被杀死，那么杨贵妃就不应侍奉陛下，请陛下与其割断恩情，将其处死！"

让唐玄宗处死杨贵妃，这不是要唐玄宗的老命嘛！

等了好一阵子唐玄宗才说："你们放心，朕会自己处理此事。"说完，进了驿站，拄着拐杖，低着头站了很久，不说话。看来思想斗争极为激烈。

这时一位大臣走到唐玄宗跟前说："现在众怒难犯，安危在片刻之间，望陛下赶快决断。"说完跪下叩头，直至血流满面。

唐玄宗说："杨贵妃虽与杨国忠是一家人，但她一直住在深宫，平常与杨国忠很少见面，她怎么知道杨国忠谋反呢？"

高力士却说："应将杨贵妃处死，因为士兵们已将杨国忠杀死，在这种情况下，杨贵妃再留在陛下身边，怎能保证陛下的安全？希望陛下决断。处死杨贵妃，士兵们的怒气平息了，陛下也就安全了。"

唐玄宗终于下令，让高力士带杨贵妃去一个佛堂，将其勒死。士兵们看见了杨贵妃的尸体，证明她确实死了，也就不闹了。

有句话叫"不爱江山爱美人"，在此关键时刻，虽然出于无奈，但唐玄宗还是选择了江山，弃了美人。

杀了杨国忠与杨贵妃后，唐玄宗带着人马继续前行。一天，他们到达岐山县。这时谣言很多，士气不稳，许多人出言不逊，满腹牢骚。恰好成都向朝廷进贡的十余万匹丝绸到了，唐玄宗令人把这些丝绸摆在地上，把随行的士兵们召集来，他站在一个台阶上对大家说："朕近年来由于衰老糊涂，任人失当，以致造成安禄山叛乱，朕不得不远行逃难，避其锋芒。朕心里清楚，你们都是仓促地跟朕出来，都没来得及向自己的父母与妻儿道别，经过艰难跋涉到达这里，确实非常辛苦，朕十分惭愧。去蜀中的路途还很远，且那里地方狭小，也难供养这么多人马。朕允许你们各自回家，朕只带着儿孙以及侍奉的宦官去蜀中就可以了。朕现在与你们分别了，这些丝绸你们分掉作为资费。你们回去见到自己的父母与长安的乡亲们，代朕向他们问好，让他们多多保重。"

唐玄宗说完这一番话，泪流满面。

怪了，士兵们听完唐玄宗的话，不仅不走，反而哭着说："我们生死在所不惜，愿意永远跟随陛下、保卫陛下，不敢有二心。"从此那些不恭的言论，也平息下来。

因为在这段话中，唐玄宗讲得诚恳，并有自责精神，老夫愿将《资治通鉴》第二百一十八卷上的这段原文，给大家抄录如下：

己亥，上至岐山。或言贼前锋且至，上遽过，宿扶风郡。士卒潜怀去就，往往流言不逊，陈玄礼不能制，上患之。会成都贡春彩十馀万匹，至扶风，上命悉陈之于庭，召将士入，临轩谕之曰："朕比来衰耄，托任失人，致逆胡乱常，须远避其锋。知卿等皆苍猝从朕，不得别父母妻子，蒦涉至此，劳苦至矣，朕甚愧之。蜀路阻长，郡县褊小，人马众多，或不能供，今听卿等各还家，朕独与子、孙、中官前行入蜀，亦足自达。今日与卿等诀别，可共分此彩以备资粮。若归，见父母及长安父老，为朕致意，各好自爱也！"因泣下沾襟。众皆哭，曰："臣等死生从陛下，不敢有贰！"上良久曰："去留听卿。"自是流言始息。

由此看来，皇帝也有倒霉之日。宰相杨国忠被杀，杨贵妃被勒死，皇帝自己还要向平日根本不起眼的士卒检讨自己的错误，并乞求人家带着丝绸离队，还要向其父母问好，这一切的一切，今非昔比。落魄到这步田地，真是可怜至极。所以，人在得意之时，万万不可忘形，说不定会有倒霉的那一天。事情不可做绝，万事要留有余地。

# 灵武称帝

宰相杨国忠和杨贵妃被杀后，孤独的唐玄宗一心想入蜀避难。但是当地的父老乡亲拦住去路，请求唐玄宗留下，为民做主。

唐玄宗的情绪低落到极点，最信任的干儿子安禄山反叛，并攻占洛阳当了大燕皇帝；宰相杨国忠被杀后，又杀死了心爱的贵妃。现在真是国破家亡、灰头土脸。唐玄宗去意已决，为了妥协，令太子李亨留下安慰百姓。

唐玄宗走后，父老乡亲对太子说："既然皇上不愿留下来，我们情愿跟随殿下去讨伐安禄山，收复长安。如果殿下和皇上都入蜀，还有谁能为中原的百姓做主呢？"说话间，在太子周围自发地聚集了数千人，一致请求太子留下，不要入蜀。

太子为难地说："父皇冒险入蜀，路上肯定多难，我应陪在他身边，为他分忧解难。况且我若留下来，也应向父皇当面请示，获得恩准才可。"说完，太子泪流满面，掉转马头，准备西行去追赶唐玄宗。

此时建宁王李倓和宦官李辅国拉住太子的马笼头进谏说："安禄山叛乱，进犯长安，闹得四海不宁、国家分裂、民不聊生。在这种情况下，如果不顺从民意，大唐的天下怎能复兴！现在殿下若随从皇上入蜀避难，如果叛军烧了进蜀的栈道，那么中原大地就拱手交给叛军了。人心是一个国家的命根子，人心一旦分离，再聚合起来就难了！人心不合，恐怕再有能耐的人，也难有所作为了。不如趁民心未散，赶快聚集西北边防的镇兵，召集河北郭子仪与李光弼的兵力，与其联合起来，讨伐叛贼安禄山，平定四海，挽救大唐于危难之中，然后再将宫殿清扫干净，迎接皇上返回京师。这才是最好的孝顺行为，何必因为区区儿女温情而误了国家头等大事呢！"

广平王李俶也劝太子留下来。这时，数千名百姓围住太子，希望太子留下来与大家一起战斗。

据《资治通鉴》记载，太子实在走不了了，于是派广平王李俶去追唐玄宗，向其禀报。

唐玄宗得到消息后，一是从跟随自己的军队中分出两千人让太子调遣，并告诉将士：太子李亨仁义孝顺，可以接位，你们一定要好好辅佐他；二是又派专人告诉太子：你不要考虑朕的安危，努力平叛，平时朕对西北地区的各族胡人不薄，你一定会得到他们的帮助；三是正式宣布传位给太子。

太子闻言，对着父皇所在的方向哭泣，不接受传位。

虽然太子没接受传位，但总算没有入蜀，留下来和一部分大臣、将士一起战斗。

但是，太子究竟率领大家去哪里，如何收拢人心、收编人马？对这一段艰难的过程，司马光在《资治通鉴》中写得既详细又具体。老夫省略其过程，只告诉大家：太子带着一帮人马到达今甘肃平凉。这时有几万匹马和近万名将士，军队有了一定的规模，士气也开始振作。

可以看出，百姓对唐玄宗已失去信心，把光复大唐的希望完全寄托在太子的身上。此时此刻，老臣裴冕与杜鸿渐向太子上表，请求他遵照唐玄宗的旨意，立即登基为帝。太子仍坚决不同意。

裴冕等人对太子说："殿下现在所率领的将士多是关中人，日夜思念家乡。他们不顾艰难险阻跟随殿下到这荒山野岭中来，就是希望殿下能率领他们建功立业，重建江山与家园。这些人一旦看不到希望离散而去，再聚到一起就难了。因此，希望殿下能顺应人心，为国着想，立即登基！"

太子仍不同意。大臣们前后上表五次，太子终于答应了。

公元756年，太子李亨在甘肃灵武（今属宁夏）城南楼登基，这就是唐肃宗。接受了群臣与将士的跪拜后，唐肃宗宣布：父皇玄宗为上皇天帝，大赦天下，改天宝十五载为至德元载。

唐朝又有了新皇帝。

咱们再看看安禄山这个皇帝当得怎么样？

老夫给大家介绍过，安禄山是个大胖子，体重三百多斤。用现代医学的观点看，老夫估计他肯定有"三高"：高血压、高血脂、高血糖。安禄山的视力一直不佳，而且逐年下降。他当了皇帝后，基本上瞎了，据说他当了两年瞎子皇帝。安禄山不仅眼瞎了，而且浑身长满毒疮，每天痛得直打滚、直叫喊。安禄山本来脾气就大，加上他疼得心情烦躁，动不动就骂人、打人、杀人，弄得众叛亲离。后来他手下的人都难以见到他，要想向他报告事情、求得指示，必须通过一个名叫严庄的人。而这个严庄经常被安禄山当成出气筒，不是打，就是骂。安禄山身边还有一个名叫李猪儿的人，他怕李猪儿与他的妃子发生关系，就把李猪儿阉割了。李猪儿恨死他了。安禄山立的太子是安庆绪，而他又想换一个小儿子当太子，又引起太子安庆绪的恐慌与气愤。

最后，严庄、太子安庆绪和李猪儿组成联盟，由李猪儿拿刀进入宫中，从安禄山的大肚子上捅了几刀，捅得肠子全流出来了，安禄山的龙床上、地上全是血，臭气熏天。

严庄等人在安禄山的床下挖了个深坑，将其尸体掩埋，并警告宫中人不准走漏安禄山已死的消息。

一切都处理妥当后，严庄才对外正式宣布：安禄山病重，传位太子安庆绪，尊安禄山为太上皇。然后再宣布安禄山驾崩，正式发丧。

就这样，安禄山结束了他罪恶的一生。

# 奇士李泌

叛乱头子安禄山被他儿子安庆绪联合严庄和李猪儿用刀捅死了。按理说唐朝应恢复太平了。但大家不要忘记这是"安史之乱"。死了安禄山，还有史思明，这家伙领着人马接着叛乱。这个"安史之乱"整整持续了八年，把唐朝折腾得一塌糊涂、民不聊生。

最近，有句很响亮的话：文化是一个国家、一个民族的灵魂。这是颠扑不破的真理。唐诗、宋词、元曲以及明清小说，都证明了这个论点的正确性。据说，唐朝有位名叫李遐周的诗人，在"安史之乱"的前些年，就在墙上写下四句诗："燕市人皆去，函关马不归。若逢山下鬼，环上系罗衣。"事后来看，他预测得太准了，连杨玉环死在什么地方，都预测出来了。

以杜甫和李白为代表的大诗人，在"安史之乱"时期写出了许多不朽的诗作。老夫抄一首杜甫的《无家别》，从这首诗中，就可以看出"安史之乱"把唐朝祸害成什么样子：

寂寞天宝后，园庐但蒿藜。

我里百余家，世乱各东西。

存者无消息，死者为尘泥。

贱子因阵败，归来寻旧蹊。

久行见空巷，日瘦气惨凄。

但对狐与狸，竖毛怒我啼。

四邻何所有，一二老寡妻。

宿鸟恋本枝，安辞且穷栖。

方春独荷锄，日暮还灌畦。

县吏知我至，召令习鼓鞞。

虽从本州役，内顾无所携。

近行止一身，远去终转迷。

家乡既荡尽，远近理亦齐。

永痛长病母，五年委沟溪。

生我不得力，终身两酸嘶。

人生无家别，何以为蒸黎。

杜甫的这首诗就是一个好端端的大唐盛世被战乱糟蹋后的缩影，读后令人撕心裂肺。这也是"祸起萧墙"的证明。

话分两头。唐肃宗李亨在灵武登基为皇帝后，他想起一个名叫李泌的人。此人好生了得，七岁时就显出过人的天资。为了考验他是真货还是水货，重臣张说以围棋为内容写了几句诗，让李泌写出另外几句。

张说写的是："方若棋局，圆若棋子，动若棋生，静若棋死。"

李泌写出了："方若行义，圆若用智，动若骋材，静若得意。"

妙就妙在张说写的句句带"棋"字，而七岁的小李泌写的没一个"棋"字，却句句与围棋相关，并把人们下围棋时的神态表现得活灵活现。

重臣张说将这位七岁的神童李泌引荐给唐玄宗。

唐玄宗决定将这个李泌留在宫中，陪太子一起念书。

唐肃宗李亨派人把在乡下隐居的李泌请来，与他同吃同住，请他当自己的谋士。

《资治通鉴》上说，李泌被请来后，在灵武晋见唐肃宗。唐肃宗见了小时候一起念书的学友十分高兴，和李泌出则并马同行，寝则对榻而眠，仍与小时候一起念书一样，事无大小都和李泌商量，而且对他言听计从。这时唐肃宗拟任命李泌为右相，李泌坚辞不受。

可是他俩出外行军时，唐肃宗穿黄色的衣服，李泌穿白色的衣服。将士与百姓看见后都说："穿黄衣服的是圣人，穿白衣服的是山中隐士。"每当听到这话，唐肃宗就对李泌说："现在是战乱时期，朕同意你的想法，不敢委任官职给你，但你把这身白色衣服换成紫色的行吗？"李泌接受了紫袍。

李泌穿上紫袍后向唐肃宗谢恩。唐肃宗说："你既然已经穿上朝服，总得有个名称吧！"于是就任命李泌为侍谋军国、元帅府行军长史。

李泌坚辞不受。唐肃宗说："朕不敢以宰相官职难为你，朕说的这个官职，只是在国难当头时临时使用，等战乱平定后，你归隐的志向仍可满足。"

话说到这个份儿上，李泌便接受了。

唐肃宗在宫中设立了元帅府，一切军事行动先由元帅府审定，然后再交唐肃宗定夺，发布诏令。这个元帅府主要由李泌负责，如同现在的作战总指挥部。

当时军务繁忙，各地上报的奏折像雪花一样呈来。李泌先开封启阅，提出回复意见，然后送入宫中。

为了进出宫方便，唐肃宗把宫门的钥匙和符契给了李泌一套，他随时都可以进宫向唐肃宗禀报急事。

在李泌的辅佐下，在将士们的奋战下，终于将国都长安从叛军手中夺了回来。

《资治通鉴》第二百二十卷上说，长安收复后，李泌对唐肃宗说："我已经报答了陛下的知遇之恩，我还是过我的隐士生活去，这是天底下最快乐的事。"

唐肃宗说："这些年朕与先生同吃苦、共患难，现在长安又回到咱们手中，正是与先生共享欢乐的时候了，为何要立刻离开朕呢？"

李泌说："陛下，我有五条理由必须马上离开，希望陛下答应我，以免我一死。"

唐肃宗问："哪五条理由？"

李泌答：一是我与陛下相识太早；二是陛下任用我太重；三是陛下宠爱我太深；四是我的功劳太大；五是咱们的经历太传奇了。鉴于这五条理由，我无论如何不能留在朝中，否则大祸必然从天而降，难以保命。我还是回去过无官一身轻的隐士生活吧。"

唐肃宗说："今天这么晚了，咱们先睡觉，明天再说。"

李泌去意已定，难以挽留。临别前他语重心长地告诉唐肃宗，一定要好好对待自己的几个儿子，尤其要善待建宁王。他将武则天的儿子李贤写的《黄台瓜辞》念给唐肃宗听："种瓜黄台下，瓜熟子离离。一摘使瓜好，再摘使瓜稀。三摘犹为可，四摘抱蔓归。"

唐肃宗说："朕一定把这几句话写在条幅上，永远牢记。"李泌说："陛下只要记在心里就行了，何必写在外边呢。"

大智大勇的李泌离开官场，去过隐士生活了。他吃透了"只能共苦，难以同甘"的真谛。

# 玄宗的凄凉晚年

　　唐朝的国都长安，重新夺回来了。"安史之乱"使唐朝损失惨重，这帮叛军占领长安后，将皇宫洗劫一空，宫里一片狼藉。唐肃宗做的第一件事，就是令人将皇宫打扫干净，派人入蜀，把唐玄宗接回宫中。

　　老夫看到有些资料上说唐肃宗有夺权之嫌，而且是个不孝之子。但是直到现在，老夫从《资治通鉴》上还没找到一点儿这方面的蛛丝马迹。

　　唐玄宗到达凤翔后，紧随他的士兵有六百多人。唐玄宗命令这些人将兵器全部交到凤翔的武器库中。唐肃宗派最好的三千骑兵来迎接他的父皇。

　　当唐玄宗到达咸阳时，唐肃宗用皇帝才能乘坐的马车迎接父皇。看到唐玄宗时，唐肃宗脱下黄袍，立即下马，小步跑到父皇跟前，伏身叩拜。

　　唐玄宗一把将唐肃宗搂在怀里，抚摸着儿子的头哭泣。唐肃宗双手捧着父皇的脚，呜咽不止。场面十分感人。

　　唐玄宗要来黄袍，要亲手为唐肃宗穿上。唐肃宗则跪下叩头，坚决不敢接受。唐玄宗告诉儿子："天命与人心都归你了，你能让我安度晚年，就是你的大忠大孝了。"唐肃宗推辞不过，只好接受了黄袍。

　　到达皇宫时，围上来的百姓越来越多，大家载歌载舞、欢呼雀跃。唐肃宗命令士兵开禁，准许一千人进宫谒见唐玄宗。这些百姓说："我们今天终于见到二位圣人相逢，死而无憾了！"

　　唐玄宗不肯住在皇宫的正殿。他说："不能坏了规矩，这是天子住的地方。"唐肃宗坚请，并亲自扶父皇进殿。御膳上来时，唐肃宗先尝，觉得安全后，再献给父皇吃。

　　次日，唐玄宗要出宫行走，唐肃宗亲自给父皇牵马。行走数步后，被唐玄宗制止，唐肃宗只好骑马在前边引路。

　　看到儿子如此孝顺，唐玄宗感慨地对左右的人说："我做了五十年的天子，都没感到过高贵，只有做了天子的父亲，才感觉到高贵的滋味。"

　　左右的人听后，都高呼"万岁"！

唐玄宗一行人进入大明宫，驾临含元殿，抚慰百官；然后又到长乐殿谢九庙神主，在神位前恸哭良久。

从此以后，唐玄宗就居住在兴庆宫中安度晚年。唐肃宗多次请求父皇仍当皇帝，他当太子，但唐玄宗均未答应。

这对父子的事迹确实感人。

但是，怕就怕有人挑拨离间，而唐肃宗身边恰恰有一个挑拨离间的"专业户"。

司马光在《资治通鉴》中说，唐玄宗很喜欢住在兴庆宫中。唐肃宗隔三岔五地就来向父皇请安，嘘寒问暖。为了使父皇的生活不感到孤独，除左龙武大将陈玄礼和高力士长期侍奉外，唐肃宗还命令玉真公主侍奉在父皇身边。为了给父皇解闷，他还选派了几名宫女以及梨园弟子经常陪伴左右。唐玄宗也常去看望唐肃宗，二人关系亲密无间，生活得十分愉快。

然而，李辅国受到唐肃宗的信任，手中已握有大权，专横跋扈，特别擅长挑拨离间。因为陈玄礼和高力士看不上李辅国，李辅国便怀恨在心，想尽一切办法在唐肃宗面前说唐玄宗与高力士等人的坏话。

李辅国对唐肃宗说："太上皇住在兴庆宫里，并没闲着，每天都在与外边的人交结。他身边的陈玄礼和高力士正在谋划做不利于陛下的事，不能不防呀！现在禁军的头目大多是陛下登基时的功臣，连这些人都有议论，心中不安。我多次向他们解释，但他们听不进去，不能消除怀疑。这些情况我都不敢向陛下禀报。"

唐肃宗这个人疑心是重，但对李辅国的话将信将疑。他痛哭流涕地说："太上皇仁慈，怎么会容陈玄礼和高力士做这种事呢？"

狡猾的李辅国说："太上皇当然不会有这个意思，但谁能想到他身边的小人会干出什么事来！陛下是天子，是天下人的主人，应从大局出发，把动乱消灭在萌芽状态，不能因为凡夫俗子的孝道而误了国家的大事啊！况且兴庆宫围墙不高，又与街道混杂在一起，不适合太上皇居住。皇宫戒备森严，里面条件也好，迎太上皇从兴庆宫搬到皇宫内，这样太上皇可以少听谗言，也不影响陛下尽孝，这有什么不好？"

唐肃宗知道自己的父皇喜欢兴庆宫，没有答应。

不巧的是唐肃宗患了重病。宦官李辅国竟敢假冒唐肃宗的名义，把兴庆宫的三百匹马收走大部分，只留下十匹。唐玄宗对高力士说："看来，我儿已被李辅国迷惑，难以尽孝到底了。"

李辅国又让禁军的将领向唐肃宗叩头，请求让唐玄宗从庆兴宫搬出来。唐肃宗仍未同意。

在这种情况下，李辅国心里也发慌了。他趁唐肃宗重病在身，一不做二不休，铤而走险，又以唐肃宗的名义，迎接唐玄宗到太极宫游玩。唐玄宗走出睿武门时，李辅国带五百骑兵亮出大刀，挡住其去路，宣布："皇上认为兴庆宫狭小，派我来迎接太上皇搬入皇宫！"

面对这突如其来的变故，唐玄宗大为吃惊，差点从马上掉下来。

高力士是老宦官，见过世面，他呵斥李辅国："休得无理！"并命令他下马。李辅国只得下马。

高力士宣布唐玄宗的命令："各位将士不得无理！"将士们立即收起了刀，向唐玄宗叩拜行礼，高呼"万岁"！

高力士又令李辅国与他一起牵着唐玄宗的马去甘露殿安顿。

安顿完毕，李辅国率兵退走。从此不准陈玄礼和高力士侍奉在唐玄宗左右，守卫的士兵也都是些老弱病残。

再后来，陈玄礼被勒令退休，高力士被流放边疆。从此，唐玄宗闷闷不乐，生了大病。公元762年，开创了"开元盛世"，又引来"安史之乱"，使大唐由盛转衰的一位代表人物李隆基病逝，享年七十七岁。

# 后　记

　　听说毛泽东主席生前先后读过十七遍《资治通鉴》。他老人家活了八十三岁，惭愧的是，我都快九十岁了，还没有读过这套书，总感到是件憾事。于是我从八十七岁开始，下定决心必须啃一啃这部巨著，不然对不起先人司马光，也对不起祖国这么悠久的历史。我的这本书，实际上是我的读书笔记。在读的过程中，我经常不由自主地蹦出一些思想火花。遗憾的是，我的水平太低，写得不好，让大家见笑了。如果您发现有什么错误之处，欢迎批评指教。

　　我要感谢中国民主法制出版社。这是我在该社出版的第三本书，前两本是《父亲的含义是榜样》和《一本郑经：郑洪升随笔》。在几次合作的过程中，我切身感受到这是一个有实力、对读者和作者都负责任的和谐的出版社，与他们合作总感到非常愉快。

　　我还要感谢祝去瑕教授，是她帮我修改错别字，并帮我把稿子集中到一起。

　　最后，我要感谢我的重孙女郑在。她的名字给他年迈的太爷爷输入了读《资治通鉴》的一股用之不竭的活力。

　　我深深体会到，上年纪的人不能倚老卖老，更不能为老不尊或暮气沉沉，要多向孩子和青年人这边靠拢，以从他们身上汲取朝气，把"九十岁"变成"九零后"。

郑洪升